제3판

Corporate Governance

기업지배구조

이해관계의 대립과 일치

KIM | NOFSINGER | MOHR | 이호영 옮김

PEARSON

SukJung 도서출판 석 정

Corporate Governance

Kenneth A. Kim
John R. Nofsinger 원저
Derek J. Mohr

이 호 영 옮김

Prentice Hall
is an imprint of

PEARSON

차 례 CONTENTS

제1장 기업과 기업의 지배구조

제2장 경영자보상

제 4 장 이사회

제6장 채권자와 신용평가기관

제7장 주주 및 주주행동주의

제8장 기업 인수합병: 지배구조의 역할

제10장 도덕적 해이, 체계적 위험과 구제금융

제 11 장 기업시민주의

서 문
PREFACE

'기업지배구조,' 제3판은 기업재무 관련 수업, 재무회계, 회계감사 등 회계관련 수업, 기업전략 및 기업윤리 등 다양한 경영관련 수업, 그리고 상법 등 기업과 관련된 법률 수업에서 교재로 사용될 수 있도록 작성되었다. 또한 이 책은 기업지배구조와 관련된 수업에서 단일 교과서로 사용될 수도 있도록 충실히 작성되었다. 이 책은 기업에서 임원 연수용으로도 사용될 수도 있으며, 기업의 임원들이 또는 학술 도서관에서 중요한 참고자료로 활용될 수 있을 것이다.

약 10년 전만해도 '기업지배구조'란 용어는 전문학술용어로만 사용되었다. 오늘날 이 용어는 거의 모든 사람들에게 친숙하게 되었는데 불행히도, 이러한 친숙함은 최근의 역사에서 있었던 두 번에 걸친 비참한 기간들에 기인된다. 기업지배구조는 세기의 전환기간 동안의 충격적인 기업의 추문들(예, 월드컴, 엔론)과 최근의 금융기관의 파산(예, 베어스턴즈) 및 잇따라 일어난 국제경제에 있어서의 위기 상황이었던 기간들로 인해 주요 주제로 대두되었다.

임원들의 기업약탈행위, 회계담당자들의 회계수치의 조작, 재무분석가들의 무책임한 인터넷주식 과대포장 등, 자본시장에서의 수많은 문제점들이 21세기 초반에 나타났다. 반면에 이사회, 채권자, 신용평가기관, 주주행동주의 및 감독기관들은 이러한 지배구조의 위기상황을 저지하는데 비효과적이었으며 적절한 역할을 하지 못했다. 그 결과 2000년대 초반기간 동안에 자본시장은 무기력화되었다. 투자자의 확신이 감소하고, 지배구조제도의 문제점들이 드러남에 따라 모든 사람들은 지배구조의 개선과 관련법규의 개혁을 요구하였다. 그 결과 사베인스-옥슬리법과 같은 제도의 개혁이 이루어졌다.

그 후 금융기관의 과도한 위험부담의 문제가 대두되었다. 수많은 모기지담보대출이 신용상태가 불량한 사람들에게 제공되었으며, 이러한 담보대출은 금융기관에 의해 보증되었다. 결과적인 담보대출의 부실화와 이에 따른 반환권상실은 비우량주택담보대출 위기(subprime mortgage crisis)를 초래했다. 이러한 위기는 금융산업 전반에 걸쳐 나타났다. 명백히, 금융기관들은 적절히 감시되지 못했으며 이들 기관들과 관련된 규정들은 기대에 미치지 못했다. 이러한 드러난 문제점들이 경고로서 작용하고 있으나 아직도 지배구조제도의 많은 부분에서 개선의 여지가 남아 있다.

왜 기업의 지배구조는 중요한가? 모든 기업의 목표는 주주들의 부를 증가시키는 것이다. 그러나 기업의 가치는 그 가치에 대한 주주들의 신뢰를 얻지 못할 때 감소하게 된다. 효과적으로 작동되는 자본시장제도의 목적은 경제적 안정과 성장을 촉진하여 구성원들의 부를 극대화시키는 것이다. 이를 위해서는 일반투자자의 자본시장제도에 대한 신뢰가 필수적이다. 투자자들의 신뢰가 없이는, 기업들은 새로운 자본의 조달을 통한 성장이 불가능해진다. 따라서, 신뢰가 손상되었을 때, 경제 전체가 고통을 받게 된다. 효과적인 기업지배구조는 기업들, 시장 및 경제에 신뢰를 불어넣을 수 있다.

우리는 이미 포괄적인 기업지배구조제도를 가지고 있다. 그러나 완벽한 제도는 없으며, 제도의 약점들이 인식되기 시작했다. 이제 매체들은 정기적으로 지배구조에 대한 논의를 하고 있으며 경영대학과 법과대학에서는 수업시간에 기업지배구조와 관련된 주제들을 다루기 시작했다. 세기의 전환기에 있었던 기업지배구조의 위기로부터 얻은 교훈이 희미해지는 현시점에, 강력한 기업지배구조제도의 중요성은 더욱 명확해졌다.

강의자료

이 교재를 채택한 강의 교수님들은 Instructor's Resource Center의 온라인 자료(www.pearsonhighered.com/irc)를 활용할 수 있다. 이 자료는 저자들이 만든 표와 주요 내용들이 들어 있는 파워포인트 강의노트, 강의지침서와 Test Bank를 포함한다. 강의지침서에는 샘플실라브스와 강의를 어떻게 구성해야 할지에 대한 아이디어가 논의되어 있으며, Test Bank는 True-False Question과 사지선다형 문제와 답을 포함하고 있다. 강의 교수님들은 *www.pearsonhighered.com/irc*에 등록함으로써 다운로드가 가능한 다양한 자료에 접근할 수 있게 된다.

저자소개

케네스 김(Kenneth A. Kim, Ph.D.)

현재 미국 버팔로에 위치한 뉴욕주립대학교의 재무담당교수로 미국 CFA협회에서 발행한 "Body of Knowledge"의 공저자이다. 미국 SEC의 Senior Financial Economist를 역임했으며 기업지배구조 및 인수합병관련 프로젝트를 다수 수행했다. 다양한 기업재무에 관련된 연구를 수행하여 *Journal of Finance* 등 재무분야 전문 학술지에 게재했으며 그의 연구논문들은 *Wall Street Journal*, *Financial Times*, *Business Week* 등에서 인용되었다. 그의 연구들은 *Journal of Finance*, *Journal of Business*, *Journal of Corporate Finance*와 *Journal of Banking and Finance* 등 주요 저널에 게재되었다. 케네스 김은 *Infectious Greed*와 교과서인 *Global Corporate Finance*를 공저하였다.

존 놉싱거(John R. Nofsinger, Ph.D.)

워싱턴주립대학교의 부교수이며 *Investment Madness*, *The Psychology of Investing*과 *Investment Blunders*의 저자이며, *Infectious Greed*의 공저자이다. 그는 국제적으로 투자자 심리와 behavioral finance의 전문가로 인정받고 있으며, 그의 연구는 *Wall Street Journal*, *Fortune*, *BusinessWeek*, *SmartMoney*, *Bloomberg*와 *CNBC*, *Washington Post* 등 매체에서 활발히 인용되고 있다. 놉싱거는 30편 이상의 논문을 주요 학술 및 전문저널에 게재하였으며, 그의 연구는 Financial Management Association, Chicago Quantitative Alliance, PACAP 학회 등에서 상을 받았다. 그는 또한 개인기업들, NYSE, CFA Institute을 위해 연구를 진행하였으며, Mind on My Money라 불리우는 그의 블로그 주소는 다음과 같다. *http://www.psychologytoday.com/blog/mind-my-money*.

데릭 모아(Derek J. Mohr, J.D.)

현재 미국 버팔로에 위치한 뉴욕주립대학교의 재무담당 방문조교수로 있으며 MBA과정에서 기업윤리와 지배구조과목을 개발하였다. 대학에 오기 전에, 그는 변호사로서 기업설립, 사업양수도, 증권 및 세금관련 주제들을 6년간 다루었다. 그는 기업재배구조와 관련 법적 문제들에 대한 자문을 제공하고 있다.

CHAPTER 1

기업과 기업의 지배구조
(Corporations and Corporate Governance)

자본주의는 사적 기업(private enterprise)에 근거한 경제제도이다. 개인과 기업들은 토지, 농장, 설비 등을 소유하며, 이러한 자산을 사용하여 이윤을 창출한다. 자본주의 경제체제는 열심히 일하며, 혁신적이고 창의적인 사람들이 새롭고 향상된 제품과 서비스를 창출하도록 노력하는 유인을 제공한다. 개인적 부의 축적은 이러한 경제체제하에서 가치창조에 대한 보상으로 볼 수 있으며, 새로운 아이디어를 통해 경제적 가치를 증진시킴과 동시에 새로운 일자리를 만들어 냄으로써 삶의 수준을 높이는데 기여한다.

기업의 중요한 목적은 두 가지 원천에 근거한 장기적인 이익창출을 위한 환경을 만드는 것이다. 기업가치의 주요 부분은 고객에게 판매하는 제품 또는 제공하는 서비스를 통하여 현재와 미래에 창출되는 이익이며, 이익증대를 위한 방법의 고안과 노력이 기업의 경제적 가치를 증가시킨다. 이익의 증대는 기존 제품의 매출증대 또는 새로운 제품의 도입을 통하여 이루어진다. 자본조달 능력과 기업이 경험하게 되는 위험을 통제하는 능력은 기업의 성패를 결정하는 데에 매우 중요한 역할을 한다. 기업은 사업확장을 위하여 추가적인 자금조달을 하게 된다. 기업의 활동에는 위험이 수반되며, 새로운 제품이 성공할지 또는 기존의 제품에 대한 수요가 지속될 수 있을지에 대해서는 보장할 수 없다. 자본조달 및 위험의 분산형태는 기업이 어떠한 형태로 설립될지와 관련이 있다. 작은 규모의 기업은 소유주가 일인인 **개인회사(sole proprietorship)**의 형태로 운영될 수 있으며, 대부분의 주요 대기업은 주식을 공모하는 주식회사(corporation)의 형태로 운영될 것이다.

기업 소유구조의 형태

기업은 일반적인 경우, 개인기업(sole proprietorship), **파트너십(partnership)** 또는 **주식회사(corporation)**로 그 형태를 나누어 생각해 볼 수 있다. 물론, 다른 형태도[1] 존재하지만 이 세 가지 형태를 중심으로 향후 본문내용을 기술한다. 각각의 형태는 서로 다른 장점과 단점을 가지고 있다. 개인기업은 한 개인에 의해 소유된 기업형태로, 상대적으로 설립이 용이하고 기업의 세금이 개인수준에서 산정된다. 이러한 용이성으로 인해 개인기업은 미국 전체 기업의 70% 이상의 비중을 차지하고 있다.[2] 그러나 개인기업은 몇 가지 문제점들을 가지

1) 기업의 다른 형태로서 유한책임회사(limited liability company: LLC), 유한파트너십(limited partnership: LP)이 있다. 이러한 기업형태는 주식회사가 가지고 있는 유한책임과 파트너십의 세금혜택이라는 장점을 결합한 것이다.

2) William J. Megginson, *Corporate Finance Theory*(Reading, MA: Addison-Wesley, 1997), p. 40.

고 있다. 개인기업은 특성상 개인소유주의 사망 및 은퇴와 그 운명을 같이 할 수밖에 없으며, 필요한 자금을 조달하는데 제한된 능력을 가지고 있고, 소유주는 기업에 대하여 무제한의 개인적인 책임을 부담하게 된다.

파트너십은 개인기업과 유사하나 복수의 소유주를 가지고 있다는 점이 다르다. 파트너십은 개인기업이 가지고 있는 장점과 단점을 일정부분 공유하고 있다. 가장 큰 장점 중 하나는 파트너들의 전문능력을 결합할 수 있고 자본조달이 상대적으로 용이하다는 것이다. 이러한 파트너십의 예로써, 회계법인, 법무법인, 일부의 투자은행 및 광고회사 등을 들 수 있다. 가장 큰 단점으로서는, 파트너들은 파트너십의 활동에 대하여 개인적으로 무한책임을 질 수도 있다는 것이다.

이 책에서는 세 번째 기업조직형태인 주식회사에 중점을 두고 기술한다. 미국에 존재하는 모든 기업 중 20% 미만의 기업만이 주식회사의 형태로 운영되고 있으나, 이들이 창출하는 수익(revenue)은 미국 전체 기업의 수익에서 약 90%의 비중을 차지한다.[3] 주식회사는 개인과 같이 그 자체로서 법적 실체이다. 따라서 주식회사는 소송의 원고가 되거나 피고가 될 수 있으며, 소유주의 세금납부와는 별개로 그 자체로서 세금을 납부해야 한다.[4] 법적인 실체로서의 기업은, 무한의 수명을 가지고 있는 것으로 가정되며, 개인인 경영자들은 기업을 위한 대리인으로서의 역할을 수행하게 된다.

주식회사는 설립을 위해 정부에 관련서류를 제출하여야 하며, 몇 주의 주식을 발행할 것인가를 결정하여야 한다. 일단 주식회사가 설립되면 주주들은 주식을 교부받는 대가로 자금을 회사에 제공하게 된

3) Ibid.

4) 반면에, 개인기업과 파트너십은 그 조직자체로서는 세금납부를 하지 않으며, 이들이 창출한 이익은 소유주 또는 구성원들의 소득에 가산되어 개인수준에서 세금을 납부하게 된다.

다. 주주들은 주식회사의 운영을 위임하기 위하여 이사진을 선임하며, 이사회(board of directors)는 기업의 운영을 실제로 수행하게 될 관리자(officers) 또는 임원(executives)들을 임명한다. 기업의 형태로서 주식회사를 선택하는 중요한 이유 중 하나는 기업의 소유자가 부담하게 되는 유한책임 때문이다. 주식회사의 주주들은 자신들이 투자한 금액까지만 책임을 부담하게 된다. 만일 주식회사가 많은 부채를 지급하지 못한 채, 부도가 났다면 채권자는 회사에 남아 있는 자산으로부터만 자신들의 투자금액을 회수할 수 있다. 즉, 주식회사의 주인인 주주들은 채권자의 손실을 보전하기 위하여 추가적인 자금을 지급할 의무가 없다.[5)]

주식회사의 형태를 선택하는 또 다른 중요한 이유는 자금조달의 편리성과 위험의 분산 때문이다. 주식의 발행은 자본조달을 위한 효과적인 방법이다. 주식발행을 통한 추가적인 자본조달에는 제한이 없으며, 새로운 주주들은 기업실패의 위험 중 일정부분을 공동 부담하게 된다. 애플(Apple)사나 구글(Google)사의 경우가 주식회사 형태를 통한 성공적인 자본조달과 성장의 사례로 볼 수 있다. 이 두 회사는 소수의 개인에 의해 시작되었으며, 최초에는 파트너십으로 출발하였다. 애플(Apple)의 경우, 스티브 잡스(Steve Jobs)와 스티브 워즈닉(Steve Wozniak)에 의해 차고에서 시작되었으며, 구글(Google)의 경우 스탠포드대학의 박사과정학생 두 명에 의해서 시작되었다. 성공적인 사업의 운영에 대한 확신이 생기자 사업확장을 위해 자본이 필요해지게 되었다. 필요한 자본 조달을 위해 이들 회사들은 주식회사로 전환하여, 대규모의 투자를 유치하게 되었다. 주식회사로 전환한 후

5) 반면에 개인회사의 소유주 또는 파트너십의 파트너는 채권자들의 손실을 개인적으로 지급해야 한다. 물론, 주식회사의 경우에도 주주가 개인적 이득을 위해 주식회사형태를 오용한 경우에는 법원의 판결로 개인적으로 책임을 물린 경우도 있다.

이 두 회사는 기업공개를 하고 일반투자자들에게 주식을 공모하였다. 애플의 경우 1980년에 650만 달러($6.5 million)의 주식을 발행하였으며, 구글의 경우 2004년에 16억 달러($1.6 billion)의 주식을 발행하였다. 이에 따라 사업확장의 위험도 더 많은 주주들에게 분산되었다.

주식회사 제도에는 장점이 있는 반면 단점도 존재한다. 주식회사의 이익은 주주들에게 배당으로 지급되기 이전에 과세대상이 된다.[6] 주주들이 받게 되는 배당은 개인소득에 가산되어 과세대상이 되며, 따라서 주식회사의 소유주인 주주들의 입장에서는 이중과세의 부담을 지게 된다. 또한 상장법인을 운영하기 위해서는 많은 비용이 들어간다. 예를 들면, 외부감사와 법률자문, 주주들에 대한 관리 및 관련 법규에서 요구하는 것을 충족시키는데 막대한 비용이 들어간다. 가장 큰 단점으로는 대기업의 경우 심각한 지배구조문제(governance problems)를 가질 수 있다는 것이다. 대기업에서의 소유와 경영의 분리는 소액주주들의 증가를 가져왔다. 소액주주들은 기업의 경영자들에 대한 감시에 대하여 큰 관심이 없으며, 주요 주주가 아닌 경영자들도 다른 사람들의 돈인 기업의 자금을 현명하게 사용하는데 최선을 다하지 않을 수도 있다.

소유와 경영의 분리

1932년 아돌프 벌리(Adolf Berle)와 가디너 민즈(Gardiner Means)는 그들의 책에서 기업규모의 증대에 따른 소유와 경영의 분리현상에

---

6) 적은 수의 주주를 가지고 있는 주식회사는 S-주식회사(S-corporation)라는 형태를 가질 수 있으며 이 경우 주주수준에서만 세금을 지급하면 된다. 공개기업은 C-주식회사(C-corporation)로 분류되며 소유주인 주주들은 이중과세를 부담하게 된다.

대하여 논의했다.[7] 주주들은 기업을 소유하지만 기업의 통제는 경영자들에 의해 수행되는 현상은, 수많은 투자자들이 존재하는 상장기업에서 일상적인 의사결정을 위한 전문화된 관리조직의 필요로 인해 나타나게 되었다.

대부분의 주주들은 기업의 경영활동에 참여하는 데에는 관심이 없으며 따라서 적극적인 소유주라기보다는 소극적인 투자자로서 남아있기를 원한다. 이는 수많은 투자자들이 모두 기업을 운영하기 위한 일상적인 의사결정에 참여할 수가 없다는데 기인한다. 이에 따라 전문경영인의 역할이 중요하게 되었다. 적극적인 소유주는 개인기업가와 같이 기업의 경영실적에 직접적인 관심을 가지는 반면에, 소극적인 투자자들은 기업의 일상적인 의사결정에는 관심이 없으며 관심을 가질 시간적 여유도 없다. 따라서 소극적인 투자자들의 주요 관심사항은 투자수익의 극대화와 관련된 위험의 최소화에 있다. 투자자는 분산투자를 통해 투자위험을 줄일 수는 있지만 회사에 대한 영향력을 행사하기는 어렵게 된다. 따라서 투자자들은 속성상 소극적으로 될 수밖에 없다.

경영자들은 왜 소유주들에 대하여 관심을 가지는가? 벌리와 민즈는, 경영자들은 소유주들이 기대하는 수준만큼만 이익을 추구하며, 동시에 자신들의 사적 이익의 극대화를 시도한다고 지적하였다. 학문적인 용어로 이러한 상황을 대리인문제(agency problem) 또는 수탁자－위탁자 문제(principal-agent problem)라고 지칭한다. 소유주는 위탁자(principal)이며 경영자는 수탁자(agent)로서 위탁자인 소유주를 위해 일하게 된다. 만일 주주들이 효과적으로 경영자의 행위를 감시할 수 없다면, 경영자들은 소유주의 비용으로 회사의 자산을 자신

7) Adolf Berle and Gardiner Means, *The Modern Corporation and Private Property* (New York, MacMillan, 1932).

들의 이익을 위해 유용할 유인이 있다. 가령 비서들은 사무용비품을 집으로 가져갈 가능성이 있으며, 중간관리자들은 출장중에 허용된 범위에서 최대한 값비싼 식사를 주문하고, 임원들은 자신의 사무실을 꾸미기 위하여 값비싼 가구를 구입하며, 개인적인 여행을 위해 회사의 전용비행기를 이용하고자 할 것이다. 이러한 행태는 통제되지 않는 한 소유주의 비용으로 부담될 것이다.

기업의 임원들은 가장 큰 권한과 이에 대한 통제를 할 수 있는 힘이 있기 때문에, 대리인 문제는 회사의 구성원 중 임원수준에서 가장 크게 나타날 것이다. 중간관리자들의 경우에는 상급자에 의해서 비용에 대한 감독을 받게 되나 임원의 경우 그들이 집행하는 비용에 대하여 감독을 할 상급자가 없다는 것이 문제이다. 임원에 대한 감독은 회사의 이사회 수준에서 수행되며, 이사회의 구성원은 주주들에 의해서 임명된다. 이사회는 기업의 관리자인 임원들을 임명하며 임원들이 회사에 손실을 입히는 경우 이들을 해임할 권한을 가지고 있다. 만일 주주들이 소극적인 투자자들이고 따라서 경영활동을 감시하려는 유인이 작은 경우, 임원들이 그 의무를 다하고 있는지를 철저하게 확인하지 않게 되며, 이러한 경우, 임원들은 주주들의 비용으로 자신의 사적 이익을 위한 행위를 하게 될 가능성이 있다.

이러한 문제점의 해결은 유인의 제공과 감시를 통해 이루어져 왔다. 유인의 제공은 임원들의 부(wealth)와 주주의 부를 연계시키고자 하는 시도이다. 이를 통해 임원들의 유인과 주주들의 바라는 바를 동조시켜 경영자들을 주주들의 부를 극대화시키고자 하는 방향으로 행동하도록 유도한다. 주주와 경영자 간의 이해를 일치시키기 위해 대부분의 미국기업들은 임원들에게 주식(stock) 및 제한부주식(restricted stock)의 부여, 주식매수선택권(stock options)의 부여, 또는 이 둘의 혼합된 형태를 총보상의 상당부분을 차지하도록 하였으며, 많은 경우 이사진에 대해서도 유사한 보상체계를 적용하고 있다. 만일 모든 임원들이 주식을 보유하고 있거나 주식매수선택권을 보유하고 있다면 이사들은 회사가 성공적으로 운영됨으로써 개인적인 이득을 볼 것이다. 임원들에 대한 유인제공의 장점과 단점은 제2장에서 상세하게 다룰 것이며, 이사들에 대한 유인제공의 문제는 제4장에서 다룰 것이다. 현단계에서는 대리인문제의 해결책으로서 유인의 제공에는 부작용이 존재할 수 있다는 정도만 언급하고자 한다.

두 번째 해결책은 이사회에 의한 경영자행태의 감시에 내재하는 한계를 극복하기 위해 추가적인 감시기능을 설정하는 것이다. 본 장에서 몇 가지 감시장치를 언급하였고 이 책 전체에 걸쳐서 관련내용이 논의되었다.

주주들은 경영자들에게 영향력을 행사할 수 있는가?

이론적으로 경영자(임원)들은 소유주(주주)를 위해서 일한다. 하지만, 현실적으로는 주주들은 일반적으로 비활동적이고 이사회는 경영진이 요구하는 것을 하고 있음으로 기업은 경영자에게 속하는 것처럼 보인다. 일부 활동적인 주주들은 경영진에게 영향력을 행사하고 이사회의 이사들을 교체하고자 시도해 왔지만, 이러한 시도는 많은 경우 성공하지 못했다. 최근의 사례를 보면 주주들의 제안서(proposals)가 성공적이지 못한 사례가 많았다. 상장회사의 주주들은 제안서를 제출하여 주주총회에서 투표에 부칠 수 있는 권한이 있다. 제안서는 지배구조(가령, 이사회 구성원의 변경)와 관련된 것과 사회적 개혁(가령, 불량국가에 화학제품을 팔지 않는 것)에 관련된 두 가지 내용으로 나눌 수 있다. 주주에 의한 제안서의 약 50% 정도가 투표단계에까지 이르나 투

표가 있게 될 경우 일반적으로 제안서는 부결된다.[8)]

제안서가 성공할 것인가를 결정하는 큰 요소는 경영진의 의견이다. 경영진의 동의가 없이는 제안서는 성공할 가능성이 거의 없다. 이는 경영진에게는 주주총회에 참석할 수 없는 주주들에게 경영진이 제안한대로 투표한다는 위임장을 요청하는 것이 허용되기 때문이다. 전통적으로 주주들은 기업에게 최선이 무엇인지에 대하여 경영진의 의견을 신뢰하며 따라서 경영진이 원하는 대로 따르는 경향이 있다. 비활동적인 주주들의 위임장(proxies)으로 인해 경영진은 효과적으로 대규모의 표를 통제할 수 있게 됨으로 활동주의 주주(activist shareholders)들이 우세한 역할을 하기는 어렵다. 동일한 문제가 이사를 교체하려는 주주들의 투표와 관련해서도 존재할 수 있다. 가령, 기업외부의 주주들이 경영진이 추천한 이사들의 선임에 반대하기는 현실적으로 쉽지 않을 것이다.

감시(monitors)

현재의 지배구조제도와 더불어 기업의 임원들을 감시할 수 있는 다양한 수단들이 존재한다.

그림 1.1은 주주와 경영자들 간의 소유와 통제의 분리에 대한 예를

8) 예를 들면, Stuart Gillan and Laura Starks, "A Survey of Shareholder Activism: Motivation and Empirical Evidence," *Contemporary Finance Digest* 2, no. 3 (1998): 10～34; Cynthia Campbell, Stuart Gillan, and Cathy Niden, "Current Perspectives on Shareholder Proposals: Lessons from the 1997 Proxy Season," Financial Management 28, no 1 (1999): 89～98; and Gordon and Pound, "Information, Ownership Structure, and Shareholder Voting: Evidence from Shareholder-Sponsored Corporate Governance Proposals," *Journal of Finance* 47, no. 2 (1993): 697～718.

사례 1.1 칼리 피오리나(Carly Fiorina)의 컴팩(Compaq)에 대한 기업인수

경영자에 의한 기업통제를 설명하기 위해 2002년 휴렛-패커드(Hewlett-Packard: HP)와 컴팩(Compaq) 간의 합병을 예로 들어 보자.[9] 휴렛-패커드의 최고경영자(CEO)이었던 칼리 피오리나는 2001년 9월 4일 HP가 컴팩을 255억 달러($25.5 billion)에 인수하고자 한다고 발표하였다. 주식시장과 산업전문가들, 그리고 경영경제관련 미디어들은 이 소식에 부정적으로 반응하였다. HP의 주식은 이 발표 후에 18%가 하락하였고 심지어 일반적으로 주가의 상승이 있게 되는 대상기업인 컴팩의 경우에도 주가가 10% 하락하였다. 주요 대주주이자 HP의 설립자들의 아들들인 데이빗 패커드(David W. Packard)와 월터 휴렛(Walter Hewlett)도 그 인수를 강력히 반대하였다(패커드 재단(Packard Foundation)과 두 사람의 보유주식의 합계는 전체 HP주식의 18%에 달함). 이 두 사람은 신문지상에 다른 HP의 주주들이 이 합병에 반대하도록 광고하기까지 하였다.

그러나 피오리나는 패커드와 휴렛의 반대에도 불구하고 그녀의 계획을 계속 추진했으며, 이 계획은 2002년 3월 19일 주주들에 의해서 승인되었다. 논쟁과 주가의 하락에도 불구하고 대부분의 주주들은 경영진이 원하는 방향으로 투표를 하였고 인수를 승인하였다. 이 예는 어떤 투자자들은 기업의 경영전략과 방향에 영향력을 행사하려 하지만 실제로는 경영진이 기업을 통제하고 있음을 보여 준다.

제시한다. 이 그림은 감시가 기업의 내부와 외부, 정부 안에도 존재한다는 것을 보여 준다.

상장기업 내부에서 경영진에 대한 감시의 역할은 이사회에게 주어져 있으며, 이사회는 주주들의 이익을 대표하여 업무를 수행하도록 되어 있다. 주주들은 매년 주주총회에서 이사진을 선출한다. 이사회의 가장 중요한 역할 중 하나는 기업의 일상적인 업무를 수행하게 될

---

9) Larry Magid, "Many Would Lose in Hewlett-Packard, Compaq Merger," *Los Angeles Times*, *www.larrysworld.com/articles/synd.hpmerger*.htm; Mike Elgan and Susan B. Shor, "Gloves Are Off in Merger Fight," HP World 5, no. 2, *www.interex.org/hpworldnews/hpw202/01news.html*.

그림 1.1 소유, 감시, 통제의 분리

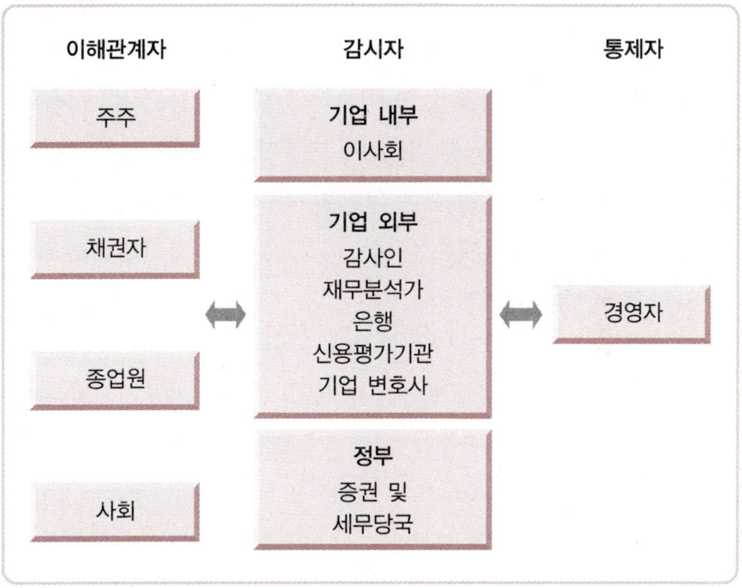

임원들을 임명하는 것이다. 이사회는 임원들을 고용하며, 성과가 만족스럽지 못하는 등의 사유로 그들을 해고할 수 있다. 또한 이사회는 임원의 보상을 기업의 성과와 연계시키기 위해 보상계약을 설계할 수 있다.

스티브 잡스(Steve Jobs)는 애플컴퓨터(Apple Computer)를 공동 설립하였고 애플이 기업공개를 했을 당시, 잡스는 최대주주로 CEO가 되었다. 그러나 애플의 이사회는 잡스가 애플의 급속한 성장을 주도하기에는 경험이 충분치 못하다고 생각하여, 1983년에 존 스컬리(John Sculley)를 CEO로 임명했다. 1985년의 경영권분쟁은 스컬리의 손을 들어 주었고, 이에 따라 잡스는 최대주주임에도 불구하고 경영에 더 이상 관여할 수가 없었다(흥미롭게도 1990년대 말 애플이 어려움에 처하게 되었을 때 애플컴퓨터는 잡스를 다시 CEO로 임명하였다).

그림에서 보여 주듯이 외부감사인, 재무분석가, 투자은행, 신용평가기관과 기업변호사들을 포함하는 이해관계자들은 임원 및 이사회와 교류하며 경영자 및 이사회의 행태를 감시한다. 외부감사인들은 기업의 회계제도를 검토하며 재무제표가 기업의 재무상태를 공정하게 보여 주는지에 대한 의견을 제시한다. 투자자들과 다른 이해관계자들은 기업의 재무건전성, 전망, 업적 및 가치평가를 위한 의사결정에 공시된 재무제표를 이용한다. 비록 일반 투자자들은 기업의 사업활동에 대한 적절성을 확인할 수 있는 기회나 능력이 없다 할지라도, 회계전문가들이나 외부감사인들은 기업의 재무건전성을 평가하고 활동의 적절성을 검증할 수 있는 능력을 보유하고 있다.

투자은행의 재무분석가들은 기업의 사업활동들에 대한 독립적인 평가를 수행하며 분석을 통해 발견한 내용들을 투자공동체에게 제공한다. 재무분석가들은 편의가 없고 전문가적인 분석을 제공하도록 기대된다. 또한 투자은행들은 기업들이 자본시장에 접근하는 것을 돕기 위해 경영자들과 상호교류를 한다. 더 많은 자본을 일반투자자들에게로부터 조달할 때, 기업들은 잠재적인 투자자들이 필요한 기업의 상태에 대한 정보가 포함된 서류들을 정부에 제출하여야 한다. 투자은행들은 이러한 과정에서 기업들을 도우며 자본시장과 어떻게 상호작용을 할 것인가에 대하여 경영자들에게 조언을 제공한다.

미국정부는 증권, 조세, 반독점, 무역 등 관련법에 근거하여 기업들의 사업활동을 감시한다. 연방법(federal laws)에 의거해 Securities and Exchange Commission(SEC)와 Internal Revenue Service(IRS) 등 정부기관이 설립되었다. SEC는 일반투자자들을 보호하기 위하여 기업을 규제하며, 관련정책을 만들고 규정을 위반한 기업들을 기소한다. IRS는 기업들이 세금을 내는데 있어 세법규정을 준수하는지를 확인하며 세법을 집행한다. 임원들에 의한 법규의 위반은 큰 금액의 벌금과 징역형을 초래할 수도 있다.

기업과 투자공동체의 추문들에 대응하여 미국정부는 2002년에 사베인스-옥슬리법(Sarbanes-Oxley Act)을 제정하였다. 이 법은 외부감사인을 규제하기 위한 새로운 감독기관을 탄생시켰으며, 기업의 책임에 관한 법 조항들을 도입시켰고, 기업의 화이트칼라범죄(white-collar crime)에 대한 처벌을 강화시켰다. 미국의 2대 자본시장인 NYSE와 NASDAQ도 드러난 문제점들을 해결하기 위해 자체적으로 지배구조관련 규정을 채택하였다.

2008년과 2009년 경기침체 기간에 걸쳐 미국정부는 재정적 도움을 요청한 기업들에 대해서 지배구조의 개선을 요구했다. 3대 자동차회사에 대한 구제금융의 조건으로써 의회는 세 명의 CEO에 대해서 단 1달러의 보상을 받아들일 것을 요구했다. 후에 정부가 GM에 대하여 부도법정(bankruptcy court)의 절차를 빠르게 마무리하는 것을 돕는 조건으로 CEO인 릭 웨거너(Rick Wagoner)의 사임을 요구하였다. 또한 미국 재무성(Treasury)은 금융기관에 대하여 부실자산구제프로그램(Troubled Asset Relief Program: TARP)을 통해 정부가 기업의 부채를 떠 안는 대신 주식을 제공하는 방식으로 정부의 자금을 제공하였다. 이는 정부를 이들 기업에 대한 투자자(investor stakeholder)가 되도록 만들었다. 이러한 새로운 관계가 어떻게 기업의 지배구조에 영향을 줄 것이며, 어떤 유인들이 존재하게 될 것인가에 대해서는 불명확하다. 그러나 의회가 AIG(American International Group)사에 대해 임직원 상여금의 지급을 제한하도록 요구하는 사례를 이미 보아왔다.

또 다른 경영진에 대한 감시는 시장의 힘이다. 만일 경영자가 경영능력이 부족하거나 경영의 재량권을 남용하고 있다면 그 기업은 다른 기업/투자자에 의해 경영권을 빼앗길 것이며 결과적으로 경영자는 해임될 것이다. 반대로 한 임원이 대리인 문제를 피하고 주주들의 투자가치를 증대시키는데 성공적이라면 시장에서 능력 있는 리더로서 평가될 것이며 많은 기업이 그를 고용하고자 할 것이다. 이러한 관점에서 인수합병에 대한 두려움과 명성이 있는 기업에서의 최고경영자의 지위에 따른 보상은 경영자들로 하여금 그들이 최선의 노력을 다하도록 하고, 경영자의 재량권을 통제하는데 있어서 강력한 규율로 작용한다.

다른 잠재적인 감시로서는 주주들, 즉 연금기금과 같은 기관투자자들, 기업이 현재의 부채를 감당할 능력이 있는지를 분석하는 채권자들과 신용평가기관들, 기업이 건강한지를 확인하는 내부감사를 포함한 종업원들, 기업시민주의 정신을 강조하는 기업을 둘러싼 지역사회(이들은 기업의 임원들에게 지역사회에 대한 책임감을 느끼도록 하는데 중요한 역할을 한다) 등이 있다.

하지만, 불행히도 이러한 집단으로서의 감시기능들은 어느 한 시점에 무너질 수 있다. 이 책의 중요한 목적은 이러한 기업감시집단들과 각 집단들이 가지고 있는 문제점들을 논의하는데 있다.

통합시스템으로서의 기업지배구조제도

기업의 지배구조는 복잡하고 상호 연계되어 있다. 임원들과 감사인, 이사진, 은행들의 유인은 상호 연계되어 있다. 따라서 지배구조의 한 단면만 분석하면, 지배구조제도가 어떻게 붕괴될 수 있는지 충분히 이해하기 어렵다. 그림 1.2는 기업의 참가자들과 각 집단 간의 상호관계를 보여 준다.

그림 1.2 사업참가자들 사이의 상호관계

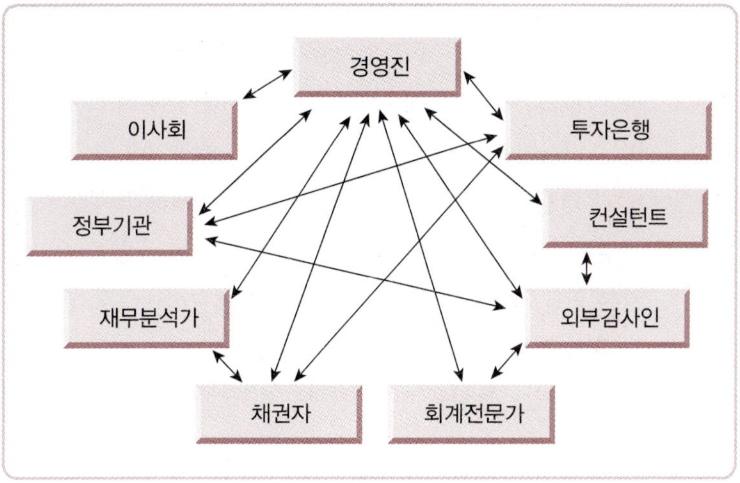

예를 들면, 재무분석가들은 기업의 전망을 평가하기 위해 경영자들과 논의하게 되는데, 경영자들은 가능한 장미빛의 긍정적인 측면만 언급하여 재무분석가들이 회사에 대해 "사자(buy)" 의견을 내도록 유도할 수 있다. 그러나 이는 재무분석가들로 하여금 높은 이익예측을 하도록 유도하며, 이에 따라 경영자들은 이러한 높은 이익예측치를 맞추기 위해 고전할 수밖에 없는 상황을 초래한다. 만일 영업성과가 높은 이익예측치를 달성하는데 충분치 않다면, 경영자들은 회계부서가 이를 돕도록 압력을 가할 수 있다. 어떤 경우에는 증가된 이익을 보고하기 위한 공격적인 회계처리기법을 고안하기 위해 컨설턴트를 고용하기도 한다.

외부감사인들은 기업에 여러 해 동안 회계감사용역을 제공함으로써 높은 수익을 창출하는 관계를 유지해 왔을 수 있다. 외부감사인들은 명성이 있는 고객을 가지고 있다는 것을 자랑스럽게 생각하며, 그들과의 관계가 단절되는 것을 원치 않는다. 따라서 이들 감사인들은 기업의 공격적인 회계처리에 대해서 지나치게 관대한 태도를 취할 수도 있다. 그렇다면 왜 경영자들은 유연화되고 증가하는 이익에 연연하는가? 왜 그들은 재무분석가들에게 잘 보이려고 노력을 하는가? 이는 이사회(현실은, 대부분의 경우 경영진의 추천에 의해서 이사들이 선정됨)가 경영자들에 대한 스톡옵션(주식매수선택권)의 부여와 주식보상을 결정하기 때문이다. 만일 경영자들이 주가를 올릴 수 있다면, 그들은 기본 연봉보다 훨씬 더 큰 금액을 주식매수선택권의 행사와 보유주식의 매각을 통해 현금화할 수 있다.

정책입안자들인 정부의 관련부서 공무원들도 경영자들의 행태를 감시한다. 그러나 공무원들은 종종 컨설팅회사, 회계법인, 법무법인들과 협력해서 일을 수행해야 하는 경우가 발생한다. 이에 따라 업무를 수행하는데 있어서 이해의 상충이 발생할 수 있다.

이 책은 다음과 같은 감시제도를 설명한다.

- 경영자의 유인과 주주의 이해를 일치시키는 동기유인계약(incentive contracts)
- 회계담당자와 외부감사인
- 주주들을 대표하는 이사회
- 기업의 주식을 평가하고 자본시장에서 기업이 주식을 공개하고 판매할 수 있도록 도와주는 역할을 수행하는 투자은행과 재무분석가들
- 기업의 부채상환능력을 감시하는 채권자들과 신용평가기관들
- 주주들 자신
- 좋은 기업이 나쁜 기업을 인수하는 기업의 인수시장(takeover market)

- SEC와 같은 증권산업에 대한 공식적인 규제 및 감독기관
- 기업의 존속에 있어서의 정부의 역할
- 기업의 사회적 책임에 대한 인식을 경영자들에게 환기시켜 주는 기업시민주의(corporate citizenship)

국제적 감시(international monitoring)

자본주의 국가들은 주주와 임원들의 이해를 일치시키기 위해 다양한 유인제공과 감시를 이용해 왔다. 각 나라들은 서로 다른 보상제도와 다른 회계기준을 사용한다. 또한 각 나라들은 서로 다른 기관투자 환경을 가지고 있다. 어떤 나라는 자본시장보다는 은행에 의존한 기관투자 제도를 가지고 있으며 이는 나라별로 법적 환경이 다르기 때문일 수도 있다. 이러한 차이에도 불구하고 기업의 추문들(corporate scandals)은 모든 나라에서 일어날 수 있다. 이 책에서는 각 장에서 이러한 관점을 논의하였다.

요 약

주식회사제도는 기업으로 하여금 사업을 확장시키기 위해 필요한 자본을 조달하고 경제를 돕는 역할을 수행한다. 또한 이 제도는 개인들이 기업의 소유권을 갖도록 허용함으로, 기업이 필요로 하는 자금을 제공하도록 한다. 상장기업에서 경험하는 많은 문제점들은 소유와 경영의 분리로 인해 야기된다. 기업을 통제하는 경영자들은 기업을 소유하고 있는 주주들의 비용으로 자신의 이익을 추구할 수도 있다.

이러한 경영자들의 잘못된 행태를 막기 위해 이사회는 임원들의 이해와 주주들의 이해를 주식이나 주식매수선택권을 제공함으로써 일치시키고자 시도한다. 또한, 주식회사제도는 감시가능을 수행하는 몇개의 집단을 가지고 있다. 불행히도, 이해의 일치를 위해 도입한 유인제공과 감시집단들은 또 다른 문제들을 야기시킬 수 있다. 주식회사제도는 상호 연계된 유인으로 인해 사람들이 비윤리적으로 행동하도록 하는 환경을 만들 수 있다. 본 서의 다음 장들에서 이러한 유인과 감시제도의 각 측면을 논의한다.

복|습|문|제

01 기본적인 기업소유의 세 가지 형태는 무엇이며, 각각의 장점과 단점은 무엇인가?

02 임원보상이 어떻게 주주들의 이해와 경영자의 이해를 일치시킬 수 있는가?

03 기업을 감시하는 서로 다른 집단들을 열거하고 이들에 대해서 기술하라.

04 소유와 경영의 분리를 논의하고 이러한 분리가 어떻게 일어나며 왜 문제를 초래하는지 설명하라.

토|론|문|제

01 그림 1.1은 감시와 이해관계자의 관계를 보여 준다. 당신의 생각에 어느 집단이 기업을 감시하는데 있어서 가장 적합한가? 그 이유를 설

명하라. 어느 집단이 가장 취약한 감시기능을 가지고 있는가? 그 이유를 설명하라.

02 그림 1.2는 기업의 참가자들이 어떻게 상호 연계되어 있는지를 보여준다. 그림상의 어떤 연결들이 주주들에게 잠재적으로 가장 큰 문제들을 야기시킬 수 있는가? 그 이유를 설명하라.

03 미국의 기업들이 어떻게 오늘날과 같이 중요하고, 큰 규모가 될 수 있었는가?

04 일반적으로 또는 개인적 경험에 근거하여, 임원을 포함한 종업원들이 기업에서 원하는 바를 위해서 일하도록 하는데 가장 효과적인 방법은 무엇이라고 생각하는가?

(i) 바람직한 행위에 대한 유인의 제공

(ii) 긴밀한 감시

(iii) 나쁜 행위에 대한 처벌

당신이 대중매체, 언론인, 정치가들 등으로부터 보고, 읽고, 들었던 내용에 근거하여, 기업의 임원들이 윤리적으로 행동하도록 하는데 가장 좋은 방법이라고 생각되는 것은 어떤 것이 있는가? 만일 개인적인 경험에 근거한 답과, 대중매체 등 다른 사람들의 생각하는 답이 다르다면, 그 차이가 무엇으로 인해, 어떠한 측면에서 나타날 수 있는지 논의하라.

연습문제

01 제1장에서는 어떻게 칼리 피오리나(Carly Fiorina)가 대주주의 반대에도 불구하고, HP에 대해서 실질적인 통제력를 행사할 수 있었음을

기술하고 있다. 경영진이 주주들의 희망에 반하여 의사결정을 했던 또 다른 예를 찾아서 제시하라.

02 어떻게 미국기업들이 오늘날과 같이 중요하고, 큰 규모가 될 수 있었는지 설명하라. 연구자들은 "기업이론(theory of the firm)" 또는 "기업의 본질(nature of the firm)"에 대하여 논의해 왔다. 어디까지 그리고 어떻게 이러한 이론들은 오늘날의 미국기업들을 설명하는가? 대리인 문제(agency problems)는 이러한 이론들의 개발에 어떠한 역할을 하였는가?

연|습|문|제(국제적 관점)

01 그림 1.2는 미국에서 기업의 이해관계자들이 어떻게 연계되어 있는지를 보여 준다. 우리나라의 상호연계를 보여 줄 수 있는 그림을 그려 보고, 제시한 상호연계에 대해 설명하라.

02 대리인 문제가 우리나라에서는 얼마나 심각한지 설명하고 사례들을 제시하라.

03 우리 나라에서는 다음 중 대리인분쟁(agency conflicts)을 해결하기 위해 어떠한 관념(ideology)이 이용되는가?

(i) 임원들의 바람직한 행위에 대한 유인의 제공
(ii) 임원들에 대한 긴밀한 감시
(iii) 임원들의 나쁜 행위에 대한 처벌

이러한 방법이 왜 효력이 있는(또는 없는)지 이유를 설명하라.

CHAPTER 2

경영자보상
(Executive Incentives)

제1장에서 소유와 경영이 분리된 대기업에서 발생할 수 있는 대리인 문제에 대해서 기술하였다. 기업의 소유와 통제를 논의할 때, 주주, 이사회, 임원으로 대표되는 세 그룹 간의 상호관계를 생각해 볼 수 있다. 주주들은 기업을 소유하고, 이사회는 주주들을 위하여 기업의 주요 의사결정에 참여한다. 그리고 임원들은 기업운영을 위한 일상적인 의사결정을 집행한다. 이러한 소유와 경영의 분리로 인해 경영자는 기업의 경제적 자원을 자신들의 원하는 바를 추구하는데 사용하고자 하는 유인이 발생한다.[1] 가령, 경영자는 회사의 전용비행기를 사고, 전용비행기를 개인적 여행목적으로 사용하여 관련비용을 주주들에게 전가할 수 있다.

이러한 대리인문제의 해결을 위해 유인(incentives)의 제공과 감독

1) 이사회도 주주들의 비용으로 자신의 이익을 위해 행동할 유인이 있다. 이러한 대리인문제는 이사회와 관련된 장에서 논의한다.

(monitoring), 두 가지 방안을 생각해 볼 수 있다. 이사회, 외부감사 그리고 다른 기업지배구조의 구성요소들은 경영자들을 감독하는 기능을 가지고 있다. 유인의 제공은 임원들의 부(wealth)와 주주들의 부를 일치시켜, 두 집단이 동일한 목적을 공유할 수 있게 해 준다. 경영자와 주주의 이해를 일치시키기 위해서 기업은 임원 보상의 상당부분을 주식매수선택권(stock option)이나 제한부주식(restricted stock)으로서 제공할 수 있다. 이를 통해 경영자는 주주의 이익극대화를 위해 일하게 된다. 본 장에서는 현대의 경영자보상과 관련된 유인에 대하여 논의한다.

경영자에 대한 잠재적인 유혹(potential managerial temptations)

경영자는 자신의 행동에 의해서 영향을 받게 되는 다양한 이해관계자들을 가지고 있다. 이들은 주주나 채권자와 같은 투자자, 고객들과 공급업자들, 종업원 및 경영자 자신을 포함한다. 좋은 경영자는 자신보다는 이해관계자들의 필요를 충족시키는 것에 우선순위를 둔다. 그러나 인간의 속성상 자신의 필요를 충족시키는데 우선순위를 둘 수 있다. 자신을 위한 경영자 행태의 예로 아래와 같은 내용을 생각해 볼 수 있다.

- 직무태만(shirking)
- 친구고용(hiring friends)
- 지나친 급부의 사용(consuming excessive perks) – 고가의 사무용 가구 구입, 회사차량의 개인적 사용 등

- 제국 건설(building empire) – 주가에 미치는 영향에 관계없이 기업 규모를 가능한 한 크게 확장
- 해임을 피하기 위해 위험이나 사업기회의 회피(taking no risks or chances to avoid being fired)
- 은퇴에 가까운 경우, 근시안적 안목(having a short-run horizon if near retirement)

경영자들이 위의 행태를 보이지 않고, 다른 이해관계자들의 이익을 위해 최선을 다 하도록 하기 위한 한 가지 방법은 적절한 금전적 유인을 제공하는 것이다. 이러한 목적을 달성하기 위한 다양한 임원보상을 본 장에서 논의하고자 한다.

경영자보상의 형태

기업의 임원들은 여러 가지 방법으로 보상을 받는다. 기본급은 연금과 기타 급부(회사 자동차, 클럽회원권 등)를 포함한다. 또한 최고경영진은 일반적으로 회계이익에 근거한 보너스를 받을 수 있다. 마지막으로, 경영자들은 주가상승에 연계된 스톡옵션과 같은 장기보상계약에 의해서 추가적인 부를 얻을 수 있으며, 제한부주식의 교부(restricted stock grants)는 또 다른 형태의 장기보상(long-term awards)계약이다.

기본급(base salary)과 상여금(bonus)

대부분의 직업처럼 CEO는 일정금액의 연봉을 받는다. 기업 CEO의 기본급(base salary)은 이사회의 보상위원회가 다른 기업 CEO들

의 급여를 비교목적으로 조사한 결과를 반영하는 벤치마킹 방법에 의해 결정된다.[2] 조사결과 중간값(50th percentile) 미만의 급여는 시장기준 이하로 간주되며, 중간값에서 75% 분위수 범위는 경쟁력이 있는(competitive) 것으로 간주된다. CEO들은 지속적으로 경쟁력 있는 급여를 요구해 왔고, 각 CEO가 중간값 이상의 급여를 받게 됨에 따라, CEO 기본급의 중간값은 매년 상승해 왔다. CEO의 높은 급여상승과 더불어 새로운 CEO는 기존의 CEO보다 더 높은 급여를 받아왔다. 흥미롭게도 기본급은 기업의 특성(예를 들면, 산업, 규모)과 CEO의 특성(가령, 연령, 경험)에 따라 달라진다. 개인의 과거 성취, 연령 및 경험과 관계없이 일반적인 경우 대기업의 CEO는 중소기업의 CEO보다 더 높은 급여를 받는다. 머서인적자원자문사(Mercer Human Resource Consulting: MHRC)는 CEO 보상의 추세를 분석하기 위해 Fortune 1,000대 기업 중 350개 기업의 위임장설명서(proxy statements)를 연도별로 조사하였다.[3] MHRC은 50개 대기업, 150개 대기업, 150개 중견기업을 조사한 결과 2007년, 150개 대기업 CEO 급여의 중간값은 약 115만 달러이었음을 보고했다.

매년 말, CEO들은 종종 현금보너스를 받는다. 보너스의 규모는 과거년도의 주당순이익(EPS)이나 이자와세전이익(EBIT)과 같은 전형적인 회계업적에 근거해서 결정된다. 순이익에서 자본비용을 차감한 경제적 부가가치(EVA)도 많이 이용되는데, 이 측정치의 기본 논리는 기업의 활동을 위해 다양한 원천의 재원을 사용하는 비용을 초과해서 기업의 가치를 증대시킨 부분을 측정하고자 하는 것이다.

---

2) 본 장에서 보상에 관한 기술 중 대부분은 캐빈 머피(Kevin Murphy)의 "Executive Compensation," in *Handbook of Labor Economics*, eds. O. Ashenfelter and D. Card, Vol. 3B. Amsterdam: North-Hollan Publishers, 1999.에 기초했다.

3) Mercer Human Resource Consulting, "2007 CEO Compensation Survey and Trends," May 2008.

EBIT 또는 EVA가 이용될 경우에도 대부분의 경우 CEO가 보너스를 받기 위해 달성해야 할 기준은 높지 않았다. 높은 수준의 기업성과는 보너스를 최대값 또는 일정 한도까지 보장한다. 성과에 따른 대폭적인 임금인상과 비교하여 보너스 지급은 기업의 입장에서 한 가지 장점을 가지고 있어 전체 보상에서 인기 있는 구성요소가 되어 왔다. 즉, 보너스는 과거의 업적에 대한 일회성 보상인 반면, 임금인상은 미래의 미실현된 업적에 대한 영구적인 급여에의 추가인 점이 다르다. 2007년 대기업들의 CEO 보너스의 중간값은 약 217만 달러이었다.

스톡옵션 또는 주식매수선택권(stock options)

임원에게 제공되는 주식매수선택권은 시장유인보상(market-oriented incentives pay)의 가장 일반적인 형태이다. 주식매수선택권은 임원들이 행사가격(exercise or strike price)으로 알려진 정해진 가격에 주식을 살 수 있도록 허용한 계약이다. 따라서 만일 주가가 행사가격 이상으로 올라가면 임원은 그 차액을 이익으로 확보할 수 있다. 예를 들면, 만일 기업의 주식이 주당 50달러에 거래되고 있다면 최고경영자(CEO)는 행사가가 50달러인 주식매수선택권을 부여받는다. 만일 다음 몇 년 동안 주가가 75달러로 올랐다면 주주들은 옵션을 행사한 결과 보유주식으로부터 50%의 수익률을 올릴 수 있다. 즉, 임원들은 50달러에 주식매수선택권을 행사하여 75달러에 팔 수 있어 주당 25달러씩의 이익을 올릴 수 있는 것이다. 만일 임원들이 100만 주의 스톡옵션을 가지고 있다면 2,500만 달러의 차익을 올릴 수 있을 것이다. 만일 주가가 100달러에 달하면 임원들은 5,000만 달러의 차익을 올릴 수 있게 된다. 반면에, 만일 주가가 50달러 이하로 하락하면 주식매수선택권은 행사가치가 없게 된다(underwater). 임원들은 주식매수선택권을 행사한 후 주식을 보유하는 경우는 흔치 않으며, 이를 보상의 일부분으로 보아 행사한 주식을 판매함으로써 현금화시킨다.

주식매수선택권은 경영자들로 하여금 기업을 그 주가가 상승하는 방향으로 경영하도록 하는 유인을 제공한다. 따라서 주식매수선택권은 경영자의 유인과 주주의 유인을 일치시키는데 도움을 주며, 이는 소유와 경영 분리로 인해 야기된 대리인문제를 극복하는데 도움을 준다. 일반적인 경우, 행사가격은 매수선택권발행일의 시장가격과 일치한다. 가장 보편적인 매수선택권의 기간은 10년으로, 이 경우 임원들은 주가를 올리기 위한 10년의 기간을 가지고 있다. 10년 후에는 주식매수선택권은 소멸된다. 임원들은 이 기간 동안 주식매수선택권을 팔거나 이전할 수 없으며, 주가 위험성을 보전하기 위한 햇지거래를 하지 못하도록 하고 있다. 대기업에서 CEO의 장기보상은 2007년 당시 중간 값으로 609만 달러이었고, 이 중 약 34%가 주식매수선택권과 관련되어 실현된 것이었다.

- **주식매수선택권과 회계(options and accounting)**: 미국에서 업적보상으로써의 스톡옵션의 인기는 임원과 회사 모두에 대한 유리한 세금혜택으로부터 온다. 옵션이 교부되었을 때, 기업은 행사가격이 주가보다 낮은 경우에만 회계상의 원가로 보고할 필요가 있다. 이 원가는 옵션의 행사기간에 걸쳐서 상각된다. 대부분의 스톡옵션은 행사가와 주가가 일치하도록 발행되기 때문에 기업은 원가를 결코 보고하지 않았다. 임원들에 대한 유리한 혜택은 경영자가 옵션을 행사할 연도를 선택하여 세금의 발생시점을 결정할 수 있다는 것과, 이 보상은 소득이 아니라 자본이득으로 간주되어 통상 낮은 세율을 적용받는다.

사례 2.1 2007년의 10대 고액연봉 CEO들(기본급, 보너스, 스톡옵션 포함)

Lawrence J. Ellison, Oracle	$192,920,000	Nabeel Gareeb, MEMC Electronic Mats	$79,560,000
Frederic M. Poses, Trane	$127,100,000	Daniel P. Amos, Aflac	$75,160,000
Aubrey K. McClendon, Chesapeake Energy	$116,890,000	Lloyd C. Blankfein, Goldman Sachs Group	$73,720,000
Angelo R. Mozilo, Countrywide Financial	$102,840,000	Richard D. Fairbank, Capital One Financial	$73,170,000
Howard D. Schultz, Starbucks	$98,600,000	Bob R. Simpson, XTO Energy	$72,270,000

임원들이 스톡옵션을 행사한 후 1,000만 달러를 현금화해도, 이 금액은 기업의 손익계산서에 비용으로 나타나지는 않으나, 기업의 입장에서 보면 이는 경제적 의미를 가진 실제적인 비용이다. 예를 들면, 한 기업이 1억(100 millions) 주의 발행주식을 가지고 있으며, 1,000만(10 millions) 주의 스톡옵션을 임원들에게 지급했다. 이 기업은 현재 1,000만 달러(주당 $1)의 이익을 올리고 있다. 만일 임원들이 옵션을 행사하면, 임원들은 1천만 주를 행사가에 사서 시장에서 매각하게 되며, 그 시점에서 발행주식 수는 1억 1천만 주가 된다. 이는 1,000만 달러의 순이익이 주당 0.91달러가 된다는 것을 의미한다. 즉, 주당순이익은 새로 발행된 주식으로 인해서 주당 가치가 9% 하락하게 된다.

2005년 7월 이후, 기업들은 임원주식매수선택권을 비용 처리하도록 요구되었다(재무회계기준, FAS 123R). 비록 스톡옵션의 행사가격이 발행 당시 주식가격보다 낮거나 같더라도, 옵션은 가치가 있다. 이러한 가치는 블랙-숄즈 옵션 가격결정모델(Black-Scholes option pricing model)로 알려진 공식에 의해 추정되며, 보고이익에서 차감된다. 따라서 이 기준은 스톡옵션의 교부를 덜 매력적으로 만들었다. 이러한 규정은 본 장의 후반부에 다시 논의한다.

주식부여(stock grants)

임원스톡옵션이 1990년대 말과 2000년대 초의 지배구조 실패에 기여했다는 인식으로 인해 많은 기업들은 다른 형태의 장기업적보상을 찾아왔다. 인기를 얻은 두 가지 형태의 보상은 제한부주식교부(restricted stock grants)와 성과연동주식(performance shares)의 지급이다.

- **제한부주식(restricted stock)**: 제한부주식을 팔기 위해서는 일정기간이 경과하거나, 특정 목표를 달성해야만 한다. 예를 들면, 임원들은 주식을 팔기 위해 10년이 경과해야만 하는 주식을 받을 수 있다. 제한부주식은 스톡옵션과 비교할 때, 주가가 하락한다 할지라도 그 가치가 없어지지는 않는다는 장점이 있다. 따라서 제한부주식은 스톡옵션이 가지고 있는 비대칭적 유인을 가지고 있지 않다. 스톡옵션은 행사가능한 가치가 매우 크거나, 가치가 전혀 없을 수 있는 비대칭성을 가지고 있다. 제한부주식은 2002년의 장기업적보상의 12%로부터, 2007년에는 비중이 30%로 증가되었다. 대기업의 CEO에 대한 제한부주식의 부여는 2007년에 중간값으로 180만 달러에 달했다.

- **성과연동주식(performance shares)**: 성과연동주식은 주당순이익(EPS)목표 등의 특정 성과기준을 달성했을 경우에만 부여되는 주식을 말한다. 이러한 주식들은 과거에 실현된 업적에 대한 상여금

이라고 볼 수도 있다. 만일 기업의 주가가 상승한다면, 이러한 성과연동주식은 CEO에게 더 가치가 있을 것이다. 성과연동주식은 2007년에 장기업적보상의 36%까지 비중이 증가하였고, 대기업의 CEO들에 있어서는 거의 220만 달러에 달했다.

동기유인보상(incentive-based compensation)이 효과적인가?

동기유인보상이 효과적인지를 검증하기 위한 두 가지 방법이 있다. 첫째로, 기업의 성과와 경영자보상이 정의 상관관계를 가지고 있는지를 검증해 보는 것이다. 이 방법은 사후적 증거(ex post evidence)를 제시해 준다. 기업가치의 증가에 대해서 경영자들이 적절한 보상을 받아 왔다면, 유인보상(incentive compensation)이 효과적이었다고 추정할 수 있다. 마이클 젠슨(Michael Jensen)과 케빈 머피(Kevin Murphy) 교수는 그 답이 "아니다"라는 증거를 제시했다.[4] 그들은 총 2,000명의 CEO에 대한 총보상을 분석한 결과 기업의 가치가 1,000달러 증가할 때, CEO가 평균 3.25달러 더 받는다는 것을 발견했다. 대기업을 인수한 CEO를 생각해 보자. 이 기업의 CEO가 기업가치를 3,000만 달러 이상 증가시켰다면, 그의 보상은 단지 100만 달러 증가하게 된다. 학술적 용어로, 성과-업적의 민감도(pay-for-performance sensitivity)가 매우 낮다고 말할 수 있다.

성과유인기준보상의 효력을 평가하기 위한 또 다른 방법은 이러한 보상체계를 채택한 기업들이 사후적으로 우수한 성과를 보이는가를

---

4) Michael Jensen and Kevin Murphy, "Performance pay and Top Management Incentives," *Journal of Political Economy* 98 (1990): 225~263.

평가해 보는 것이다. 이러한 방법은 사전적 증거(ex ante evidence)로 정의된다. 다른 말로는 일단 경영자에게 유인이 주어지면, 기업은 그 이후에 우수한 성과를 보이는지를 확인하는 것이다. 직관적으로, 우리는 "예"라는 답을 기대할지도 모른다. 그러나 놀랍게도 증거는 혼합되어 나타났다. 아마도 급여수준이 이미 충분히 높아 경영자는 위험을 회피하고자 하는 경향이 있을 수도 있으며, 만일 기업이 스톡옵션 보상에 지나치게 의존하고 있으면, 그 경영자들은 높은 보상을 가져올 가능성이 있는 경우, 과도한 위험감수를 할 수도 있다. 기업의 성과를 경영자 보상계약에 신뢰성 있게 연결한다는 것은 쉽지 않은 작업이다.

업적기준보상제도에 내재한 잠재적인 문제점들

회계적 업적에 근거한 보상제도의 문제점들

업적평가를 위해 회계이익을 이용하는 것은 몇 가지 잠재적인 문제점을 가지고 있다. 첫째, 회계이익을 높이기 위해 CEO는 연구개발에 투자를 하지 않을 유인이 있다. 연구개발을 포기함으로써 현재의 이익을 올릴 수는 있지만 미래의 이익을 포기하게 된다. 둘째, 회계이익은 조작될 수 있다(3장에서 다시 논의). 셋째, 만일 한 해의 목표치가 달성될 수 없으면, CEO는 현재의 이익을 미래로 옮기고자 하는 유인이 있을 수 있다. 이렇게 함으로써, 다음 해의 상여금계획이 논의되는 동안 목표치에 대한 기대수준을 낮추며, 미래에 해당 상여금을 받을 수 있는 기회를 인위적으로 높일 수 있다. 요약하면, CEO는 기업가치와 주주의 부에 중점을 두는 대신 단기이익 목표와 실적을 자신이 원하는 방향으로 유도하는데 더 많은 관심을 둘지도 모른다.

■ **주식매수선택권(stock option)의 문제점들**

주식매수선택권의 부여는 주주들과 경영자의 유인이 일치하지 않는 상황을 초래할 수 있다. 다음은 주식매수선택권이 초래할 수 있는 잠재적인 문제점들을 열거하였다.

1. 주주들의 수익은 주가상승과 배당에 달려 있다. 하지만 주식매수선택권의 가치는 주가의 상승에만 영향을 받음으로, CEO는 배당의 증가를 원하지 않을 수 있다. 대신에 절약된 현금을 이용하여 주가를 올릴 수 있는 대안을 선호할 수 있다.
2. 주가는 CEO가 위험한 사업 안을 채택할 때 올라갈 가능성이 높다. 따라서 기업이 CEO 보상을 위해 주식매수선택권을 사용하면, 더 높은 위험을 가진 경영전략이 채택될 가능성이 크다.
3. 주식매수선택권은 만일 주가가 행사가격보다 매우 낮게 떨어지게 되면 유인을 잃게 된다. 이런 경우 스톡옵션은 경영자에 대한 효과적인 동기유발 수단으로서의 목적을 달성하기 어렵다.
4. CEO는 특정 목표년도의 보고이익을 극대화시키기 위해 이익의 조정을 시도할지도 모른다. 이 조정은 목표년도 이후에는 이익을 감소시키고 따라서 주가를 낮춘다. 주식매수선택권과 관련해서 경영자는 주식매수선택권의 행사 시점을 고려하여 이익을 조정함으로써 주가에 영향을 미치려 할지도 모른다.

■ **주식매수선택권(스톡옵션)의 또 다른 문제점:** 주주와 경영자들의 유인을 일치시키고자 도입된 주식매수선택권이 가지고 있는 장점은 그 자체로 주요 문제점을 야기할 수도 있다. 주식매수선택권의 가치가 기업의 주가와 연계되어 있다는 것은 유인제공에 도움이 될 수 있으나, 보상의 공정성의 관점에서 문제를 야기할 수도 있다. 문제는 주가는 기업

【세계의 사례들】

스톡옵션은 경영자와 주주들의 이해를 일치시키는 강력한 방법이다. 그러나 이것이 효과적인 방법인가에 대해서는 많은 논란이 있어 왔다. 2007년 금융위기 당시에 CEO였던, 전 메릴린치 CEO인 스텐리 오닐(Stanley O' Neal)의 사례를 생각해 보자. 2007년 3분기에 22억 4,000만 달러의 예상치 못했던 손실 후에, 2007년 11월 이사회는 오닐을 해임시키는 대신 은퇴하도록 권유했다.[5] 오닐은 메릴린치의 역사상 가장 큰 손실을 경험하면서도 수많은 라운드의 골프를 소화했다.[6] 이것은 책임 있는 CEO가 보여 줄 행태가 아니었다. 그러한 상황에서 은퇴하면서, 오닐은 많은 스톡옵션과 조건부주식의 부여, 큰 금액의 성과급 상여금을 받았다. 오닐은 메릴린치에서 은퇴하면서 총 1억 6,150만 달러의 보상을 챙길 수 있었다. 1년 남짓이 지난 후, 금융위기가 더욱 악화됨에 따라, 손실은 더욱 늘어났고, 메릴린치는 Bank of America에 기업을 매각할 수밖에 없는 상황이 되었다.

매우 저조한 업적을 보인 임원이 이사회에 의해서 해임되면서, 막대한 금전적 보상을 받는 일이 어떻게 가능할까? 오닐의 경우, 영업성과와 관계없이 매우 큰 금액의 보상을 퇴임 전에 확정시키고, 불량한 업적이 본격적으로 나타나기 전에 스톡옵션과 제한부 주식 등으로부터 막대한 이익을 얻을 수 있는 잘못된 고용계약을 가지고 있었다.

의 업적뿐만 아니라 거시경제 변수를 포함한 통제 불가능한 많은 다른 요소에 의해 영향을 받는다는데 있다. 경제가 성장할 때에는 경쟁자보다 잘 경영되지 못한 기업의 주가도 오를 수 있다. 이런 경우 보상을 받을만한 자격이 없다 할지라도, 보유한 주식매수선택권을 통해 막대한 보상을 경영자들에게 가져다 준다. 반대로 불경기로 인해 또는 투

5) *www.aflcio.orgcorporatewatch/paywatch/retirementsecurity/case_merrillynch.cfn.*

6) *http://money.cnn.com/galleries/2007/fortune/0712/gallery.101_dumbest.fortune/5.html.*

자자들의 비관론으로 인해 주식시장이 침체될 때, 경쟁자들보다 더 잘 하고 있는 기업의 경우에도 주가가 하락할 수 있다. 이런 경우, 경영자들은 보상을 받아야 하나, 그들이 가지고 있는 주식매수선택권을 통해서는 적절한 보상을 받을 수 없게 된다.

스톡옵션은 주가가 행사가격보다 크게 낮아지면 그 효과성을 잃는다. 따라서 경영자들의 동기를 다시 유발시키기 위해서는, 이사회는 때때로 이전에 발행한 스톡옵션의 행사가격을 원래보다 낮게 수정(reprice the options)할 수도 있다. 경영자들은 스톡옵션의 가치를 극대화하기 위해 주가를 급격히 올릴 수 있는 위험한 사업안을 선택할 수도 있다. 만일 투자안들이 성공적이면 CEO은 큰 부를 실현할 수 있지만, 실패하면 스톡옵션과 관련해서 추가로 잃을 것은 없다. 반면 만일 이 투자안들이 실패하면, 주주들은 투자원금을 잃을 수도 있다. 한편 경영자는 단순히 스톡옵션의 가격 재설정을 요청할 수 있고, 이후 동일한 전략을 반복할 수 있다. 스톡옵션보상의 지지자들은 이러한 가격 재설정 관행은 유능한 경영자를 기업에 붙잡아 놓기 위해서 불가피하다고 주장한다. 이러한 주장은 때로는 사실이지만 스톡옵션이 가지고 있는 비대칭적인 유인(skewed incentives)의 문제를 해결하지는 못한다.

이사회는 필요에 따라 자유롭게 임원들에게 주식매수선택권을 부여를 결정할 수 있음으로, 오닐(O' Neal)과 메릴린치(Merrill Lynch)의 사례는 횡령이나 불법은 아니다. 그러나 경영자들은 자신들의 부를 극대화하기 위해서 투자대중을 오도할 가능성도 있다. 기업에서 일어난 스톡옵션기준일 재설정(backdating options) 사례를 생각해 보자.

사례 2.2 주식매수선택권(stock options)

임원들이 보상의 일부로서 받은 스톡옵션의 가치를 어떻게 증가시킬 수 있을까? 한 가지 방법은 스톡옵션을 현재보다 주가가 더 낮은 날짜로 소급발행하는 것이다. 옵션부여가 언제 승인되었는지를 검증하는 것은 어렵기 때문에 많은 이사회와 임원들을 옵션이 발행될 때 가치를 보장하기 위해 공모하여 발행날짜를 위조한다. 따라서 한두 달 전의 가격을 이용하여 행사가격을 시장가격과 같게 되도록 결정하여 옵션을 발행할 수 있다. 이런 방법은 임원과 이사들에게 행사가격이 25달러인 스톡옵션을 주가가 30달러인 시점(5달러의 가치를 가진 상태로)에 옵션을 받을 수 있도록 허용한다.

2006년 말까지 적어도 130개 기업이 스톡옵션소급발행(option backdating)을 한 것으로 나타났다.[7] 이러한 추문으로 인해 적어도 50명의 임원들과 이사들이 해임되었다. 애플사의 법무담당임원(general counsel)인 낸시 하이넨(Nancy Heinen)은 자신과 스티브 잡스를 포함한 임원들에게 일련의 스톡옵션소급발행을 제공한 데에 대한 책임을 지고 2006년 5월에 사임했다. 2007년 4월, SEC는 하이넨을 부적절한 스톡옵션소급발행으로 비용을 4,000만 달러 과소 보고한 혐의로 벌금을 부과했다. 그녀는 SEC의 주장에 동의도 부정도 하지 않은 상태로 220만 달러를 지급함으로써 제기된 문제를 해결했다.[8]

스톡옵션의 비용처리와 관련된 논쟁

FASB는 2005년 이후 스톡옵션에 대해 비용 처리하도록 요구해 왔으나, 이 회계처리규정과 관련된 논란은 계속되어 왔다. 이 규정의 지지자들은 임원과 종업원들에게 제공한 스톡옵션의 비용은 기업에서 발생한 실제의 원가이며, 따라서 이는 재무제표에 비용으로 반영되어야 한다고 주장한다. 스톡옵션은 행사가격이 현재 주가와 같거나 더 높은 경우에도 가치가 있다. 따라서 옵션이 가치가 있고, 행사로 인한 추가적인 발행주식을 통하여 기업가치에 실제적인 영향을 미치

7) *http://en.wikipedia.org/wiki/Options_badating.*

8) *www.sec.gov/litigation/litreleases/2008/lr20683.htm.*

기 때문에, 이는 손익계산서에 비용으로 보고되어야만 한다.

스톡옵션의 비용처리에 반대하는 사람들은 옵션의 경우 10년간 현금화되지 않을 수도 있는데, 비용처리를 통해 이익을 낮출 근거가 없다고 주장한다. 대기업에 있어서는 옵션비용화에 따른 이익의 감소가 큰 문제가 아닐 수 있으나, 이익을 올리기가 쉽지 않은 새로운 산업에 속한 고성장기업들에 대한 옵션비용화의 요구는 기업들로 하여금 이익을 보고하기 더욱 어렵게 만든다. 이러한 이유로 많은 기술집약적인 기업들은 FASB의 규정에 완강히 반대하고 있다.[9)]

이러한 현상은 낮은 보수를 보충하기 위해 보상의 일부를 스톡옵션으로 지급하는 신생기업에서도 동일하게 존재한다. 스톡옵션제도로 인해 신생기업은 귀중한 자원인 현금을 절약함과 동시에 종업원들이 열심히 일하도록 동기부여를 할 수 있다. 만일 스톡옵션이 비용처리되어야만 한다면, 기업들은 스톡옵션프로그램을 축소시킬 것이다. 이는 신생기업의 성장에 많은 지장을 줄 수 있으며, 이로 인해 새로운 일자리 창출을 어렵게 하여 국가경제에도 영향을 줄 수 있다.

또 다른 주장은 옵션의 비용처리여부는 유인제공과 관계가 없다고 한다. 이는 옵션에 관한 구체적인 내용이 SEC 웹페이지에서 쉽게 이용가능하고, 투자자들이 순이익에 미치는 옵션의 효과를 조정할 수 있기 때문이다. 다른 말로는, 이 문제는 정교한 투자자들에게는 상관이 없으며, 옵션의 비용처리는 이해관계자들의 의사결정에 영향을 미치지 않는다는 것이다.

옵션의 비용처리가 기업의 임원보상과 소형기업의 행태에 효과를 가지고 있는가에 대해서는 아직 명확하지 않다. 새로운 규정이 도입되고 몇 년이 지났으므로 관련된 학술연구들이 진행중이며, 이러한

---

9) Donald P. Delves, Stock Options and the New Rules of Corporate Accountability, McGraw-Hill Professional, New York, 2003.

연구들은 향후 그 동안의 논란에 대한 해답을 줄 것이다.

다른 형태의 보상

임원들은 종종 SEC에 제출한 공식적인 문서에는 보고되지 않는 다른 형태의 보상을 받는다. 오래된 형태의 급부로 CEO을 위한 클럽회원권 제공을 떠올릴 수 있다. 더 발전된 급부의 형태로 CEO를 위한 재무상담비용을 대신 지급해 준다든가, 고급차와 자가용기사의 제공, 개인적 여행비용과 맨하탄의 값비싼 아파트을 지원해 주는 것 등을 들 수 있다.

은퇴연금 또한 인기가 있다. 예를 들면, 플릿 보스톤(FleetBoston)의 전 CEO인 테란스 머레이(Terrence Murray)는 연 580만 달러의 연금과 일 년에 150시간의 회사 비행기를 사용할 수 있도록 약속받았다.[10] 2002년 3월, 루이스 저스너(Louis Gerstner)가 IBM의 CEO에서 은퇴했을(얼마간 이사회 의장으로 머물렀다) 때, 그는 연간 300만 달러의 연금 이외에 회사의 비행기와 자동차, 아파트를 20년간 이용할 수 있도록 허용되었다. 또한 만일 IBM이 저스너의 조언이 필요하다면, 시간당 600달러를 지급받도록 하였다.[11]

은퇴시의 보상(retirement compensation)은 퇴직수당의 한 가지 형태이다. CEO가 은퇴 또는 회사를 다른 기업에 매각하는 등의 사유로 회사를 떠날 때, 떠나는 CEO는 업적급을 받고, 그 동안 누적해서

---

10) Joann Lublin, "As CEOs' Reported Salaries and Bonuses Get Pinched, Many Chiefs Are Finding Hidden Ways to Increase Their Compensation," *Wall Street Journal*, April 11, 2002, B7.

11) Joann Lublin, "How CEOs Retire in Style," *Wall Street Journal*, September 13, 2002, B1.

가지고 있는 스톡옵션이나 제한부주식을 회사에 되팔 수 있다. 이러한 보상은 황금낙하산(golden-parachute)이라고 불리며, 금액이 수천만 달러에 달한다. 예를 들면, 2006년 Capital One Financial이 North Fork Bancorp를 인수하겠다고 선언했을 때, North Fork의 CEO였던 캔사스(Kansas)는 1억 3,500만 달러에서 6,600만 달러에 달하는 제한부주식과 1,500만 달러의 퇴직금, 600만 달러의 스톡옵션, 400만 달러의 주식보상을 받았다. 흥미롭게도 미국 의회는 이러한 황금낙하산을 제한하기 위해 1980년대에 이러한 보상에 대한 과세와 관련법을 제정하였다. 이 사례는 해당법의 취지와는 반대되는 현상을 보여 준다. 시간의 경과에 따라 은퇴보상의 규모는 점점 커졌으며, 기업들은 퇴직임원들을 위해 보상을 세금공제 전의 금액으로 맞춰 주기 위해 세금까지 대신 지급해 주었다. 존 캔사스(John Kansas)의 계약도 이러한 세금지급을 포함한 퇴직금의 사례로 그가 받은 4,400만 달러에 대한 세금은 North Fork, 결과적으로 Capital One의 주주들이 지급하였다.

또 다른 혜택은 회사의 대출을 받는 것이다. 임원들은 통상 극단적으로 낮은 이자율 또는 무이자로 수백만 달러를 회사로부터 빌린다. 이러한 대출은 집을 사는데 사용될 수도 있다. 웰스 파고(Wells Fargo)의 CEO인 리차드 코바츠비치(Richard Kovacevich)는 집을 사는데 계약금(down payment)을 내기 위해 100만 달러를 빌렸다. 낮은 이자율로 인한 절약은 수백만 달러에 달할 수 있으며, 임원들을 종종 대출금을 갚지도 않는다. 가령 마텔(Marttel, Inc.)의 해임된 CEO인 질 베레드(Jill Barad)가 빌린 720만 달러의 대출상환을 면제해 주었고 회사는 관련된 세금 330만 달러까지 지원해 주었다.[12] 마텔

12) Gary Strauss, "Many Execs Pocket Perks Aplenty," *USA Today*, May 1, 2001, B1.

의 새 CEO인 로버트 엑컬트(Robert Eckert)는 2년 이상 회사에 근무하면 상환할 필요가 없는 550만 달러의 대출을 받았고, 컴팩의 이사회 의장겸 CEO인 마이클 카펠라스(Michael Capellas)도 유사한 성격의 500만 달러 대출을 받았다.

범죄(crime)와 처벌(punishment)

본 장의 초반부에 경영자들은 만일 그들이 주의깊게 감시되고, 적절한 유인(incentives)이 주어진다면 주주들을 위해서 열심히 일할 것이라고 언급했다. 이 책의 대부분은 감시(monitoring)에 대해 논의하고 있으나 본 장에서는 경영자의 유인에 대해 논의한다. 경영자와 주주들의 이해를 일치시키는 제3의 방법은 의도적이고 고의로 주주들의 이익에 반하는 행위를 한 경영자들에 대한 처벌(penalty)의 강화이다.

사베인스-옥슬리(Sarbanes-Oxley: SOX)법 하에서 기업의 CEO와 최고재무책임자(CFO)는 재무제표의 적정성을 보증해야만 한다. 그 결과 만일 재무제표에 부정이 있다면 이들에 대해 형사상의 처벌(criminal penalties)을 할 수 있게 되었다. 이 법은 또한 화이트칼라 범죄에 대한 범위(scope)와 처벌을 강화했다. 이러한 변화들의 의도는 부정행위를 하는 임원들에 대해 적용 가능한 형사상의 처벌을 강화하는 것이다.

그러나 SOX가 아니더라도 사기(fraud), 절도(larceny) 및 증권법(securities law) 위반은 임원들을 감옥에 보낼 수 있는 범죄행위이다. 2005년 7월 월드컴의 설립자이자 전 CEO이었던 버니 에버스(Bernie Ebbers)는 월드컴의 110억 달러 분식회계 사건에 연루된 관계로 25년 감옥형을 선고받았다. 타이코(Tyco)의 전 CEO인 데니스 코즈로우스키(Dennis Kozlowski)는 타이코사에 대한 중절도(grand larceny)로 인해 유죄평결(guilty verdict) 후 8~15년의 감옥형을 선고받았다. 이들은 이 책이 쓰여진 현시점까지 감옥에 있다.

국제적 관점 – 세계의 최고경영자(CEO) 보상

미국의 경우 최고경영자에 대한 장기유인보상(long-term incentive awards)의 제공은 매우 일반적인 관행이다. 그림 2.1은 세계의 CEO 보상을 고정급(fixed pay; 기본급(base salary)과 복리혜택(benefits)), 변동급(variable pay; 유인제공수단인 주식매수선택권) 그리고 급료 이외의 기타 급부(perquisites)로 나누어 보여 준다. 이 자료는 타워스 패린(Towers Perrin)이 수행한 설문조사에 근거하였다.[13] 이 그림은 평균적으로 62%의 미국 CEO의 보상이 변동급으로 분류되고 있음을 보여 준다.

CEO 보상에 변동급은 대부분의 다른 나라보다 미국에서 더욱 높다. 오직 싱가포르와 중국의 상하이만 변동급(각각 56%)의 비중이 미국과 유사하다. 반면에 다수 국가의 CEO들은 대부분의 보상을 고정급에 의존하고 있다. 예를 들면, 스웨덴의 CEO들은 보상의 80%가 고정급이며, 타이완과 일본의 경우 각각 72%, 71%을 고정급에 의존하고 있다. 변동급은 23개 국가 중 오직 5개국에서만 총보상의 50% 이상을 차지하고 있다. 이 5개 나라 중 인도는 특이하게 총보상의 33%를 기타 급부의 형태로 지급한다. 이러한 통계로부터 CEO의 보

13) 구체적으로 이 자료는 타워스 패린(Towers Perrin)의 2005~2006 세계의 총보상 연구(Worldwide Total Remuneration Study)에서 온 것이다.

그림 2.1 국가별 CEO 보상의 구성, 2003

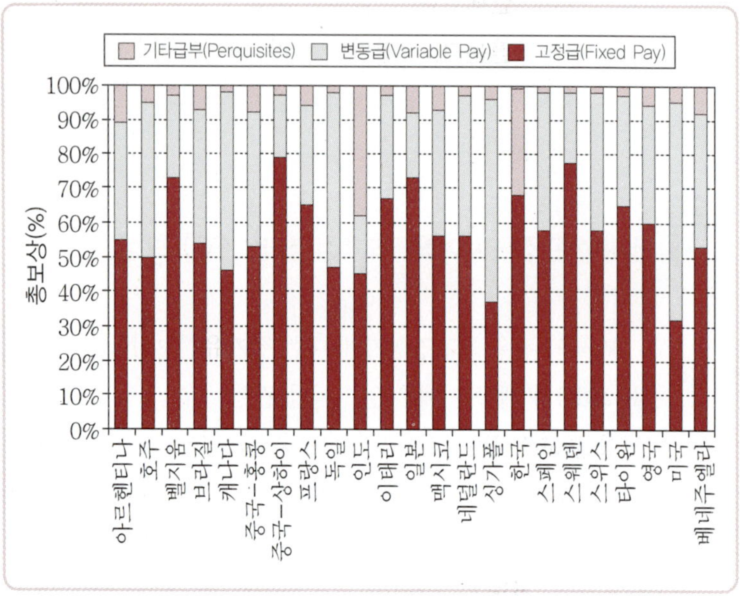

상은 국가별로 큰 차이가 있음을 알 수 있다.

요 약

기업을 통제하는 경영자들은 주주들의 이익을 극대화하는 방향으로 의사결정을 하여야 한다. 하지만 경영자들은 종종 자신들의 필요와 욕구를 충족시키기 위해 주주들에게 해를 끼칠 수 있는 방향으로 자신의 통제력을 사용하려는 유혹을 받기 쉽다. 경영자의 이러한 바람직하지 않은 행태를 저지하기 위해 주주들과 이사회는 보너스, 제한부주식, 주식매수선택권 등의 유인보상제도를 통하여 임원의 이해와 자신들의 이해를 일치시키고자 시도한다. 많은 사람들은 주식보상 및 주식매수선택권은 경영자와 기업의 소유주인 주주들의 이해를 일치시킨다고 믿는다. 경영자들이 기업의 주식가격을 상승시키기 위해 일할 때, 장기유인보상제도를 통해 주주들과 임원들 두 집단 모두 이익을 누릴 수 있다.

그러나 이러한 보상제도가 효과적인지에 대해서는 많은 논란이 있어 왔다. 예를 들면, 주식매수선택권은 기업에 대해서 경제적 비용을 초래하며, 때로는 좋은 또는 나쁜 경영자들에 대하여 공정한 보상을 제공하지 못할 수도 있다. 또한 회계상의 보고이익이나 주가와 연계된 업적에 근거한 보상은 경영자들에게 이익을 조정하거나 심지어 조작하려는 유인을 제공할 수도 있다. 전체적으로 유인보상제도는 경영자가 항상 기업의 가치를 위해 일하도록 하는, 대리인문제의 해결에 완전한 수단이 되지는 못한다. 이 책의 나머지 부분은 여러 형태의 감시들이 어떻게 기회주의적인 경영자의 행태를 감소시키는데 중요한 역할을 할 수 있는지에 대해 논의한다.

경영자보상에 관련된 웹 정보

Towers Perrin
www.towersperrin.com

Mercer Human Resource Consulting
www.mercerhr.com

AFL-CIO Corporate Watch
www.aflcio.org/corporatewitch/

복|습|문|제

01 어떤 경우에 경영자들은 주주들에게 손실을 초래할 수 있는가?

02 기업들이 임원주식매수선택권을 사용하는 논리적 근거가 무엇인가?

03 주식매수선택권이 야기할 수 있는 잠재적 이해관계의 불일치는 무엇인가?

04 어떤 경우에 주식매수선택권이 좋은 경영자들의 보상하는 데에 실패할 수 있는가?

05 CEO에게 주식매수선택권 보상을 하는 데에 대한 장점과 단점을 논의하라.

06 주식매수선택권의 행사가격 수정(option repricing)이 어떻게 경영자들의 유인에 영향을 미칠 것인지 논의하라.

07 미국에서의 임원보상과 다른 나라에서의 임원보상을 비교하여 차이점을 논의하라.

토|론|문|제

01 임원들이 적절한 유인을 갖게 하기 위해 당신이라면 어떠한 임원보상계약을 설계할 것인가? 왜 임원들이 당신이 제시한 보상계약을 선호할 것이라고 생각하는가?

02 임원에게 지급되는 주식매수선택권은 비용처리 되어야 한다고(하지 말아야 한다고) 생각하는가? 그 이유를 논의하라.

03 미래의 CEO 보상은 어떠해야 한다고 생각하는가? 보상체계가 더욱 보수적으로 된다면 기업의 성장에 어떠한 영향을 미칠 것이라고 생

각되는지 관련비용과 효익을 상호 대조하여 논의하라.

04 이해관계의 일치를 위해 기업들은 임원들에게 회사의 주식을 보유하도록 강제해야 한다고 생각하는가? 임원들은 그들의 개인적인 부가 이미 연봉의 형태로서 기업에 의존되고 있다는 것을 고려하여 논의하라.

연습문제

01 KPMG는 제록스(Xerox)가 회계부정에 연루된 기간 동안 외부감사인이었다(제록스와 관련된 구체적인 내용을 살펴볼 것). 회계부정과 관련하여 KPMG가 비난받아야 할 이유가 있는가? KPMG는 제록스와 동일한 책임을 져야 하는가? KPMG에 대해서 SEC의 조치는 어떤 것들이 있었나?

02 타이코(Tyco)의 전 CEO인 데니스 코즈로우스키(Dennis Kozlowski)는 기업의 자금을 오용한 사유로 기소되었다. 존 리가스(John Rigas)와 마이클 리가스(Michael Rigas)는 대규모의 재무부정과 아델피아 통신(Adelphia Communications)사의 자산을 횡령한 사유로 감옥에 갔다. 각각의 경우, 구체적으로 어떤 일이 있었는지를 기술하고 기업지배구조제도가 어떻게 실패했는지에 관해 논의하라.

03 서로 다른 산업에 속한 규모가 다른 5개 기업 CEO의 총보상에 대하여 조사하여 비교한 후, 이들 보상과 CEO의 기업가치 극대화 유인과의 일치 여부에 대해 논의하라.

04 위의 문제 3에서 인식한 5명의 CEO에 대해서, 먼저 그들이 받는 보상이 그만한 가치가 있음을 논리적으로 주장하라. 다음 그들이 받는

보상이 그만한 가치가 없음을 주장하라.

05 적절히 사용된 임원 주식매수선택권보상의 예를 찾아서 제시하고, 해당 주식매수선택권과 관련된 구체적인 내용을 기술하라. 해당 주식매수선택권이 왜 적절하다고 생각되는지 당신의 의견을 제시하라.

연습문제(국제적 관점)

01 우리 나라의 주식매수선택권에 대해 조사하여 관련된 사례를 기술하라. 미국에서보다 우리나라에서 주식매수선택권이 더 매력적인 고유한 특징이 있는가? 그렇다면(그렇지 않다면) 그 내용과 이유에 대해서 논의하라.

02 우리 나라에서 CEO 보상의 주요 수단은 무엇인가? 그 수단이 다른 것보다 더 효과적인가? 그렇다면 그 이유 또는 그렇지 않다면 아닌 이유를 설명하라.

03 우리 나라의 5개 기업(다른 산업의 규모가 다른)의 CEO 보상을 조사하라. 먼저, 그들이 받는 보상이 그만한 가치가 있음을 논리적으로 주장하라. 다음, 그들이 받는 보상이 그만한 가치가 없음을 주장하라.

CHAPTER 3

회계담당자와 외부감사인
(Accountants and Auditors)

회계담당자와 외부감사인은 기업감시제도(corporate monitoring system)에서 중요한 역할을 수행한다. 회계담당자는 계량적 재무정보를 기록하며, 외부감사인은 재무보고에 내재한 오류나 다른 문제점(가령 의도적 부정)을 방지하고 적발하기 위해 재무정보를 검토한다. 외부감사인은 감사업무를 수행하는 과정에서 기업의 사적정보를 입수할 수 있음으로, 기업을 감시하는데 가장 적합한 위치에 있다. 외부감사인은 이러한 사적정보를 재무보고서가 기업이 수행한 내용을 적정하게 나타내고 있는지를 판단하기 위해 사용한다. 은행, 채권자, 기타 정보이용자들은 감사받은 재무보고서를 기업의 경영활동과 재무건전성에 대한 정확한 평가를 위해 이용하며, 투자자들은 이러한 재무보고서를 기업의 가치평가를 위해 이용한다. 따라서, 외부감사인의 재무보고서에 대한 객관적이고 정직한 평가가 다양한 이해관계자들에게 매우 중요하다. 3장에서는 먼저 회계담당자와 외부감사인이 어떻게 재무부정에 관여할 수 있으며 어떻게 그들이 부정에 노출되는지를 논의한다.

기업회계정보의 기능

역사적으로 회계의 기능은 기업경영활동에 대한 자료를 수집, 분류, 요약하는 것이다. 이러한 회계정보는 이해관계자들이 의사결정을 하는데 결정적인 역할을 하게 된다. 편의상 회계정보를 이용하는 사람들은 기업의 내부자 또는 외부자로 분류할 수 있다.

내부이용자를 위한 회계정보

관리회계는 내부자들, 가령 기업의 경영자를 위한 정보의 제공을 목적으로 한다. 경영자들은 이 정보를 이용하여 자신들의 목적 달성 여부를 평가하고, 잠재적인 문제점들의 사전에 인식한다. 경영자들은 "어느 제품이 가장 판매실적이 좋으며, 어느 제품이 가장 실적이 나쁜가? 어떤 제품들이 다른 제품과 함께 팔리는 경향이 있는가? 재고가 어떻게 관리되고 있는가? 현금흐름은 어떤가? 기업이 지급기일이 임박한 부채를 지급할 수 있을 만큼 충분한 현금을 확보하고 있는가?"와 같은 질문에 답을 할 수 있는 정보를 원한다.

회계담당자들은 예산, 차이보고서, 민감도분석, 수익보고서, 원가예측과 경쟁자분석을 수행함으로써 이러한 질문의 답을 위한 정보를 제공한다. 기업들이 제품이나 서비스를 어떻게 확장할지를 고려할 때, 관리회계담당자는 수익과 비용의 예측치로부터 이익예측치를 만드는 것을 돕는다. 요약하면, 관리회계는 역사적으로 통제와 업적의 평가에 있어서 중요한 역할을 수행해 왔다.

■ 외부이용자를 위한 회계정보

기업의 외부자들도 또한 회계정보를 이용한다. 투자자들, 은행들, 정부 등, 이해관계자들은 기업의 재무건전성에 민감한 관심을 가지고 있다. 은행들과 다른 채권자들은 기업이 부채를 갚을 능력이 있을지 알기를 원한다. 주주들은 기업이 얼마나 수익성이 있으며 미래에는 어떨 것인지를 알기 원한다. 종업원들은 경력관리와 고용위험을 평가하고, 은퇴연금(retirement plans)을 통해 투자자가 될 수도 있음으로 회계정보에 높은 관심을 가지고 있다. 재무회계는 주로 기업 외부자들을 위해 정보를 제공하며, 상장기업들은 재무보고서를 분기별, 연도별로 SEC에 제출해야만 한다.

관리회계보고서들은 경영자들의 업적을 제품별, 지역별로 나누어 보고하는 반면, 재무보고서들은 기업을 전체적인 관점에서 요약 보고한다(물론, 주석으로 지역별로 제품별로 부문별 정보를 제공할 수도 있다). 세 개의 주요 재무제표(손익계산서, 재무상태표, 현금흐름표)와 다른 중요한 정보들(가령, 신문 기사, 재무분석가의 보고서들)은 기업 외부자들이 기업 가치, 수익성과 위험을 평가하는데 사용된다. 외부자들은 기업들을 쉽게 비교할 수 있기를 원한다. 따라서 SEC는 기업의 회계보고서가 일반적으로 인정된 회계기준(GAAP)이라고 알려진 일정한 기준에 따라 작성되도록 요구하고 있다. 이 보고서들은 기업의 회계담당자에 의해서 작성되며 독립적인 회계법인에 속해 있는 감사인들에 의해서 검토된다.

세무당국(IRS)도 과세목적으로 회계정보를 요구한다. 기업의 회계담당자는 손익을 세무당국에 보고하고 지급해야 할 법인세액을 결정한다. 흥미롭게도, 과세목적과 외부보고용 재무제표의 작성 방법과 기록은 매우 다를 수 있다는 것이다. 예를 들면, 일반적으로 인정된 회계기준(GAAP) 하에서는 거래들을 어떻게 기록할지에 대해서 명확하지 않을 수 있다. 기업이 재무보고서에 사업활동을 보고할 때, 주가를 올리기 위해 순이익을 높게 보고할 수 있는 회계처리를 선택할 수 있다. 반면에 세무보고서를 작성할 때에는 세금비용을 최소화할 수 있도록 순이익을 최소화할 수 있는 회계처리들을 할 수도 있다.[1)]

기업회계에서 일어날 수 있는 문제점들

어떤 종류의 기록에서도 존재하듯이 회계보고서에도 문제점들이 존재한다. 첫째로, 오류가 내포되어 있을 가능성이다. 때로는 이러한 오류들이 계산착오나 비용의 계정분류 실수에 기인할 수도 있다. 또 다른 문제점은 주관적 판단이 필요할 때 발생한다. 예를 들면, 기업이 어떤 고객들이 채무를 갚지 않을 수도 있다는 것을 알고 있을 때, 매출채권을 얼마로 보고할 것인가를 판단해야만 한다. 마지막으로, 회계담당자들이 부정(fraud)을 저지를 수 있다. 예를 들면, 그들은 이익을 과장하고 부채를 과소평가하며, 매출채권과 같은 자산을 과대평가할 수 있다. 또한 경영자들은 자신들의 이익을 위해 무의식중에 회계담당자들을 속일 수도 있다. 경영자 또는 회계담당자에 의한 의도적 회계부정은 주주를 포함한 기업의 이해관계자들에게 해를 끼치는 아마도 가장 큰 문제를 야기한다. 이렇게 회계보고에 내재하는 문제점들로 인해 외부감사인의 역할이 매우 중요하다.

1) 외부보고용 재무보고서와 세금보고서의 차이에는 제한이 있다.

회계감사(auditing)

내부감사인(internal auditors)

많은 기업들은 내부감사인을 가지고 있다. 그들의 책임은 기업의 재무적, 운영적 절차들을 감시하고 회계기록의 정확성을 확인하는 것이다. 또한 내부감사인은 내부통제를 향상시키고, 회계처리가 기준에 따랐는지 확인하며 부정을 적발한다. 기업들이 내부감사인을 의무적으로 가져야 하는 것은 아니지만, 많은 기업들은 회계기록의 정확성과 내부통제의 효과성을 확보하기 위해 내부감사인을 가지고 있다. 사실 월드컴의 회계부정을 최초에 적발한 사람들도 내부감사인들이었다.

사례 3.1 *Wall Street Journal* 인용[2)]

5월의 한 오후, 진 모스(Gene Morse)는 월드컴 본사의 칸막이 방에 앉아서 5억 달러의 컴퓨터 비용 항목을 응시하고 있었다. 그는 이 엄청난 숫자를 지지할 어떠한 송장이나 증빙서류를 발견할 수 없었다. "맙소사," 그는 혼자 중얼거렸다. 모스는 자신의 발견을 내무감사담당 부사장인 신시아 쿠퍼(Cynthia Cooper)에게 보고했다.

6월 23일까지 그들은 38억 달러의 잘못 배부된 비용과 위조된 회계기록들을 발견했다. 이 모든 것들은 결국 기업역사상 가장 큰 회계부정으로 판명되었다. 이 발견은 월드컴을 부도로 내몰아 수천 명의 직원들이 직장을 잃게 되었고, 주식시장을 요동시켰다.

2) Susan Pulliam and Deborah Solomon, "How Three Unlikely Sleuths Exposed Fraud at WorldCom," *Wall Street Journal*, October 30, 2002, 1.

외부감사인

외부감사인은 기업의 재무제표의 적정성과와 회계처리절차를 검토하는 기업외부의 회계담당자이다. 그들의 과업은 재무제표가 기업의 영업성과와 재무상태를 중요성의 관점하게 적정하게 나타내고 있음을 검증하는 것이다. 종종 외부감사인은 감사업무를 수행하는 과정에서 기업 내부적으로 만들어진 보고서에 의존할 수 있을지를 판단하기 위해 내부감사인에 의해서 사용된 내부통제 제도와 절차를 평가한다.[3] 외부감사업무를 수행하기 위해서 감사인들은:

1. 종업원들을 대상으로 한 인터뷰를 통해 내부감사제도의 질을 평가한다.
2. 재고자산과 같은 기업의 자산에 대하여 실재성을 관찰한다.
3. 재무상태표 거래들에 대해 표본 조사를 한다.
4. 기업의 단기 자산이나 부채의 정확성을 조사하기 위해 기업의 고객들에게 확인해 본다.
5. 특정기간의 재무비율들을 다음 기간의 비율들과 비교하는 등의 재무제표분석을 수행한다.

일단 감사업무가 종료되면 외부감사인들은 사례 3.2와 같은 감사보고서를 발행한다.

외부감사인은 피감사기업과 독립적이어야 한다. 감사인들의 명시적 과제는 재무제표의 진위와 재무제표가 일반적으로 인정된 회계기준을 준수하여 작성되었는지를 확인하는 것이다. 이들은 재무제표가

3) 이 논의 중 일부는 Steve Albrecht, James, Stice, Earl Stice, and Monte Swain, *Accounting*, 9th edition, Thomson South-Western Publishing, 2005에서 가져온 것이다.

주주들의 의사결정을 위해 적절한지를 확인해야 한다. 현재 외부감사를 제공하는 4대 회계법인들로 프라이스워터하우스쿠퍼스(PriceWaterhouseCoopers), 딜로이트앤투치(Deloitte Touche Tohmatsu), 언스트앤영(Ernst & Young) 그리고 케이피엠지(KPMG)가 있다.

사례 3.2 리만 브라더스(Lehman Brothers Holdings Inc.)에 대한 외부감사인의 보고서[4)]

다음의 감사보고서는 리만 브라더스의 외부감사인에 의해서 부도 8개월 전에 발행된 것이다. 감사의견에 리만 브라더스의 계속기업 가능성에 대한 우려가 언급되지 않았고, 재무제표가 기업회계기준에 따라 적정하게 작성되었고, 중대한 문제점이 발견되지 않았다는 적정의견이 발행되었음을 주목하라. 리만이 갑자기 지급불능상태에 빠질 수도 있다는 것을 지적하지 못한 것은 감사 실패인가? 리만의 사례는 감사보고서가 기업에서 일어나고 있는 모든 것을 보여 주지는 못하며, 전형적인 감사보고서의 이용시 주의해야 할 사례를 보여 준다.

리만 브라더스 홀딩(주) Lehman Brothers Holdings Inc.

외부감사인의 감사보고서

리만 브라더스의 이사회와 주주 귀하

본 감사인은 Committee of Sponsoring Organizations of the Treadway Commission(COSO)의 내부통제에 관한 기준에 근거하여, 리만 브라더스의 2007년 11월 30일 현재 재무제표에 대한 내부통제를 감사하였습니다. 회사의 경영진은 재무보고에 관한 효과적인 내무통제를 유지할 의무가 있으며, 재무보고의 내부통제에 대한 경영자의 평가보고서에 나타난 재무보고에 대한 내부통제의 효과성을 평가할

4) *www.sec.gov/Archives/edgar/data/806085/000110465908005476/a08-3530_110khtm#IndexToConsolidatedFinancialState_005309.*

의무가 있습니다. 본 감사인의 책임은 동재무제표에 대하여 감사를 실시하고 이를 근거로 재무보고에 대한 회사의 내부통제에 관한 의견을 표명하는 것입니다.

본 감사인은 미국의 Public Company Accounting Oversight Board(PCAOB)의 회계감사기준에 따라서 감사를 수행하였습니다. 이 기준은 본 감사인이 기업의 재무보고와 관련된 내부통제가 모든 중요한 측면에서 유효한지에 대한 합리적인 확신을 가질 수 있도록 감사를 계획하고 수행하도록 요구하고 있습니다. 감사는 재무보고에 관한 내부통제를 이해하며, 중대한 취약점이 존재하는지에 대한 위험을 평가하며, 평가된 위험에 기초하여 내부통제의 설계와 실행의 효과성을 평가하고, 상황에 따라 필요한 절차들을 수행하는 것을 포함하고 있습니다. 본 감사인이 실시한 감사가 감사의견 표명을 위한 합리적인 근거를 제공하고 있다고 본 감사인은 믿습니다.

재무보고에 대한 기업의 내부통제는 재무보고의 신뢰성과 일반적으로 인정된 회계기준(GAAP)에 따라 작성된 외부보고용 재무제표에 대한 합리적인 확신을 제공하기 위한 절차입니다. 재무보고에 대한 기업의 내부통제는 다음의 정책과 절차를 포함합니다: (1) 기업자산의 처분과 거래를 정확하고 적절히 반영하는 적절하고 구체적인 회계기록의 유지 (2) 거래들이 일반적으로 인정된 회계기준(GAAP)에 따라 재무제표에 기록되며, 수입과 지출들이 경영진과 이사들의 승인 하에서 집행된다는 합리적인 확신의 제공 (3) 기업의 재무제표에 영향을 미칠 수 있는 승인되지 않은 자산의 취득, 사용, 처분에 대한 예방과 적시 적발에 대한 합리적인 확신의 제공.

재무보고에 대한 내부통제는 내재적인 고유 한계로 인하여 허위보고를 예방하거나 적발하지 못할 수도 있습니다. 또한 미래 회계기간에 대한 효과성의 예측평가 역시 상황의 변화와 내부정책과 절차들에 대한 준행의 정도가 약화됨으로 인해 적절하지 않게 될 위험이 있습니다.

본 감사인의 의견으로는 중요성의 관점에서 회사는 2007년 11월 30일 현재, COSO의 기준에 근거하여 재무보고에 관한 효과적인 내부통제를 유지하고 있습니다.

본 감사인은 또한 PCAOB의 기준에 따라 2007년과 2006년 11월 30일 현재의 연결재무상태표와 2007년 11월 30일에 종료되는 회계 기간을 포함한 3년간의 연결손익계산서, 자본변동표, 현금흐름표에 대한 회계감사를 수행하였습니다. 이에 대해 본 감사인은 2008년 1월 28일자로 적정의견을 발행하였습니다.

언스트 앤 영(ERNST & YOUNG LLP)
뉴욕, 뉴욕
2008년 1월 28일

1930년대 후반부 이후로 외부감사의 성격이 어떻게 변화되었나?

1920년대 후반 기업의 과잉설비투자 이후에 이은 대공황 기간 동안, 미국은 기업과 관련된 추문들로 인해 휘청거렸다. 이에 따라 미국 의회는 1933년의 미국증권법(Securities Act of 1933)과 1934년의 증권거래법(Securities Exchange Act of 1934)을 제정해 자본시장의 안정을 기하였고, 은행과 채권자들에 의한 기업의 재무건전성에 대한 독립적인 검증요구를 충족시키기 위해 독립적인 감사인에 의한 회계감사를 연례화시켰다.

이 같은 사회적, 법적 요구로 인하여 1930년대 말과 1940년대에 감사서비스에 대한 큰 폭의 수요증가가 있었다. 이러한 감사서비스에 대한 수요는 경제가 성정하고 상장회사의 수가 증가함에 따라 지속적으로 증가하였다. 회계법인들에 대한 유리한 사업환경은 회계법인들이 기업과 적대적인 관계를 가질 때에도 독립적인 감시자로서 효과적인 역할수행을 가능하게 했다.

그러나 1970년대와 1980년대에 들어 회계감사산업은 변화를 겪게 되었다. 감사서비스가 필요한 기업의 수는 더 이상 증가하지 않았으며, 만일 회계법인이 성장하기를 원하면, 다른 회계법인으로부터 고객을 빼앗아 올 수밖에 없게 되었다. 이에 따라 윤리규정이 광고와 다른 경쟁을 위한 업무를 회계법인에 허용하도록 변화되었다. 회계법인들은 광고를 시작하였고 더 많은 고객을 확보하기 위해 수임료를 낮추기 시작했다. 회계법인들이 고객을 유치하기 위해 경쟁함에 따라 피감사기업의 경영자들도 비우호적인 감사인에 대해 더 이상 참지 않게 되었고, 이는 회계법인과 피감사기업 사이의 관계를 변화시켰다. 회계법인들은 포춘(Fortune) 500대 기업과 같은 대기업과의 관계를 계속 유지하기 위해 피감사기업과 덜 대립적으로 되었다. 이 기간 동안 회계법인들은 회계처리방법들과 사업활동에 대한 자문업무를 개발했다. 이는 회계법인들에게 또 다른 수익의 원천을 제공해 주었고, 기업의 경영진과 회계법인 간의 관계를 더욱 견고하게 하는 계기를 제공했다. 또한 이러한 자문역할은 기업의 감사인이 피감사기업에 대한 세금절감전략 용역을 제공하는 등의 사유로 감사인과 감사서비스 수요자 사이의 잠재적인 이해상충을 초래했다.

회계감독(accounting oversight)

회계담당자들과 감사인들은 관련규정과 감독기관에 의해서 규제를 받고 있다. 비정부기관인 재무회계기준위원회(Financial Accounting Standards Board: FASB)는 회계법인으로부터의 공인회계사, 기업인, 대학교수들로 구성되어 있으며, 일반적으로 인정된 회계기준(GAAP)이라고 알려진 회계기준을 제정한다. 비록 SEC와 미의회는 FASB의 회계정책에 영향력을 행사하고 있으나, SEC는 FASB의 GAAP의 수정 및 도입에 대한 권위를 인정하고 있다. 회계전문가들의 협회들은 FASB를 재정적으로 후원하며, 동시에 독립성을 장려한다. FASB의 7명의 위원들은 전일제로 근무하도록 요구되어, 그 들의 이전 고용주와의 이해관계를 제거하였으며, 비공인회계사도 FASB에서 위원으로 근무하고 있다.

외부감사인은 감사기준에 따라, 피감사기업의 재무제표가 GAAP에 따라 작성된 것을 확인하는 절차를 진행한다. AICPA는 감사기준을 설정하며, 외부감사업무의 적절성을 감시했었다. 그러나 2002년 사베인스－옥슬리법의 통과로 인해 PCAOB가 설립되었고, AICPA가 수행했던 감사기준의 설정과 감사인에 대한 감시기구로서의 역할을 PCAOB가 대체하게 되었다. 사베인스-옥슬리법 하에서, 모든 상장기업들은 PCAOB에 등록해야 하고 PCAOB의 기준들을 충족해야 한다. 리만 브라더스의 감사보고서의 예는 감사인이 PCAOB의 기준에 따라서 업무를 수행했음을 보여 준다. 제9장에서 우리는 SEC와 회계전문가들 간의 관계 및 사베인스-옥슬리법에 대하여 논의한다.

PCAOB에 감사기준 제정업무를 넘겨 준 이 후에도 AICPA는 활동적인 조직으로 남아 있다. AICPA는 CPA를 위한 가장 큰 협회이며 330,000명 이상의 회원을 보유하고 있다. 협회회원들의 높은 윤리의식을 고취시키기 위해 AICPA는 회원들의 윤리적이고 전문가적 행위를 고양하기 위한 윤리규정을 제정하여 배포하고 있다.

사례 3.3 파산한 인디맥은행(IndyMac Bank)의 자본요건 충족

PCAOB의 기준에 따라 감사를 수행한 감사인들이 심각한 재정적 위기에 처한 피감사기업과 어떠한 일이 있었는가? 인디맥은행의 외부감사보고서는 그 한 예를 보여 준다. 연방법 하에서, 은행들은 지불능력을 유지하기 위해 최소한의 자본을 유지하도록 요구된다. 외부감사인은 은행이 관련 규정에서 요구하는 자본요건을 충족시키는지 확인할 책임이 있다. 주택담보대출사업에 깊이 연루되었던 대형은행인 인디맥은행의 사례를 보면, 2007년과 2008년의 부동산 시장의 침체는 은행의 재무상태를 매우 위태롭게 만들었다. 그러나 2008년 2월 29일에 발행된 은행의 2007회계년도 사업보고서에는 이러한 내용이 반영되지 않았고 은행은 자본요건을 충족했다고 보고했다.[5] 외부감사인이었던 언스트 앤 영은 이 보고서에 적정의견을 발행했다. 그러나 2008년 7월 11일, 미국연방예금보험공사(Federal Deposit Insurance Corporation: FDIC)는 이 은행이 지급불능 상태임을 선언했다. 이러한 짧은 기간 동안에 어떻게 이런 일이 일어날 수 있었을까?

인디맥의 붕괴는 감사실패 때문이 아니라, 은행의 자본을 규율하는 규정의 결함

---

5) *http://idea.sec.gov/Archives/edgar/data/773468/000095014808000053/0000950148-08-000053-index.idea.htm.* 유사하게, 2008년 1/4분기 결과는 2008년 5월 12일 발표되었으며, 자본유지요건을 충족시켰다.

때문이었다. 은행들은 불량채권에 대비하여 일정수준의 자본을 유지해야만 한다. 고객예금과 같은 1등급 자본(tier1 capital)은 은행에 의해 제공된 대출의 5% 이상으로 유지되어야 한다. 고객예금 이외에, 은행들은 1등급과 2등급(가령 인디멕에서 보유하고 있는 모기지담보채권) 자본의 합이 적어도 대출의 10% 이상을 유지하고 있어야 한다. 2007년 연차보고서에, 인디멕은 1등급과 2등급 자본의 합이 대출금의 10.26%이라고 보고했다. 이는 관련규정에 따르면 양호한 재무구조를 가진 것으로 평가된다.

10.26%의 비율이 가진 문제는 인디맥이 보유하고 있는 2등급 자본의 시장가치에 과도하게 의존한다는데 있다. 2007년 말까지, 모기지담보대출채권시장이 저당물의 반환권 상실비율의 증가와 주택가격 하락으로 인해 붕괴되었다. 이는 채권거래를 감소시키고 시장가치를 평가하는데 어려움을 초래하였다. 인디맥의 채권이 과대하게 평가되었었을 때 자본요건을 겨우 충족시켰으므로, 어떤 시장가치의 하락도 은행의 최소자본유지요건을 충족시키지 못한 상태로 가져갈 수 있다. 따라서 어려움에 처한 모기지시장에서의 징조들은 인디맥이 2007년 말에 지급불능 상태임을 암시했다. 하지만 감사기준이나 은행규정들은 감사인이 추정에 의해서 채권의 진실된 가치를 평가하는 것까지는 요구하지 않았다.

회계의 역할변화 – 이익조정(managing earnings)

지난 20년 동안, 회계부서의 역할은 변화해 왔다. 기업 내부자와 외부자를 위한 정보를 제공하는 것에 더하여, 회계부서는 이익센터로 변환되기 시작했다. 단순히 기업의 기간이익을 보고하는 대신에 회계부서는 회계방법의 선택을 통해 이익을 증가시키도록 요구받았다. 어떤 부문에서는 GAAP의 모호함과 기업활동 분류의 주관성으로 인해 동일한 거래에 서로 다른 회계처리가 가능하다. 문제는 다른 방법을 적용하게 되면, 보고이익의 수준이 달라진다는데 있다. 따라서 이익의 보고는 예술임과 동시에 과학이라고 간주되며, 이익조정이 가능하게 된다.

예를 들면, 회계담당자들은 내부적 목표치를 달성하도록 압력을 받을 수도 있으며, 경영자들은 종업원들과 이사진에게 자신들이 수익을 증가시키고 비용을 감소시키고 있다는 것을 보여 주기를 원한다. 제2장에서 논의했듯이 경영자들은 내부적으로 설정한 ROA나 ROE와 같은 목표치를 충족시킬 때, 임금인상이나 상여금을 받을 수 있다.

또한 회계담당자들은 외형적 목표치들을 달성하도록 압력을 받을 수도 있다. 재무분석가들은 기업의 예상 주당순이익(EPS)을 발표한다. 만일 기업이 이러한 기대치를 맞추는데 실패하면, 주가가 하락할 수 있다. 따라서 회계담당자들은 이러한 외부적 기대치들을 충족시키기 위해 다양한 방법을 모색할 수 있다. 또한 회계담당자들은 낮은 이자율의 대출과 같은 유리한 외부자금조달의 기회를 높이기 위해 재무제표를 조정하도록 요구받을지도 모른다. 이런 경우 회계담당자들은 보고이익을 증가시키거나, 가지고 있는 부채를 감추기 위해 다양한 방법을 모색할지도 모른다.

또 다른 비정상인 회계처리의 예는 이익의 점증적인 증가(이익유연화)를 보이고자 하는 기업들의 소망과 관련되어 있다. 만일 영업활동의 결과 생성된 이익이 비정상적으로 증가하면, 회계담당자들은 이익을 유연화하도록 요구될 수 있다. 이익유연화는 주주들에게 낮아진 위험으로 해석될 수 있음으로 회계담당자들은 수익(비용)의 연기나 조기인식 등을 통해 보고이익을 기간별로 유연화할 수 있다.

【세계의 사례들】

유연화된 이익을 가진 기업은 더 높은 가치를 가지는가? 만일 유연화된 영업실적이 기업가치를 증가시킨다면, 다른 효과를 통제한 후에도 이익 또는 현금흐름이 유연화된 기업들은 현금흐름이나 이익의 변동이 심한 기업들에 비해 가치가 높을 것이다.

라운트리(Rountree), 웨스톤(Weston), 알라야니스(Allayannis) 교수는 약 4,000개 기업을 세 개의 기간(각 5년: 1988~1992, 1993~1997, 1998~2002)에 걸쳐 기업들의 이익과 현금흐름의 변동성을 분석했다. 변동성은 일련의 불안정성에 대한 측정임으로, 낮은 변동성은 유연화된 일련의 수치를 의미한다. 이 연구는 다른 가능한 효과들을 통제한 다중회귀분석을 이용하여 유연화된 현금흐름 또는 이익과 기업가치의 상관관계를 검증하였다. 이들의 연구는 기업들이 발생액을 변화시키고, 한 기간의 이익을 다른 기간으로 효과적으로 이전시킴으로써 유연화를 시도하며, 투자자들은 유연화된 현금흐름과 이익을 가진 기업에 높은 가치를 부여한다는 것을 보고하였다. 또한 저자들은 이익과 현금흐름의 변동성 중 어느 것이 투자자들에게 더 영향을 미치는가를 분석했는데, 투자자들은 이익의 유연화보다, 현금흐름의 유연화에 더 높은 가치를 둔다는 것을 발견했다. 저자들은 이러한 결과를, 투자자들은 유연화된 이익에 반응한다기보다는 유연화된 현금흐름에 가치를 부여하며, 발생액의 조정으로 인한 이익의 유연화로부터는 가치가 발생하지 않는 것처럼 보인다고 결론내렸다. 결론적으로, 이 연구는 회계 발생액을 이용한 인위적인 이익유연화는 기업에 가치를 추가하지 못한다고 주장했다.

Brian Rountree, James P. Weston and George Allayannis, "Do investors value smooth performance?" *Journal of Financial Economics* 90, no 3, (2008): 237~251.

이익조정으로부터 횡령까지(from manipulation to fraud)

기업들이 이익을 조정하기 위해 사용하는 회계처리방법은 단순할 수 도 있으며 복잡할 수도 있다. 다양한 거래가 이익조정을 위해 사용될 수 있으며, 어떤 거래는 미래에 반전될 수 있는 이익과 손실을 발생시킨다. 여기서 한 가지 의문은 이익조정이 어느 수준에 도달해야 회계부정으로까지 확대되는지이다.

예를 들면, 기업은 트럭과 같은 자산을 종속회사(해외 파트너십으로 만들어진 특수목적법인)에 비정상적으로 높은 가격으로 매각할 수 있다. 트럭의 장부가가 매출가격보다 크게 낮음으로 기업은 대규모 이득을 실현하게 되어 이익이 상승한다. 종속회사는 취득한 트럭의 취득원가를 자본화한 후, 미래의 일정기간에 걸쳐 원가를 감가상각하게 된다. 기업은 사용할 목적으로 가지고 있던 트럭을 매각함으로써 미래에 감가상각비용으로 처리되어야 할 항목을 현재의 이익으로 취하는 것이다.

기업이 투자자 또는 재무분석가의 기대치를 맞추지 못했을 때에 회계부서는 이익조정을 하도록 하는 큰 압력을 받을 수 있다. 회계의 역할이 변해 왔고, 회계부서는 종종 이익기준점으로 간주되기 때문에 기업의 영업활동의 부진에서 초래된 문제점들을, 이익조정을 통해 보완하도록 압력을 받을지도 모른다. 때로는 기업들과 그 회계담당자 및 외부감사인들은 회계부정행위에 깊게 관련된다. 회계부정 사례로 월드컴(WorldCom), 타이코(Tyco), 라이트 에이드(Rite Aid), 아델피아(Adelbillion) 등은 이익조정을 위해 영업비용을 자본투자로 기록하는 부적절한 회계처리를 했었다. 특히 월드컴은 2002년 6월 25일, 고객들의 장거리 통화를 위해 다른 통신회사에 약 38억 달러의 중개수수료를 지급해야 했다.[6] 월드컴은 GAAP에서 요구하는 바와 같이 이 수수료를 영법비용으로 처리하는 대신, 자본화함으로써 현재의 비용을 미래로 이전시켰다.

---

6) Jesse Drucker and Henny Sender, "Sorry, Wrong Number: Strategy Behind Accounting Scheme," *Wall Street Journal*, June 27, 2002, A9.

엔론(Enron)은 보고이익을 부풀리기 위해 정교하고 복잡한 방법들을 사용했다. 예를 들면, 엔론은 대규모의 자본이득과 이익을 보고하기 위해 특정자산을 자신의 종속회사들에게 높은 가격으로 매각했다. 엔론은 또한 30년간 에너지 관련 판매계약을 해 오면서, 에너지 제공의 비용을 과소평가하고, 계약의 이익을 과대평가해 왔다.[7] 이러한 회계부정은 엔론이 단기적으로는 높은 이익을 보고할 수 있게 해 주는 반면, 장기적인 재무적 건전성을 해칠 수 있다. 이런 종류의 전략적 이익조정 행위는 결국 회계부정으로 이어진다. 엔론이 재무상태표상의 부채를 숨기기 위해 복잡한 파트너십과 해외의 종속회사를 만들었을 때, 이익조정은 회계부정의 선을 넘었다. 엔론의 의심스러운 회계처리를 묵인하고, 감사조서 등 관련서류들을 파손함으로써 당시 Big 5 회계법인 중 하나였던 아서 엔더슨(Arthur Anderson)은 사법방해(obstruction of justice)죄로 유죄판결을 받아 해산되었다.

이익조정은 합법적일 수도 있으나 합법적인 회계전략과 불법인 회계부정 사이에는 미묘한 경계가 있다. 회계부정이 일어났을 때, 회계담당자들과 외부감사인은 경영자들에 자신을 속였다고 주장할 수 있다. 회계담당자들과 감사인은 부정행위에 연루되지 않았을 수도 있지만, 그것이 그들의 책임을 완전히 면제해 주는 것은 아니다. 그들의 책임은 잘못된 회계 기록을 적발하는 것과 잘못된 숫자들이 실수의 결과인지 또는 의도적인 부정인지를 밝히는 것을 포함한다.

7) Paul Krugman, "Flavors of Fraud," New York Times, June 28, 2002, A27, and "Everyone is Outraged," *New York Times*, July 2, 2002, A21.

사례 3.4 라이트 에이드(Rite Aid)의 이익의 과대계상

2002년 6월 21일, 연방대법원은 라이트 에이드의 4명의 전,현직 임원들을 광범위한 회계부정을 저지른 사유로 기소했다.[8] SEC는 라이트 에이드가 분기 및 연차보고서에 비용을 과소계상하고, 수익을 과대계상하는 등 10개의 영역에서 잘못된 정보를 보고했다고 발표했다.[9] 이에 따라 라이트 에이드는 1998년에 당기순이익으로 보고했던 3억 500만 달러($305 million)를 당기순손실 1억 8,600만 달러($186 million)로 수정하여 재공표를 해야만 했다. 1999년의 경우 라이트 에이드는 순이익을 1억 4,300만 달러에서 4억 2,250만 달러 순손실로 수정했으며, 이로 인해 총 10억 달러 이상의 당기순이익이 사라졌다.

그림 3.1 라이트 에이드의 순이익과 관련 주가

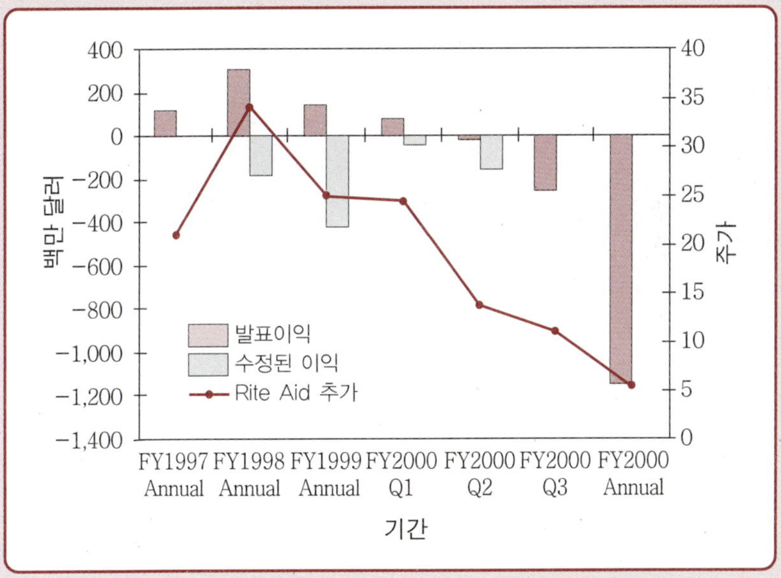

8) Reuters, "SEC Charges Ex-Rite Aid Execs with Fraud" (June 21, 2002): 11:05 a.m.

9) Rite Aid Corporation, Accounting and Auditing Enforcement Release No. 1579, *Securities and Exchange Commission*, June 21, 2002.

그림 3.1은 라이트 에이드가 회계부정을 저지르고 있었던 기간 동안의 주가와 보고이익 및 재작성되어 수정된 이익을 보여 준다. 1998년 2월 28일로 끝나는 1997회계년도에 라이트 에이드는 1억 1,670만 달러의 순이익을 보고했으며, 이 당시의 주가는 주당 21달러이었다. 위에서 지적되었듯이 라이트 에이드는 1998년에 순이익을 3억 500만 달러로 보고하였으며, 주가는 34.25달러로 상승했다. 1999년 1월 8일 주가는 최고점인 50.94달러에 달했다. 수 개월 후, 라이트 에이드는 1999회계년도 순이익을 1억 4,300만 달러로 발표했고, 투자자들은 무엇인가 잘못되고 있음을 인지하기 시작했다. 2000년 7월 10일까지 주가는 주당 7.85달러로 하락했으며, 라이트 에이드가 1998년에서 2000년 순순익을 정정보고 한 다음 날에, 주가는 주당 5달러까지 하락하였다. 주가는 2002년 여름에 주당 2.25달러까지 내려갔다.

라이트 에이드의 주가는 회계부정으로 인해 인위적으로 부풀려졌었다. 1999년에 라이트 에이드 주식을 샀던 투자자들은 기업이 수익성이 높고, 성장하고 있다는 잘못된 정보에 근거하여 투자를 했고, 그 결과 큰 손실을 보게 되었다. 기존투자자들도 또한 정확한 손익에 대한 정보에 의존하여, 해당 주식을 계속 보유하고 있을 것인지 매각할 것인지를 결정해야만 했다. 하지만 정확한 회계보고서가 공표된 시점에는 투자자들은 이미 대부분의 투자원금을 잃은 후였다.

컨설턴트로서의 외부감사인

컨설팅회사들은 어떻게 새로운 시장에 진출할 것인가와 같은 전술적 사안들과 다른 기업을 인수하거나 분사(spin off)하는 것과 같은 전략적 사안에 대해 기업에 자문을 제공한다. 회계법인들은 공격적으로 자문업무를 확대해 자문업무로 벌어들이는 수익이 감사업무로부터 벌어들이는 수익보다 더 커지는 상황이 되었다. 감사인의 자문업무 수행은 자신들의 주주를 위한 감시기능의 효과를 감소시킬 수 있는 잠재적인 이해상충문제를 발생시켰다.

컨설팅회사가 해당기업에 대한 회계감사까지 수행한다면, 감사인은 특히 자신이 속한 회계법인의 컨설턴트들이 그러한 회계처리를 하도록 제안했을 경우, 경계선에 있는 회계처리에 대해 너그럽게 봐주도록 압력을 받을 수도 있다. 이러한 상황은 감사인에 대해서 심각한 이해의 상충을 초래할 수 있다. 외부감사인은 주주들을 위한 효과적인 감시기능을 수행해야 한다. 그러나 감사인은 자신의 보너스가 자문업무에 상당부문 의존하고 있는 전체 회계법인의 수익성에 의해 영향을 받기 때문에 감사업무를 독립적이고 효과적으로 수행하기가 어려울 수 있다.

2002년 사베인스-옥슬리법은 이러한 이해의 상충에 대한 일정한 차단장치를 제공하였다. 이 법은 회계법인이 동일 기업에 대해 자문업무와 감사업무를 동시에 수행하지 못하게 금지시켰다. 그 결과 회계법인은 고객에 대하여 감사업무를 제공할 것인지, 자문업무를 제공할 것인지를 결정해야 한다.

국제적 시각

다른 나라의 회계제도와 비교했을 때, 미국의 제도는 상당히 엄격한 편이다. 제도가 높은 품질을 유지하려면, 많은 종류의 주주권리와 이들 권리에 대한 체계적 보호장치를 갖추고 있어야 한다. 이러한 보호는 실효성 있는 강력한 법규와 명확한 회계기준을 전제조건으로 한다.

31개국에 대한 연구에서, 미국은 이익조정과 유연화를 억제하는 가장 좋은 법적 환경을 가지고 있다고 보고했다. 호주와 아일랜드, 캐나다, 영국 또한 높은 투자자 보호와 법 집행의 역사를 가지고 있다.[10] 회계부정이 많은 국가들로는 오스트리아, 이태리, 독일, 한국,

10) Christian Leuz, Dhananjay Nanda, and Peter Wysocki, "Investor Protection

타이완을 열거했다. 일부 미국기업에서 있었던 추문들은 최근의 다른 나라에서의 기업관련 추문들(예를 들면, 파마렛(Parmalat))과 유사한 행태를 보여 주었다.

국제회계기준위원회(IASB)는 높은 품질의 이해가능하고, 효과적이며, 비교가능하고 투명한 정보의 제공을 목적으로 국제회계기준을

사례 3.5 파마렛(Parmalat)의 회계추문

가공 매출에 대해서는 미국기업 만이 전매특허를 가진 것은 아니다. 엔론과 타이코 추문에 이어서 미국 이외의 나라에 있는 대기업에서도 충격적인 회계추문들이 일어났다. 이태리에서 여덟 번째 대기업인 파마렛은 저온살균 파마렛우유, 아치웨이 쿠키, 블랙다이아몬드 치즈로 잘 알려져 있다. 파마렛은 100억 달러($10 billion)) 회계부정사건을 공시했다. 파마렛이 저지른 여러 가지 회계부정 기법 중 하나는 가공의 이익을 보고하기 위해 많은 수의 서류상의 기업들(shell companies)을 세우는 것을 포함한다. 파마렛의 외부감사인이었던 그랜트 손톤(Grant Thornton)은 회계부정과 관련되어 파마렛을 일정부분 도왔을지도 모른다. 이태리의 법 하에서 기업은 매 9년마다 외부감사인을 교체해야 한다. 그랜트 손톤은 자신의 교체주기가 됐을 때, 파마렛에 사업을 몇 개로 분사(spin-off)하도록 제안했다. 이를 통해 그랜트 손톤은 파마렛의 외부감사를 지속적으로 수임할 수 있었다. 분사한 종속회사들은 채무상환의 형태로 파마렛에 가공의 지급을 하였으며 이들 종속회사들은 그들이 부채를 지급한 것처럼 보이기 위해 가공의 계정을 만들었다. 파마렛 임원들은 Bank of America의 문서양식을 사용하여 50억 달러의 은행잔고증명서를 위조했으며, 이 증명서들을 진본처럼 보이기 위해 팩스기기를 이용했다. 2003년 파마렛은 부도선언을 했고, 설립자인 칼리스토 탄지(Carlisto Tanzi)와 그의 아들과 딸 및 전 파마렛의 임원들이 회계부정과 관련하여 체포되었다.

출처: www.wsws.org/articles/2004/jan2004/parm-j06.shtml; http://en.wikipedia.org/wiki/parmalat

---

and Earnings Management: An International Comparison," *Journal of Financial Economics* 690, no. 3 (2003): 505~527.

개발했다. 또한 IASB는 국가들 간의 회계기준의 일치를 제안해 왔다. 2009년 현재, IASB의 기준은 세계 100여개국 이상에서 채택되었으며, 미국 이외의 국가에 속한 기업들은 SEC에 IASB 기준에 따라 작성된 재무보고서를 제출할 수 있도록 허용되고 있다.[11]

요 약

회계담당자는 기업의 재무기록를 하고 유지하며, 내부 및 외부감사인들은 이러한 기록을 검토함으로 지배구조의 중요한 일부분을 담당한다. 그러나 회계담당자의 역할은 최근에 변화되어 왔다. 재무기록을 보관하는 것 이외에, 그들은 외형상의 재무지표들을 개선하고, 보고이익을 유연화시키는 등을 통해, 내 · 외부적 목표치들을 달성하도록 요구되었다. 때로는 회계담당자들은 재무보고서를 작성할 때, 기준이 허용하는 범위 안에서 숫자를 조정하거나 또는 명백한 부정행위를 하는 것 사이의 위험한 경계선에 직면할 수 있다. 외부감사인은 오류적발이 어려운 교묘한 회계기법에 의해서 속임을 당할 수도 있으며, 외부감사인이 회계부정에 직 · 간접으로 관여하도록 하는 유혹에 빠질 수도 있다. 특히 감사인들이 컨설턴트로서 자문업무를 제공하게 되면, 고객인 피감사기업의 경영자들을 만족시키고자 하는 이해의 상충문제에 직면할 수 있다. SOX의 통과와 함께 감사인들은 그들이 감사하는 기업에 대해서는 컨설팅서비스를 더 이상 제공하지 못하게 되었으며, 새로운 규제기관이 감사인의 독립성을 감독하기 위해 만들어졌다. 이 법의 통과 이전에도 미국은 세계에서 가장 엄격한 회계와 감사기준을 가진 나라 중 하나였다.

11) *www.iasb.org/About+Us/About+the+IASB/IFRSs+around+the+world.htm.*

회계 및 회계감사에 관련된 웹 정보

Institute of Internal Auditors
www.theiia.org/

American Institute of Certified Public Accountants
www.aicpa.org

Public Company Accounting Oversight Board
www.pcaobus.org

International Accounting Standards Board
www.iasb.org

복습문제

01 관리회계, 재무회계, 내부감사와 외부감사의 역할은 무엇인가?

02 어떤 요소들이 객관적인 감사를 수행하기 위한 외부감사인의 능력을 약화시켰는가?

03 누가 회계기준과 외부감사를 감독하고 있는가?

04 이익조정의 정의가 무엇인가?

05 기업들이 어떻게 이익을 조정(manipulate earnings)하는지에 대한 예를 제시하라. 기업들이 어떻게 회계부정(accounting fraud)을 저지르는지 예를 제시하라.

토론문제

01 연도별 이익의 유연화는 주가를 덜 변동적(덜 위험하게)으로 만들 수 있다. 이익유연화 또는 이익조정은 주주들의 관점에서 좋을까 또는 나쁠까? 이익조정의 장점과 단점을 비교하여 논의하라.

02 미국의 외부감사제도는 어떻게 개선될 수 있을까? 의견을 제시하고, 이에 수반되는 효익과 비용을 논의하라.

03 당신은 국제회계기준위원회(IASB)가 만든 국제회계기준을 미국이 채택해야 한다고 생각하는가? 또는 세계 각국이 미국에서 일반적으로 인정된 회계기준(GAAP)을 채택해야 한다고 생각하는가? 두 번째 질문과 관련하여 찬성하는 입장과 반대하는 입장에서, 각각을 논의하라.

연습문제

01 지난 10여 년 동안 유연화된 이익성장을 보여 준 기업을 찾아보라. 당신의 생각에, 이 기업이 어떠한 방법으로 이익의 유연화를 달성할 수 있었다고 생각하는가? 비정상적인 이익변동을 보고한 다른 기업을 찾아보라. 당신의 생각에 왜 이 기업은 유연화된 이익을 보여 줄 수 없었는가? 비정상적인 이익변동을 보고한 기업이 경험할 수 있는 불리한 결과에 대해서 논의하라.

02 기업들이 이익을 주주에게 보고할 때, 높은 이익을 보고하기를 원한다. 반면에 기업들이 이익을 세무당국(IRS)에 보고할 때, 낮은 이익을 보고하기를 원한다. 회계담당자들이 주주에게 보고하는 이익과 세무당국에 보고하는 이익을 다르게 하기 위해 법적으로 허용되는 세 가지 방법을 기술하라.

03 기업은 과거의 재무제표가 재무상태를 정확히 반영하지 못하여 재작성하여 공표하는 경우가 있다. 기업이 새로 수정된 재무제표를 공표하는 것은 재무제표의 재작성보고(restatement)라고 불린다. 과거 10년 간, 이익의 재작성보고의 숫자는 극적으로 변화되어 왔다. 어떻게, 그리고 왜 이 숫자가 변화되어 왔는지 조사하여 보고하라.

04 월드컴은 약 38억 달러의 영업비용이 자본투자로 부적절하게 회계처리되었음을 공시했다. 이것이 어떻게 재무제표, 주가, 채권등급에 영향을 주었는지 기술하라.

05 본 장에서 소개되지 않은 최근의 재무제표 재작성 공시사례를 찾아서, 그 내용을 소개하고 어떻게 이것이 기업의 전반적인 재무상태를 변화시키는지 기술하라.

06 국제회계기준과 U.S. GAAP의 주요 차이점들을 기술하라.

연습문제(국제적 관점)

01 우리 나라의 기업회계기준이 미국의 회계기준과 어떻게 다른지 기술하라.

02 우리 나라 외부감사제도의 내용 중 구체적인 몇 가지만 기술하라. 우리 나라에도 미국에서 논의되어 온 것과 유사한 외부감사인과 관련된 문제들이 있는가? 그렇다면(그렇지 않다면) 그 이유를 기술하라.

03 우리 나라에서 재무제표의 중요성은 어느 정도인가? 투자자, 채권자, 정부 중 누가 재무제표를 가장 많이 사용하는가?

04 우리 나라에서 회계부정이 어느 정도나 발생되는가? 우리 나라에서 공표되는 재무제표의 정확성을 믿을 수 있는지 구체적으로 기술하라.

05 우리 나라에서 기업회계와 외부감사에 대한 규제가 어떻게 이루어지고 있는가? 기업회계 및 회계감사관련 감독기관들의 구성과 권한을 기술하라.

06 우리 나라의 외부감사환경을 어떻게 향상시킬 수 있을지 관련 비용과 효익을 고려하여 논의하라.

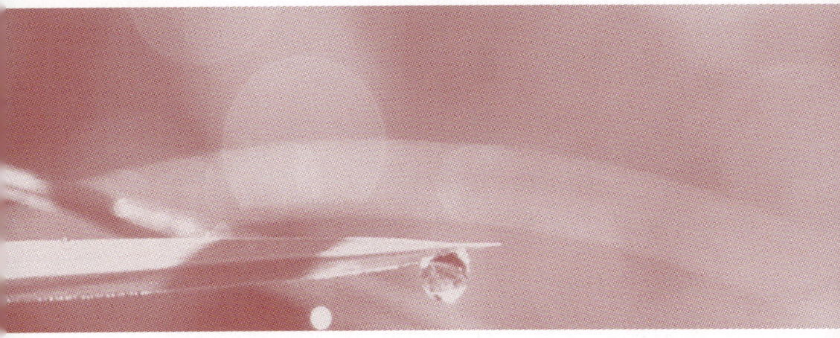

CHAPTER 4

이사회

(The Board of Directors)

이사회의 책임은 무엇인가? 일반적으로, 이사회는 기업을 운영하는데 있어서 주주들의 대리인으로서의 역할을 수행한다. 대기업의 이사회는 기업을 운영하는 일상적인 의사결정에 직접적으로 관여하지는 않는다. 대신에, 이사회는 중요한 의사결정을 다루고, 나머지 일상적인 경영활동에 대해서는 경영진에게 위임한다. 이사회는 아래와 같은 다섯 가지 주요 기능을 수행한다:

1. CEO를 포함한 최고경영진의 선임, 평가 및 해임
2. 주요 영업제안서(가령, 대규모 자본투자 및 인수)에 대한 의결
3. 주요 재무의사결정(가령, 주식 및 채권의 발행, 배당의 지급, 자사주매입)에 대한 의결
4. 경영진에 대한 전문가로서의 조언제공
5. 기업의 영업활동과 재무상태가 주주들에게 정확하게 보고되는지 확인

위의 기능을 수행하는데 있어서, 이사회는 중요한 기업지배구조기능을 제공한다. 이사회는 상층부를 구성하는 기업 조직구조의 일부분이기 때문에 기업의 가장 중요한 내부감시기구로도 생각될 수 있다.

기업에서 이사회의 역할이 주주들의 이익이 잘 반영되고 있는지를 확인하는 것과 관련하여 몇 가지 심각한 문제가 존재할 수 있다. 이 문제들은, 이사의 CEO로부터의 독립성부재, 책임을 충실히 수행하기 위한 시간과 경험이 부족한 이사들, 기업에 대한 기득의 이해(vested interest)가 없는 이사들이다. 즉, 이사들이 항상 주주들의 이익극대화를 위해서 일하지만은 않는다는 대리인문제의 존재이다. 이 장은 기업 이사회와 지배구조의 역할에 대한 개관과 오늘날의 많은 기업이 가지고 있는 잠재적인 문제점들을 논의한다.

이사회의 개관

이사의 법적 책임

연방법(federal law)은 상장기업이 이사회를 가져야 한다고 명시하고 있지는 않다. 대신에, 기업은 그들이 설립하는 주의 주법에 따라야 한다고 되어 있다. 주법은 주별로 다르나, 모든 주는 기업이 이사회를 가지도록 요구한다. 시범기업법(Model Business Corporation Act)은 "모든 기업에서의 의사결정은 이사회의 권한과 지도 하에서 집행되어야 한다"고 제시하고 있다. 또한 모든 주법들은 이사들이 주주들의 최선의 이익을 위해 성심과 성의를 다해(in good faith and with sincere belief) 활동해야 한다고 요구하고 있다. 이러한 법적 정신에 충실하기 위해 이사들은 일정한 책임을 가지고 있다.

이사회는 주주의 이익을 대표해야 하기 때문에, 이사들은 기업의 이익과 주가를 높이기 위해 일해야 하는 수탁책임을 가지고 있다. 다른 말로는, 수탁책임의 의미는 이사들은 언제나 주주들의 재무적 이익을 증진하기 위해 행동해야 한다는 것이다. 수탁책임과 관련해서, 이사들은 자신의 이익보다 주주들의 이익에 우선을 두어야 하는 충성심과 공정한 행동의 의무를 가지고 있다. 또한, 이사회 구성원들은 분별 있는 사람이 동일한 위치와 상황 하에서 하게 되는 정당한 주의의무를 다해야 한다. 이러한 의무는 정통하고 합리적인 의사결정을 포함한다. 마지막으로, 이사회는 윤리규정을 수립하고 공시해야 하는 감독의 의무를 가지고 있다. 이 같은 관점에서, 이사회는 기업의 성과와 운영, 경영진을 평가하기 위한 정기적인 모임을 가져야 하며, 정확한 재무보고와 객관적인 감사가 이루어지고 있는지를 확인해야 한다.

이런 위압적인 책임의 목록은 이사회에 참여하려는 사람들에게 자신감을 잃게 할 수도 있지만, 이 법(Model Business Corporation Act)은 이사들이 규정에 따라 의사결정을 했다면, 소송에서 보호받을 수 있는 경영판단규정(business judgment rule)을 도입했다. 경영판단규정 하에서, 이사는 의사결정을 함에 있어서 필요한 모든 합리적인 조치를 했다면, 의사결정이 결과적으로 실패로 판명났다 할지라도 책임을 지지 않는다. 예를 들면, 만일 이사들이 정통하고 해당사안에 대해서 주의 깊은 조사를 했다면, 주주들은 잘못된 결정이라고 믿는 합병에 대한 이사의 승인을 사유로 이사들에게 법적인 책임을 물을 수 없다.

이사의 선임

이사들은 주주들의 투표에 의해서 선정된다. 이사선임에서의 투표권은 주주들이 기업에 대한 통제를 행사할 수 있는 중요한 방법이다.

이러한 투표는 각 주식이 가진 투표권에 따라 달라진다(투표권은 주식의 형태별이나, 우선주나 보통주 여부에 따라 다를 수 있음). 이사회의 모든 이사들은 주주들에 의해서 어떤 이유로 인해서(또는 아무 이유 없이) 해임되거나 교체될 수 있다. 이사의 교체 시기는 기업의 내규에 따라 달라질 수 있다. 통상, 이사들은 자신들의 임기가 만료된 후에 교체되는데, 임기는 시차를 가지고 있어서, 특정년도의 주주총회에서 1/3의 이사들이 교체대상으로 올라간다.[1)]

그러나 대기업에서 이사를 교체하는 절차는 쉽지 않다. 가장 큰 장애물은, 개별 주주들이 기업의 감시에 적극적으로 관여하고자 하는 유인이 없다는 것이다. 경영진은 일반적으로 이사들에게 호의적임으로 회사는 주주들을 대상으로 이사들이 유임될 수 있도록 적극적으로 설득한다. 이는 경영진이 지원하는 이사들을 상대로 경쟁투표(contested vote)에서 이기기 위해서는 주주들이 상당한 시간과 금전을 소모해야 한다는 것을 의미한다. 만일 당신이 소액주주라면, 다른 이사를 선임하기 위해서 자신의 시간과 돈을 소비해 가면서 다른 주주들을 설득하기를 원할 것인가?

이사선임을 위한 경쟁투표가 있을 때, 이를 위임장쟁탈전(proxy fight)이라고 부른다. 경쟁의 각 상대방(경영진 또는 불만을 품은 주주들)은 자신들이 원하는 이사후보들을 위해 다른 주주들을 설득한다. 비용과 시간 때문에 대부분의 주주들은 실제로 주주총회에 참석하지 않으며, 주주들은 위임장에 자신의 의사를 표시함으로 투표를 하거나, 투표의 대리인을 지명하는 방식으로 투표에 참여한다. 따라서, 위임장쟁탈전이란 용어는 양쪽 그룹이 자신들이 원하는 바 대로 위임장투표를 유도하기 위해서 주주들을 대상으로 설득하는 절차를 의미한다.

1) 이사선임, 해임, 교체를 위한 규정들은 주주와 이사들에 의해서 채택된 기업의 내규에 기술되어 있다.

최근에 개정된 SEC 규정은 기업들에게 주주들 상호 간의 의사소통이 쉽도록 만들 것을 요구했다. 전자통신(electronic communications) 기술의 발달에 따라 주주간들이 의사소통이 쉽게 되었고 위임장쟁탈전의 시작이 쉽게 되었다. CalPERS(California Public Employees' Retirement System)나 TIAA-CREF(Teachers Insurance and Annuity Association-college Retirement Equities

사례 4.1 야후!(Yahoo!) 위임장쟁탈전(proxy fight)

위임장쟁탈전의 한 예는 2008년, 마이크로소프트(Microsoft)의 야후!(Yahoo!)에 대한 인수실패 후에 일어났다. 야후!의 이사회가 미이크로스프트의 인수제안을 거절한 후, 많은 야후!의 주주들은 큰 금액의 프리미엄을 받을 수 있는 기회를 놓치게 된 것에 대해 분노했다. 문제의 핵심은 야후!의 이사진이 자신들의 지위와 야후!에서의 일자리를 잃어버리는 것을 막기 위해, 주주들의 비용 하에 인수제안을 거절했다는 것이다. 이에 대해 주주가치를 손상시킨 이사들을 개인적으로 제소하는 여러 건의 집단소송이 제기되었다. 야후!의 이사들을 모두 교체하기 위한 위임장쟁탈전이 억만장자(billionaire)이며 야후!의 대주주인 칼 아이칸(Carl Icahn)에 의해 시작되었다.

비록 위임장쟁탈전은 비용이 많이 들지만, 아이칸는 주주들을 끌어들리기 위해 많은 돈을 기꺼이 사용하였고 분노한 많은 주주들은 아이칸에 동조하였다. 흥미롭게도, 야후!는 마지막 순간에 이 위임장쟁탈전을 아이칸이 선정한 두 명의 새로운 임원들을 추가하는 것에 동의함으로 회피하였다. 이러한 타협은 아이칸에게 약간의 통제권을 넘겨 주었지만, 대부분의 야후!의 이사들은 자신들의 지위를 유지할 수 있었다. 일단 대주주가 위임장쟁탈전에서 싸우는 것을 포기한 후, 야후!의 경영진이 추천한 모든 이사들이 야후!에서의 중요한 변화를 원하는 분노한 많은 주주들이 있었음에도 불구하고, 주주총회에서 순조롭게 재선임되었다.

이 예는 비록 주주들이 이사들을 통제하지만, 주주들이 이사를 해임하는 것은 매우 어렵다는 것을 보여 준다.

출처: http://www.techcrunch.com/2008/07/21/ican-backs-down-from-yahoo-proxy-fight-in-return-for-three-yahoo-board-seats/

Fund) 연금같은 대형 기관투자자들은 이사회와 경영진에게 압력을 가하는데 이러한 변화들을 이용해 왔다. 기관투자자들의 행동주의와 같은 주주행동주의(shareholder activism)는 본 서의 후반부에 다시 논의할 것이다.

이사회의 소위원회

많은 중요한 이사회의 업무는 소위원회 수준에서 이루어지며, 후에 전체이사회의 승인을 받게 된다. 이사회의 책임을 소위원회에 이전하는 이유는 모든 의사결정을 전체 이사회에서 다루는 것 대신, 이사회의 특수한 임무는 소위원회에 맡기는 것이 효율적이기 때문이다. 소위원회에서 이루어지는 많은 결정들은 전체 이사회의 투표를 필요로 하는 반면, 특정 사안에 대해서는 위원회들이 직접적으로 결정할 권한을 가진다. 위원회의 예를 들어 보면, 실행위원회(executive committee), 재무위원회(finance committee), 지역관계위원회(community relations committee), 기업지배구조 위원회(corporate governance committee) 등이 있다. 가장 보편적인 소위원회는 다음과 같다:[2)]

* 감사위원회(audit committee)
* 보상위원회(compensation committee)
* 선임위원회(nomination committee)

감사위원회는 재무제표 감사를 위한 독립감사인을 선임하고, 감사인이 그 업무를 적절히 하고 있는지 확인해야 한다. 보상위원회는 임

2) Thirty-fourth Annual Board of Directors Study, Korn/Ferry International, (Los Angeles, CA, 2007).

원보상을 기안하고 확정하는 책임을 지고 있다. 선임위원회는 이사회의 비어 있는 자리를 위한 후보자들을 찾는 책임을 지고 있다.

SEC와 SOX에 의해 요구되는 이사회의 구조와 관련법규

뉴욕증권거래소(NYSE)와 NASDAQ 주식시장은, 자체규제기관(self-regulatory organizations)으로 기업들에게 자체규정을 부과할 수 있으며, 자신의 시장에 상장한 기업들에게 주로 독립 이사들로 구성된 감사위원회를 보유하도록 요구할 수 있다. 2001년과 2002년의 기업추문 이래로, 거래소들은 이사회의 구조 및 기능과 이사들에게 제공하는 유인들과 관련된 규정들을 개정했다. 특히, NYSE는 기업들에게 대다수의 이사들이 독립적이도록(majority of independent directors) 강제화했다. 이사 또는 직계가족이 회사의 직원이었거나, 과거 5년 동안에 기업의 외부감사인이었다면 독립성이 없는 것으로 간주되며 임원이 아닌 이사들은 경영진을 배재한 정기적인 모임을 가지도록 요구되었다.

또한 NYSE는 이사회의 특수한 기능을 요구하였다. 예를 들면, 이사선임위원회는 반드시 전원이 독립적인 이사로 구성되어야 하며 특정한 임무를 수행해야 한다. 보상위원회도 마찬가지이다. 그렇지 않다면 임원들은 자신의 보상에 부적절한 영향력을 행사할 것이다. 감사위원회도 마찬가지로 독립적이어야 하며, 회계법인을 선정하고 해임하는 강화된 권한을 가지고 있다. 이렇게 확대된 책임을 수행하기 위해 감사위원회 위원들은 재무와 회계에 전문적인 지식을 가지고 있어야 한다. 감사위원회의 독립성을 유지하기 위해 감사위원들은 기업으로부터 정규 이사직책수당(regular director fees) 이외의 보상, 특히 자문료를 받지 말아야 한다. 흥미롭게도, NYSE는 2006년에 기업공개를 했고, 주식은 현재 자신이 소유한 거래소인 NYSE Euronext

사례 4.2 역사적 관점 – 한 명의 이사는 단순히 숫자에 불과한가?

1934년에, 법학교수이자 미국 대법원판사로 36년 동안 근무했으며, 후에 SEC의 위원장이 된 윌리엄 더글러스(William O. Douglas)는 이사들이 적절한 감독활동을 하지 않는다고 주장했다. 그의 주장은 어느 정도는 일리가 있다. 1962년에 한 이사는 "당신이 만일 5개의 이사직을 가지고 있다면, 영구적으로 따뜻한 욕조를 가지고 있는 것과 같이 천국이다"라고 떠벌렸다. "어떤 노력도 요구되지 않는다. 당신은 회사가 제공한 차를 타고, 한 달에 한번씩 모임에 참석하여, 엄숙하고 사려 깊은 채 하면서 2번에 걸쳐 "동의합니다"라고만 말하면 된다."[3] 오랫동안 이사는 실제 존재목적 때문이 아니라 단순히 누구에겐가 보여 주기 위해 존재했을지도 모른다.

사례 4.3 이사들은 누구인가?

Standard & Poor's의 500개 대기업은 평균 11명의 이사들을 가지고 있다. 이 5,500개의 이사직은 어떻게 채워질까? 회사의 경영진이나 이사선임위원회에 의해서 추천된 사람들은 종종 이사가 된다. 대학의 학장 또는 총장이나 정치인들은 존경할만한 이사후보로 간주되나, 대부분의 이사들은 다른 회사들의 임원이다. 예를 들면, Korn/Ferry는 기업의 지도자로서 10-20년의 경험을 가지고 있고, 현재의 최고운영책임자(COO)이거나, 대기업의 최고재무책임자(CFO), 또는 거대기업의 15위 내의 최고위 임원일 경우, 이사로서의 좋은 후보자라고 언급하였다. 때로는 개인 대주주가 이사직을 차지하기 위해 제안서를 제출한다. 만일 그 사람이 유명하거나, 값비싼 위임장쟁탈전을 시작하기 충분한 경제적 여력을 가지고 있다면, 그 개인은 이사로 선출되기에 충분한 득표를 할 수 있을지도 모른다.

2007년 Korn/Ferry의 연구에 따르면, Fortune 1000대 기업 중 96%는 은퇴한 임원을 이사로 포함하고 있으며, 78%는 다른 기업의 임원, 52%는 학자들, 52%는 과거 정부관리들을 포함하고 있음을 보고했다. 성별과 인종을 보면, 이사의 다양성은 향상되어 온 것 같다. 이사회의 85%는 여성을 포함하고 있으며,

3) Katrina Brooker, "Trouble in the Boardroom," *Fortune* (May 13, 2002): 113-116.

78%는 수소인종을 포함하고 있고, 특히 47%의 이사회는 흑인을 포함하고 있다. 이는 1995년에 69%의 이사회가 여성을 포함하고 있고, 47%가 소수인종, 34%가 흑인을 포함했던 것과 비교할 때, 큰 증가이다.

에서 거래되고 있다. 따라서, NYSE는 자신이 만든 규정을 따라야만 한다.

2002년 여름, 사베인스-옥슬리법(Public Company Accounting Reform and Investor Protection Act of 2002: 상장기업회계개혁 및 투자자보호법)이 통과되었다. 법의 한 조항은 이사회의 책임과 감독 권한을 증가시키고, 이사회의 신뢰성을 높였다. 특히, 그 법은 감사위원회가 경영진으로부터 더욱 독립적이고, 감사인의 선임과 감사업무를 감독하며, 회계불만사항(accounting complaint)을 처리하는데 더 책임을 지도록 하였다.

사례 4.4 이사가 되는 것이 가치가 있는가?

과거 15년 남짓 동안에, 주주들은 이사들에게 점점 더 많은 요구를 하게 되었다. 결과적으로, 이사들은 더 오래 일하고, 기득의 이해를 가지기 위해 더 많은 주식을 보유하며, CEO에게 더 자주 반론을 제기하고, 그들의 의무를 더 심각하게 받아들이게 되었다. 인재모집회사인 Christian & Timbers에 따르면, 추천된 이사의 60%는 이사직 수임을 거절한다고 한다. 그럼에도 불구하고, 일 년에 8번 모임에 참여하며 약 150시간을 일하는 이사에게 지급하는 직책수당, 각종급부, 여행경비지원, 스톡옵션 등 각종 보상은 연평균 150,000달러에 달하며, 수입이 매우 좋은 직책이다.[4)]

4) 이 통계들은 the 34th Annual Board of Director Study, Korn/Ferry International, 2007년의 평균치들에 기초하고 있다.

좋은 이사회란 무엇인가?

물론, 적절한 경험과 전문성을 가진 이사들을 가진 이사회는 좋은 이사회일 것이다. 제조기업의 이사회는 동일한 산업이나 유사한 산업에서 여러 해 동안 일해 왔고, 상당한 성공을 이뤄 낸 사람을 포함해야 한다. 이사들이 서로 다른 배경을 가지고 있는 경우에도 좋은 이사회가 될 수 있다. 예를 들면, 제조기업은 마케팅 경험과 회계경험을 가진 사람으로부터 이익을 얻을 수 있다. 각 기업은 개인의 어떤 배경과 경험 및 전문성이 회사와 이사회에 최적으로 공헌할 수 있을지를 결정할 필요가 있다. 모든 상장기업이 경험 있고 성공적인 전문가들을 그들의 이사회에 포함하고 있다고 가정한다면, 만일 무작위로 미국 또는 어떤 다른 나라의 대기업의 이사회를 선정했을시, 그 이사회는 저명한 지도자들과 전문가들을 포함하고 있다는 것을 발견할 것이다. 만일 모든 이사회가 검증된 기업지도자나 경영전문가들로 구성되어 있다면, 어떠한 특성이 한 이사회를 다른 이사회보다 더 낳게 만들 수 있을까? 우리는 이전에 이사회의 독립성에 대한 중요성을 강조했으며, 또한 아마도 작은 규모의 이사회가 대규모 이사회보다 더 낳을 수도 있을 것이다. 다음에 이러한 내용을 추가로 논의한다.

이사회의 독립성

비내부자(외부자 또는 독립이사로 알려진)의 비중이 높은 이사회가 일반적으로 경영진을 감시하는데 더 효과적이라고 간주된다. 그 논리는 단순하다. 예를 들면, 이사회의 주요 책임들 중 하나는 CEO를 평가하고, 보상하며 해임하는 것이다. 이사회의 구성원이 CEO의 친구인 최고재무책임자(CFO), CEO의 친척, 그리고 CEO의 공동사업자로 구성되어 있는 경우를 생각해 보자. 이러한 이사회는 성과가 좋지 못한 CEO를 해임하기 힘들 것이다. 이러한 이유 때문에, 주주들과 감독기관들은 일반적으로 사외이사가 경영진을 평가하는데 더 객관적이라고 믿는다. 학문적 연구는 이러한 직관을 확인시켜 준다. 기업의 업적이 좋지 않을 때, 독립이사의 구성이 더 큰 이사회를 가진 기업에서 성과가 좋지 못한 CEO를 해임할 가능성이 더 높다.[5)]

그러나 오늘날의 기업세계에서, 기업의 경영진으로부터 절대적이고 모든 사람들이 동의할 수 있는 독립적인 사람들을 찾는 것이 가능할까? 예를 들면, 두 명의 산업전문가들이 개인적으로 서로 모를 가능성이 거의 없다. 또한, 독립적인 것과 그렇지 않은 것과의 차이는 흑백과 같이 명확이 구분될 수 있는 것은 아니다. 이사회구성원들은 CEO의 사촌이거나, CEO가 근무했던 이전 회사의 직원일 수도 있다. 이러한 이사들은 기업의 경영진과 독립적이라고 간주될지도 모른다. 그러나 그들이 진실로 독립적인가? 모든 이사들은 독립성과 관련하여 서로 다른 측면의 회색영역에 처해 있기 때문에 학자들이 이사의 독립성과 이사의 효과성 사이의 관계를 찾기가 어렵다. 이는 또한, 무엇이 독립적인 것인가의 개념이 애매함으로 감독기관이 이사회의 독립성 규정을 요구하기 어렵게 만든다.

이사회의 규모

더 적은 수의 이사를 가진 이사회는 더 좋은 이사회일지 모른다.

---

5) Jerold B. Warner, Ross L. Watts, and Karen H. Wruck, "Stock Prices and Top Management Changes," *Journal of Financial Economics* 20 (1989): 461-492; Michael S. Weisback, "Outside Directors and CEO Turnover," *Journal of Financial Economics* 20 (1988): 431-460; Kenneth A. Borokhovich, Robert Parrino, and Teresa Trapani, "Outside Directors and CEO Selection, *Journal of Financial and Quantitative Analysis* 31, no. 3 (1996): 337-355; Kathleen A. Farrell and David A. Whidbee, "The Consequences of Forced CEO Succession for Outside Directors, *The Journal of Business* 73, no. 4, (2000): 597-627.

이러한 관점은 미국의 서로 상충되는 구어표현인 "많으면 많을수록 좋다(다다익선: the more, the merrier)," 그리고 "너무 많은 요리사들은 고기수프를 망친다(too many cooks spoil the broth)"는 표현과 연계하여 생각해 볼 수 있다. 둘 다 자명한 이치를 말하고 있지만, 상호 모순되어 직관적이지 않을 수도 있다. 그러나 작은 규모의 이사회가 큰 규모의 이사회보다 기업의 가치를 더 효과적으로 강화시킨다는 것을 보여 준 연구가 있다.[6] 이는 왜 무임승차의 문제를 해결하는 것이 중요한가와 연결되어 있다. 적은 수의 이사들을 가진 이사회에서, 각 이사들은 소수의 사람들이 기업을 감시하고 있다는 것을 인식하여, 더 많은 노력을 기울여야 한다고 느낄지도 모른다. 대규모의 이사회에서는, 각 이사는 단순히 많은 다른 이사들이 기업을 감시할 것이라고 가정할 수도 있다. 더구나, 큰 규모의 이사회는 의견일치를 보기 힘들고, 이에 따라 의미 있는 것을 실행하기 어려울 수도 있다. 따라서, 작은 규모의 이사회는 더 능동적이고, 더 활동적일 수 있다.

이사회의 구조

그림 4.1은 미국에서 독립(사외)이사와 사내이사의 평균 수를 기업의 규모와 산업별로 보여 준다.[7] 이 그림은 각 그룹별로 이사회의 평균적인 규모가 다양함을 보여 주고 있으나, 모든 산업들에 있어 공통적으로 상당한 비중의 독립적인 이사들을 가지고 있음을 보여 준다. 모든 미국기업에서 평균적인 이사회의 규모는 10명이며, 이 중 7명이

6) Jeff Huther, "An Empirical Test of the Effect of Board Size on Firm Efficiency," *Economics Letters* 54, no. 3, (1996): 259-264; David Yermack, "Higher Market Valuation of Companies with a Small Board of Directors," *Journal of Financial Economics* 40, no. 2 (1996): 185-211.

7) 자료는 34th Annual Board of Directors Study, Korn/Ferry International, (Los Angeles, CA, 2007)에서 가져옴.

그림 4.1 기업규모와 산업에 따른 미국의 이사회 평균 규모와 독립성

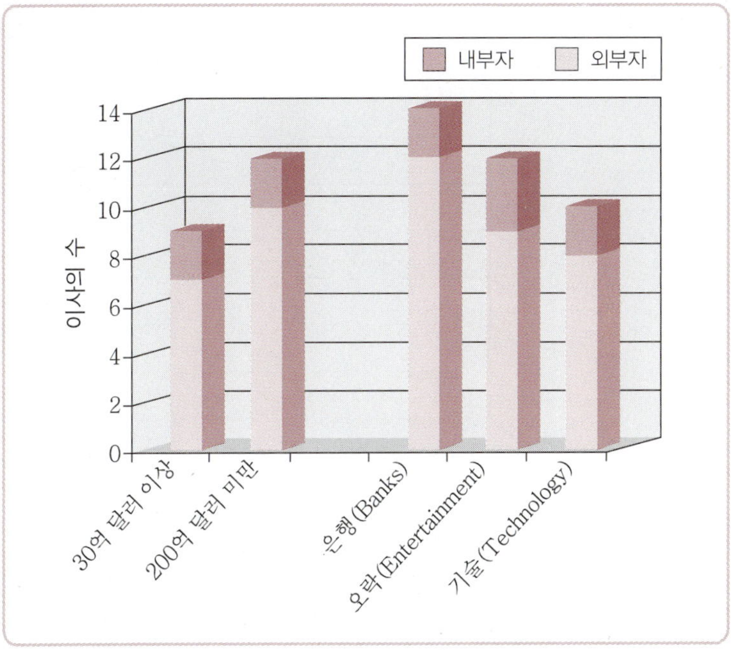

독립적인 이사이다.

그림 4.2는 콘/패리(Korn/Ferry)의 연도별 이사회 조사보고서에 나타난 6개국에 있어서의 이사회 규모와 구성을 보여 준다. 호주, 프랑스와 영국은 이사회의 과반수 이상이 독립적인 이사들로 구성되어 있는 반면, 독일과 동아시아 국가들은 과반수 이상이 사내이사들로 구성되어 있다. 독일의 이사회는 모두 내부이사들로 구성되어 있다. 호주와 일본을 제외한 동아시아[8] 및 영국의 회사들은 평균적으로 9명 또는 더 적은 수의 이사회를 가지고 있다. 명백히, 모든 나라가 미국

8) Non-Japan East Asia firms are China (including Hong Kong), Malaysia, Singapore, and Thailand.

그림 4.2 **이사회 평균 규모 및 독립성, 2004**

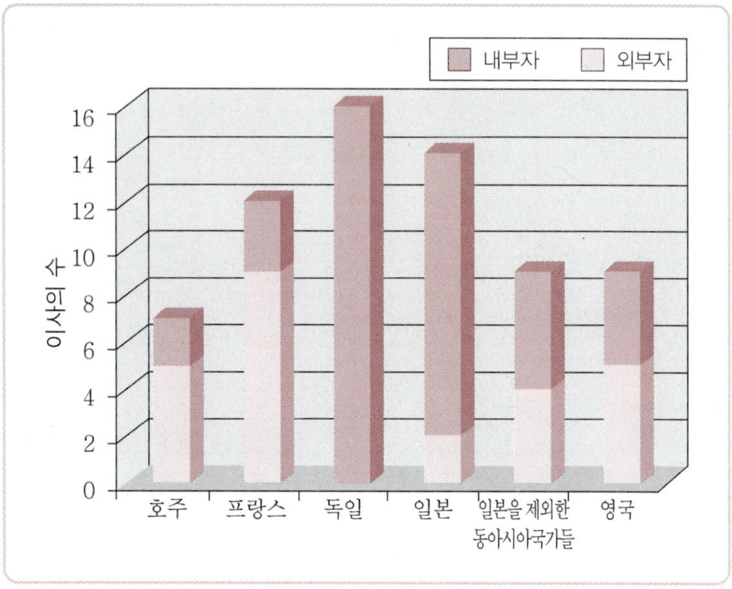

과 같이 독립적인 이사를 강조를 하지는 않는다. 또한, 각국의 기업들은 이사회의 규모에 대해서 서로 다른 견해를 가지고 있을 수도 있다.

좋은 이사회 구조란 어떠한 것인가?

만일 독립적인 이사회가 객관적이고, 적은 규모의 이사회가 더 능동적이라면, 모든 기업들은 독립적이고 작은 규모의 이사진을 가지고 있어야 한다고 결론내리기 쉽다. 한 기업에서 좋은 것이 모든 기업에서 좋다고 말할 수 있을까? 아마도 아닐 것이다. 이전에 논의했듯이, 기업은 어떤 경험과 전문성이 기업을 위해 최선인지를 결정해야 한다. 이는 이사회의 독립성과 규모에 있어서도 동일하게 적용될 것이다. 예를 들면, 신생의 성장지향적 기업은 실제로, 외부의 독립적인 이사들보다는 더 많은 내부자 이사들이 필요할 수 있다. 만일 한 기업의 주요 제품이 고유한 특성을 가지고 있다면, 기업의 종업원들이 이사회의 구성원으로 가장 적합할 수도 있다. 규모가 크고 더 다각화된 기업에서는, 그 규모와 다양한 형태의 영업으로 인해, 더 많은 이사들이 필요할 수 있다. 그림 4.1과 4.2에서, 어떤 나라에서는 다른 나라보다 더 많은 수의 내부이사들과 더 많은 수의 이사들을 가지는 경향을 보이고 있다. 아마도 그런 나라에서는 그들의 이사회 구조가 자신들만의 특수한 영업 및 법적 환경에 가장 적합하기 때문일 것이다.

이사회의 구성과 규모와 관련된 구체적인 규정이 없다면, 각 기업은 자신들에게 가장 적합한 이사회 구조를 결정할 수 있다. 그러나 누가 이런 결정을 해야 하는가? 회사의 최고경영자? 그가 좋은 이사를 선정하는 최선의 위치에 있을지도 모른다. 그러나 그의 이기심이 최선의 위치에 대한 방해가 될 수 있다. 기업의 외부주주들은 어떤가? 비록 그들이 이사회 구성원 선임을 위한 법적 투표권을 가지고 있지만, 만일 대다수의 동의를 받지 못한다면 이사를 선임할 수 없을 것이다. 또한, 외부자들이 이사를 선임하는데 더 객관적일 수는 있지만, 그들은 기업의 사업성격에 비추어 볼 때 덜 적합한 후보들을 선임할 수도 있다. 물론 이사회의 구성과 규모에 대해서 더 엄격한 규정을 가질 수는 있으나, 이는 가장 적합한 이사진을 구성하는데 있어서 기업의 융통성을 제거할 것이다.

좋은 이사회는 좋은 성과로 연결되는가?

독립적이고 적은 규모의 이사회는 기업과 기업의 경영자를 감시하는데 더 효과적일 수 있는 반면, 이사회의 질과 기업의 성과 간에 정의 상관관계가 있는지에 대해서는 명확하지 않다. 한 기업이 다른 기업보다 더 높은 성과를 올리고 있을 때, 이사회가 기업의 성과를 다르게 만드는데 어떠한 역할을 했는지를 어떻게 설명할 수 있을까? 프로스포츠에서 한 팀의 성과가 좋지 못할 때, 누구로 인해 그런 성과가 나타났는지를 지목하기가 쉽지 않다. 특정 선수(들), 코치, 임원, 또는 구단주 등 소유주들 중 누가 비난을 받아야 하는가? 좋은 이사회는 문제점들을 해결하는데 효과적일 수는 있으나, 기업의 가치를 창출하는 데에는 혁신적이거나 유능하지 않을 수도 있다.

선행학술연구들은 이러한 두 가지 관점에 수행되었다. 대부분의 학자들은 독립적인 이사들이 내부자 이사들보다, 부실한 기업성과 후에 CEO를 해임할 가능성이 더 높다는데 동의했다. 그러나 학술연구자들은 이사회의 질과 기업의 성과가 정의 상관관계가 있다는 주장에 대한 찬반논의에서 거의 유사한 비율로 둘로 나뉘어져 있다.

문제는, 이사회 구조와 관련하여, 어떤 이사회의 소위원회가 독립이사들로 인해 가장 적합하게 기능할 것인가? 어떤 경우에는 그렇지 않을 것인가?이다. 예를 들면, CEO의 보상을 결정하는 이사회와 감사 선임 등을 책임지는 위원회는 독립이사들에 의해서 가장 효과적으로 운영될 것인 반면, 기업의 재무와 장기투자 의사결정을 하는 데에는 내부자 이사들에 의해서 가장 효과적으로 운영될 것이다.[9] 최근에 채택된 이사회의 구조를 비추어 볼 때, 감독기관들도 본 장에서 논의한 것과 동일한 관점을 가지고 있는 것처럼 보인다.

이사회의 잠재적 문제점들

이전에 언급했듯이, 이사회의 주요 기능 중 하나는 최고경영자, 특

9) April Klein, "Firm Performance and Board Committee Structure," *Journal of Law and Economics* 41 (April 1998): 275-303.

히 CEO를 평가하는 것이다. 그러나 대부분의 기업에서, 이사회의 의장이 기업의 CEO를 겸하고 있다. 2007년에, 최고의 기업들 중 오직 41%만이 이사회 의장과 CEO의 기능이 분리되어 있었다. 더구나, 오직 11%만이 그들의 이사회 의장이 실질적으로도 독립적인 이사였다고 보고했다.[10] 따라서, 많은 경우 회사를 경영하고 있는 동일한 사람이 이사회 모임을 소집하고 회의안건을 정하게 된다.[11] 또한, 이사들은 통상 기업에 대한 모든 정보를 경영진으로부터 받는다. 이러한 정보는 기업의 CEO/이사회 의장에 의해 통제받는다. 이것이 사실이라면, 이사회는 CEO를 공정하게 평가하고, 문제에 대한 의의를 제기할 수 있을까? 비록 CEO가 이사회의 의장이 아니더라도, CEO가 더 면밀한 감시 하에 놓여 있지 않을 수도 있다. 대부분의 이사회는 더 많은 수의 사외이사를 포함하고 있지만 사외이사의 많은 수는 어떤 형태가 되었던 CEO와 사업적, 개인적 연관을 가지고 있을 수 있다.

기업의 추문들(타이코(Tyco), 글로블크로싱(Global Crossings), 아델피아(Adelphia) 등)로 인해 어려움을 겪었던 기업의 이사회들은 전, 현직의 임원들로 채워져 있었다. 더구나, 타이코의 사외이사 중 하나는 CIT의 인수를 도와준 것과 관련하여 1,000만 달러($10 million)를 받은 적이 있다. 전 아델피아의 CEO인 존 리가스(John Rigas)와 그의 세 아들들은 9개의 이사직 중 4개를 차지했다. 이 4인조가 CEO를 객관적으로 감시할 수 있을 것이라고 기대할 수 있을까?

또 다른 문제는 어떤 이사회는 회사에 중요한 기득의 이해(vested

10) www.cfo.com/article.cfm/8626959/c_8622258?f=TodayInFinance_Inside. (January 31, 2007).

11) 이사회 회의를 소집하고 안건을 정하는 권한은 회사에서 매우 중요하다. 회사의 내규가 이사회의 의장만이 회의를 소집할 수 있고, 협의사항에 언급된 내용만이 이사회에서 논의될 수 있다는 것을 언급하고 있다면 이러한 권한은 더욱 중요하다.

interest)가 없다는 것이다. 예를 들면, 일정 기간 동안에 대부분의 디즈니의 외부이사는 주식을 거의 가지고 있지 않았든가, 아예 없었다. 1997년 *Business Week*는 옥시덴탈석유(Occidental Petroleum)의 이사회가 9,500만 달러($95 million)의 CEO에 대한 지급을 승인했다고 보고했다. 또한 *Business Week*는 이 회사의 이사회 구성원 중 두 명인 조지 놀리(Geroge O. Nolley)와 아지즈 시리아니(Aziz D. Syriani)가 이사회에서 14년이나 있었음에도 불구하고, 각각 단지 2,280주와

사례 4.5 1990년대의 디즈니(Disney) 이사회

2005년까지 Walt Disney사의 CEO는 마이클 아이스너(Michael Eisner)이었다. CEO로서 그는 디즈니의 이사회에 의해서 감시받아야 했다. 그러나 디즈니의 이사회는 여러 명의 부서장과 임원들이 포함되어 있었으며, 이는 *Business Week*로부터 미국에서 최악의 경우로 비난을 받았다. 그러나 디즈니는 16명의 이사 중 13명이 독립적인 이사라고 주장했다. 이러한 사외이사는 Eisner의 자녀들이 다니는 학교의 교장인 레베타 보우어스(Reveta Bowers), 디즈니가 고용한 자문가이자 자문법무법인의 변호사이었던 조지 밋첼(George Mitchell), 디즈니 가족의 투자를 관리해 주는 샴록 홀딩(Shamrock Holdings)의 사장인 스탠리 골드(Stanley Gold), 아이스아이부터 기부금을 받았고, 아이스너의 자녀가 다니고 있는 조지타운대학(Georgetown University)의 총장인 리오 오도너반(Leo O'Donovan), 아이스너의 개인변호사인 어윈 러셀(Irwin Russsell), 몇 개의 디즈니사의 건축프로젝트담당 건축사인 로버트 스턴(Robert Stern)을 포함한다.

이러한 이사회는 아이스너에게 도전할 수 있을까? 이들 중 몇 명은 아시스너를 위해 일하고 있었으며, 아이스너를 화나게만 하지 않으면 이익을 얻을 수 있는 사람들이 이사회에 포함되었다. 즉, 이사회는 너무 많은 내부자를 포함하고, CEO와 사업 등으로 인한 이해관계를 가진 사람들을 포함하였다. 아이스너를 위해 쓰여진 유리한 계약은 1990년대 후반 아이스너에게 7억 달러의 순이익을 올리게 해 준 반면, 1990년대 주가의 상승기간 동안에 디즈니의 주식가치는 50% 이하로 하락하였다.

1,450주를 가지고 있었다고 보고했다.[12] 그 기사에서는 Advanced Micro Devices의 이사인 찰스 블레랙(Charles M. Blalack)과 Microsoft의 이사인 리차드 핵크본(Richard Hackborn)이 회사의 주식을 전혀 가지고 있지 않았다고 보고했다. 이러한 이사들이 주주가치를 증가시키기 위해 행동할 것인가 또는 CEO와 좋은 관계를 유지하기 위해 행동할 것인가?

그러나 상황은 바뀌어 왔다. 예를 들면, Ashland Inc.과 같은 기업들은 자신의 이사들을 위한 주식 소유 목표치를 수립했다. 아이스너(Eisner)의 사례를 통해 얻은 교훈 덕택에, 그들은 이사들이 더 많은 주식을 소유하도록 요청했다. GE의 경우, 사외이사들이 2000년 초에 평균적으로 각각 660만 달러($6.6 million) 가치의 GE 주식을 소요함에 따라, 명백히 주주들과 이해를 같이 하게 되었다.[13] 2007년 콘/패리(Korn/Ferry)의 연구에 따르면, 이사들의 80%는 일정한 분량의 회사주식을 보유하도록 요구된 것으로 나타났다.

이사들이 기업의 중요한 운영과 재무 의사결정을 충분히 이해하는데 필요한 시간과 전문성을 제공할 수 있을까? 어떤 이사들, 특히 능력이 있는 사람들은 너무 많은 일을 하고 있을지 모른다. 예를 들면, 많은 이사들은 복수의 이사회에서 관여하고 있다. 1997년 *Business Week*의 기사에 따르면, 몇몇 이사들은 10개 이상의 기업에 관여하고 있다고 보고했다.[14] 코카콜라는 13명의 이사 중 5명의 이사는 적어도 5개의 이사회에 관여하고 있다. 또한, 대부분의 이사들은 많은 시간

---

12) "Directors in the Hot Seat," *Business Week* (January 24, 2000) from *www.businessweek.com*.

13) "The Best and Worst Corporate Boards," *Business Week* (January 24, 2000) from *www.businessweek.com*.

14) John A. Byrne, Leslie Brown, and Joyce Barnathan, "Directors in the Hot Seat," *Business Week* (December 8, 1997): 100-104.

과 노력을 요구하는 자기 자신의 직업을 가지고 있다. 그들은 종종 한 회사의 임원들이다.

추가로, 어떤 이사들은 이사회의 구성원이 되기에 필요한 전문성을 가지고 있지 않다. 독립성 그 자체로는 효과적인 이사가 되는데 충분한 자격은 아니다. 어떤 이사회는 유명인사(가령, O.J. Simpson은 한때 Infinity Broadcasting의 감사위원 이었다)나 전 장성 등의 구성원을 갖기를 원하나, 이들보다 다른 후보자들이 회사에 더 많은 실질적인 도움을 줄 수도 있다.

마지막으로, 이전에 언급했듯이, 어떤 이사회는 단순히 너무 커서, 모든 이사들이 활동적으로 관여하지 않을 수도 있고, 필요한 일을 수행하는데 비효율적일 수도 있다. 디즈니의 이사회에는 16명의 이사들이 있었고, 엔론의 경우 15명의 이사들이 있었다. 이는 너무 크지 않을까? 이전에 언급했듯이, 적은 수의 이사를 가진 회사들은 높은 시장가치를 가지고 있으며 이사회가 더 효과적일 수 있다.

요약하면, 많은 잠재적인 문제들이 오늘날의 이사회에 내재되어 있다. 많은 이사들은 진정으로 독립적이 아닐 수 있으며, 너무 바쁠 수 있다. 그들은 자신의 책임을 수행하는데 있어서 필요한 전문성을 가지고 있지 않을 수도 있다. 이러한 문제들이 왜 기업의 추문들이 일어났는지에 대한 이유를 설명할 수 있을지도 모른다.

사례 4.6 엔론(Enron)의 이사회는 부분적으로 비난받아야 하는가?

엔론(Enron)의 이사회는 15명으로 구성되어 있었으며, 이사회가 CEO에게 휘둘린 전형적인 사례이다. 이사회 구성원이었던 존 웨이캠(John Wakeham)은 1990년에 영국에서 엔론의 발전소를 건설하는 것을 승인했던 영국의 보수당 정치인이었다. 4년 후 웨이캠은 엔론의 이사회에 들어갔다. 카프리콘 홀딩스(Capricorn

Holdings)의 이사이었던 허버트 위노커(Herbert Winokur)는 이사회 의장이자 CEO이었으며, 또한 National Tank Company의 이사이기도 했다. National Tank Company는 엔론에 수백만 달러의 장비와 서비스를 판매했던 기업이었다. 엔론의 이사이었던 찰스 리매스터(Charles LeMaistre)와 존 맨델슨(John Mendelsohn)은 엔론과 엔론의 이사회 의장인 캔 래이(Key Ray)로부터 5억 달러($500 million) 이상을 받은 엠디엔더슨 암센터(M.D. Anderson Cancer Center)의 이전 사장과 당시의 사장이었다. 웬디 그램(Wendy Gramm) 이사는 Commodity Futures Trading Comrnission(CFTC)의 전 이사회 의장이었으며, 엔론에 들어가기 전에 엔론과 다른 에너지거래회사들이 유리한 정책들을 지지했었다. 그녀의 남편인 상원의원 필 그램(Phil Gramm)은 엔론으로부터 상당한 기부금을 받아 왔다. 로버트 밸퍼(Robert Belfer) 이사는 밸코사(Belco Oil and Gas Corporation)의 설립자이자 전 이사회 의장임과 동시에 CEO이었으며, 밸코사와 엔론은 수많은 재무적 거래관계를 가지고 있었다. 찰스 왈커(Charles Walker) 이사는 세무전담 로비스트이었으며, 왈커가 부분적으로 소유하고 있는 회사에 엔론은 컨설팅 명목으로 7만 달러 이상을 지급하고 있었으며, 엔론은 왈커가 이사회 의장으로 있는 비영리기관에 기부금을 지급하고 있었다. 상원의 한 보고서는, 엔론의 이사회는 주주들의 이해를 대표하는 수탁책임을 제대로 수행하지 않았으며, 엔론사태는 부분적으로 이사회의 독립성 부족에 기인한다고 주장했다.

1999년, 감사인들은 엔론의 이사진에게 엔론은 한계를 넘어선 회계관행을 사용하고 있으며, 수락할 수 있는 범위의 경계에 있다고 이야기했었다. 로버트 제디키(Robert Jaedicke) 이사는 스탠포드대학(Stanford University)의 회계학교수이었다. 또한 이사회는 엔론이 50% 이상의 자산을 재무제표에 의도적으로 보고하지 않은 것을 허용했다. 상원의 조사과정에 참여했던 정부의 관리는 이러한 내용은 무시되었으며, 한 명의 엔론 이사만 이러한 행위가 일어나고 있는 동안에 우려를 나타냈다고 언급했다. 이사회는 심지어 CFO인 앤드루 패스토(Andrew Fastow)에게 회사의 윤리규정 준수를 면제해 주기도 했다. 패스토는 해외에 개인적인 파트너십들을 설립하여 엔론과 거래를 하도록 했다. 엔론의 윤리규정 하에서, 종업원은 엔론과 사업관계에 있는 회사로부터 금전을 받을 수 없다고 되어 있다. 패스토의 지도 하에, 이들 파트너십들은 엔론의 비용으로 이익을 보았으며, 패스토에 의해 저질러진 행위가 주주들과의 명백한 이해의 상충이 있었음에도 불구하고 이사회는 아무런 이의를 제기하지 않았다.

상원의 보고서는 이사회가, 회사에서 저질러진 부정과 속임수에 대한 경고인, 몇십 개의 위험신호들을 간과했다고 결론내렸다. 예를 들면, 이사들은 패스토의 파트너십들이 엔론을 위해 6개월 동안 20억 달러($2 billion)를 만들었다고 들었었다. 물론 엔론의 이사회가 사기사건에 연루되지는 않았지만, 이러한 사건을 방지했어야만 했다.[15] 어찌되었건, 그들은 엔론으로부터 350,000달러 이상의 봉급, 주식 및 스톡옵션을 받았다. 상원 보고서의 결론에, 엔론이 가지고 있었던 대부분의 문제점들은 이사회에 알려져 있었지만, 충분한 감독과 억제를 하지 못함으로써, 엔론의 이사회는 회사의 붕괴에 공헌했고, 이 결과에 대한 일부분의 책임이 있다는 것이다.[16]

엔론의 주주들에 의해서 한 대표소송이 제기되었고, 2005년 1월 7일에, 엔론의 이사회는 이를 해결하기 위해 해당 주주들에게 1억 6,800만 달러($168 million)를 지급하는데 동의했으며 이 중 1,300만 달러($13 million)는 이사들이 직접적으로 부담해야 했다. 주주들은 엔론의 이사들이 잘못된 재무제표를 공시한 후에 주식을 팔았다고 주장했다. 하지만 엔론의 이사들은 잘못한 것이 없다고 주장했다. 그 며칠 전, 월드컴(WorldCom)은 이사들이 주주들에게 5,400만 달러($54 million)의 지급을 하는 것에 동의했다고 발표했다. 이 중 1,800만 달러($18 million)는 이사들이 개인적으로 부담해야만 했다. 어떤 사람들은 전통적으로 이사들에 대해 적용해 온 재량적 판단규정이 너무 관대한 것으로 보았다. 즉, 이사들은 자신들이 최선을 다 했음을 주장하기가 어렵지 않다는 것이다. 그러나 오늘날의 이사들에는 더 높은 수준의 기준이 요구되고 있다.

국제적 관점 – 서유럽의 이사회

두 단계 이사회(two-tier boards)

몇몇 유럽국가들은 두 단계 이사회구조를 가지고 있다. 예를 들면, 독일기업들은 사업을 운영하는 경영이사회(management board)와 경영이사회 구성원을 임명하고 이들을 감독하는 감독이사회(super-

15) John Byrne, "Commentary: No Excuses for Enron's Board," *Business Week* (July 29, 2002) from *www.businessweek.com*.

16) Source: "The Role of the Board of Directors in Enron's Collapse," U.S. Senate Report 107-170, July 8, 2002.

visory board)를 가지고 있다. 또한 감독이사회는 회사가 규정과 정관을 준수하고, 사업전략에 따라 업무를 수행하도록 통제기능을 수행한다. 한 사람이 두 이사회에 동시에 속할 수는 없도록 되어 있다. 네덜란드(Netherlands)도 두 단계 이사회구조를 가지고 있다. 흥미롭게도, 프랑스(France)에서는 기업들이 한 단계 또는 두 단계 이사회구조를 선택할 수 있으며, 대부분의 경우 한 단계 이사회구조를 채택하고 있다. 그러나 이러한 두 단계 이사회는 미국과 영국이 가지고 있는 최고경영진과 이사회구조와 유사한 형태라고 주장될 수도 있다.

독립성에 관련된 이사회 규정

앞에서 언급했듯이, 이사회의 품질과 유효성에 관련된 중요한 쟁점 중 하나는 이사회의 독립성이다. 서유럽국가들 중, 영국은 독립적인 이사에 대한 강조의 관점에서 미국과 가장 유사할 것이다. 영국의 통합지배구조법(Combined Code on Corporate Governance)은 2003년 7월에 공표되었다. 이 법은, 작은 규모의 기업은 예외로 하고, 이사회 의장을 제외한 나머지 이사들 중 적어도 과반수는 집행임원이 아닌 독립적인 이사이어야 한다고 명시하고 있다. 이 통합법의 통과 전에는 캐드버리위원회(Cadbury Committee)가 최선의 실무규정(Code of Best Practice)을 발간하여, 각 기업은 적어도 3명의 독립적인 이사를 보유하도록 권장했었다. 2003년 통합법을 평가하기에는 너무 이르지만, 캐드버리위원회의 규정이 성공적이었다는 확실한 증거가 있다.[17)]

그러나 나머지 유럽국가들의 지배구조 규정들은 명시적으로 독립

17) Jay Dahya, John J. McConnell, and Nickolaos G. Travlos, "The Cadbury Committee, Corporate Performance, and Top Management Turnover," *Journal of Finance* 57, no. 1 (2002): 461-483.

적인 이사와 관련하여 특정한 숫자 또는 구성비율을 요구하지는 않는다. 대신에, 그들은 독립이사회와 관련하여 권장 또는 제안을 하고 있다. 예를 들면, 1998년 브뤼셀증권거래소(Brussels Stock Exchange)에서 위탁한 카돈보고서(Cardon Report)는 "독립이사의 수는 이사회 의사결정에 충분한 영향력을 행사하기 충분해야 한다"고 제안하였다. 벨기에(Belgium)의 2004년 지배구조법(Corporate Governance Act)은 "이사회의 구성은 필요한 다양성과 상호 보완의 관점에서 결정하도록" 명시했다. 프랑스에서, 1999년 7월, 비노트(Vienot) 보고서에는 적어도 이사들 중 3분의 1은 독립적이도록 권유했다. 후에 프랑스사기업협회(French Association of Private Enterprise)에서 발표한 2003년 10월 보고서에서는 공개기업은 적어도 과반수의 이사들이 독립적이도록 제안했다. 이탈리아의 2002년 기업지배구조법(Italy' s Corporate Governance Code)은 "적절한 숫자의 비임원-이사들은 독립적이어야 한다"고 명시했다. 스페인의 2003년 알다마 보고서(Aldama Report)는 소유구조와 자본구성을 고려하여 상당한 숫자의 독립적인 이사들이 이사회에 포함되어야 한다고 제안했다.

명백히, 이사회독립성에 대한 광범위한 관심은 최근의 추세이다. 더구나 독립적인 이사의 숫자와 구성비율에 대한 최근의 권장들은 명시적인 규정으로 반영되고 있다. 예를 들면, 캐드버리보고서의 내용은 권장사항이긴 하지만 강제규정은 아니다. 그러나 런던증권거래소가 상장기업들에 대해 캐드버리의 권장사항들을 충족시키도록 요구를 하기 때문에, 이러한 권유들은 효과적이었으며, 영국기업의 지배구조를 개선시키는데 성공적으로 기여했다.[18)]

---

18) Jay Dahya, "The Cadbury Committee, Corporate Performance, and Top Management Turnover," *Journal of Finance* 57, no. 1 (2002): 461-483.

요 약

한 기업의 이사회는 소유와 경영의 분리로 인해 야기된 문제점들을 줄여 주는 중요한 역할을 수행한다. 이사회는 기업의 임원들을 고용하고, 평가하며, 때로는 해임하는 책임을 지고 있다. 또한 이사회는 기업의 외부감사인을 감독하고 회사를 위한 주요 전략적 의사결정을 한다. 이사들은 주주들이 최대의 이익을 얻도록 업무를 수행해야 한다.

기업의 이사회 조직과 관련된 많은 잠재적인 문제들이 있다. 예를 들면, 많은 이사들은 독립성이 결여되어 있으며 주주들에게 부여받은 수탁책임을 수행하기 위해 필요한 기득의 이해(vested interest)와 시간, 때로는 전문성이 부족하다. Enron의 이사회가 한 예가 된다. 이사들에게 향한 최근의 관심은 관련법규의 변화를 포함한 변화를 가져왔다. 그러나 이러한 변화가 효과가 있는지에 대해서 결론내리기에는 아직 이르다.

이사회에 관련된 웹 정보

Korn/Ferry International
www.kornferry.com

European Corporate Governance Institute
www.ecgi.de

The Corporate Library
www.corporatelibrary.com

International Corporate Governance Network
www.icgn.org

복습문제

01 어떤 규정들이 이사회의 기능과 구조를 다루는가? 이사들과 관련되어 무엇이 법적으로 요구되는가? 이사회와 이사회의 소위원회의 주요 역할이 무엇인가?

02 개략적으로 말해서, 좋은 이사회의 특성은 무엇인가? 모든 기업이 이러한 좋은 이사회의 특성으로부터 이익을 얻는가?

03 이사회의 질(board quality)과 기업감시(firm monitoring)의 관계와 이사회의 품질과 기업성과의 관계를 논의하라.

04 현대의 이사회가 가진 주요 문제점들은 무엇인가? 이러한 문제점들을 해결하기 위해 어떠한 것들이 변화되어야 하는가?

05 미국에서의 이사회는 서유럽의 이사회와 어떻게 다른가?

토론문제

01 당신은 이사회가 경영일상의 업무를 효과적 · 효율적으로 처리하고 있는지에 대해서 어떻게 평가할 것인가? 또한 당신은 사업판단원칙(business judgment rule) 기준을 이사회에 어떻게 적용할 것인가?

02 만일 당신이 General Motors(GM)의 최대 외부주주라면, 어떤 사람이 이사회의 구성원이기를 원하며 그 이유는 무엇인가? 만일 당신이 최근에 상장한 인터넷 검색엔진을 운영하는 한 기업의 최대 외부주주라면, 어떤 사람이 이사회의 구성원이기를 원하며 그 이유는 무엇인가?

03 이사회의 구성과 구조에 관련된 규정이 있어야 하는가? 만일 그렇게 생각한다면, 어떤 종류의 규정이 있어야 하는가?

04 주식의 잠재적인 투자자로서, 주식을 사기 전에 기업의 이사회를 점검할 가치가 있는가? 어떤 내용을 점검해야 하는가?

연|습|문|제

01 기업 이사회에 관한 미국의 주법(state laws)을 찾아서 기술하라.

02 다우존스산업평균에 포함된 30개 기업을 검토해서 어떤 기업들이 같은 사람에 의해 CEO와 이사회 의장의 직책을 가지고 있는지 제시하라. CEO/이사회 의장을 가진 이러한 기업들은 어떤 특성을 가지고 있는가?

03 한 기업을 선택해서, 이사회의 모든 이사들을 찾아, 그들의 소속과 보상에 대해 기술하라. 이 정보는 기업이 SEC에 제출하는 위임장보고서(proxy statements)에 포함되어 있다.

04 최근에 CEO가 해임된 세 기업을 찾아서 어떤 일이 있었는지를 기술하라.

05 2002년 여름, WorldCom은 부도를 선언했다. 이는 역사상 가장 큰 부도였다. 한 집단소송이 주주들에 의해서 제소되었고 후에 해결되었다. WorldCom에서 어떤 일이 있었는지와 어떻게 이사회가 WorldCom의 문제에 공모했는지 기술하라.

06 2005년, Walt Disney의 주주들은 디즈니의 전 사장이었던 마이클 오비츠(Michael Ovitz)의 선임과 해임, 보상에 관련된 장기간 지속된 소송에서 패소했다. 관련된 상황과 내용을 기술하라.

연습문제(국제적 관점)

01 우리 나라의 한 상장기업의 이사진을 찾아서, 이사회의 구성과 구조의 관점에서 미국 기업과 비교했을 때 유사한 점과 다른 점은 무엇인가? 이 차이가 존재하는 이유가 무엇이라고 생각하는가?

02 우리 나라의 이사회와 관련된 규정은 어떤 것이 있는가? 왜 이러한 규정이 있게 되었는가? 당신은 이러한 규정이 (또는 규정의 부재가) 우리 나라에 적합하다고 생각하는가?

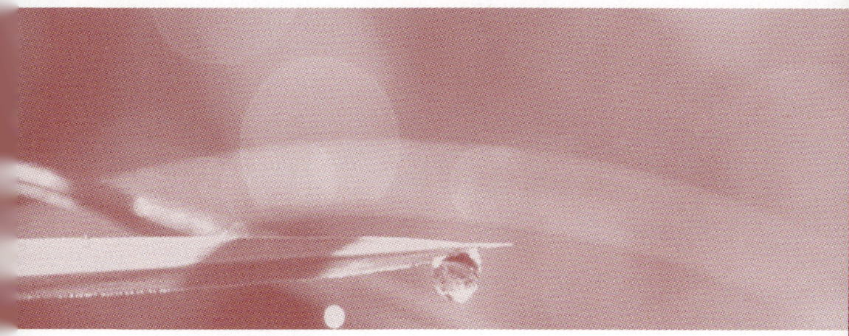

CHAPTER 5

투자은행과 증권분석가
(Investment Banks and Securities Analysts)

본 장에서는 투자은행(investment banks) 및 증권분석가(securities analysts)와 관련된 문제를 다룬다. 투자은행은 다양한 서비스를 제공하나, 가장 중요한 업무는 새로 발행되는 증권을 판매하는 것이다. 개인기업이 기업 공개를 원할 때, 그 기업은 증권거래위원회와 Securities Exchange Commission(SEC)에 주식을 등록하고 투자대중에게 주식을 팔게 된다. 기업공개를 원활하게 하기 위해 투자은행들은 모든 필요한 절차에 관한 전문성을 가지고 있다. 유사하게, 투자은행들은 이미 상장한 기업들이 미래성장을 위해 추가적인 자금을 조달하려 할 때, 주식이나 채권을 대중에게 판매하는 업무를 수임할 수 있다. 따라서, 투자은행은 자본조달과 관련된 자문을 제공하고 새로운 증권을 발행하는 기업을 위해서 서비스를 제공하는 중개기관으로 간주될 수 있다.

증권분석가들은 투자은행과 관련이 있다. 증권분석가들의 주요 업무는 증권에 대한 평가에 기초하여 고객들에게 "매수" 또는 "매도"

추천을 하는 것이다. 다른 말로는, 분석가들은 기 발행된 증권을 분석하는데, 이는 새로운 증권을 발행하는 것과 관련된 투자은행의 업무와는 별개의 것이다. 분석가들은 또한 자신들이 담당하는 기업들에 대한 이익예측을 해서 투자자들이 매수 또는 매도 의사결정을 하는 것을 돕는다. 많은 증권분석가들은 투자은행에서 일하는 반면, 일부는 투자중개기관(brokers)이나 투자자문사(financial advisors)에서 일한다.

지배구조와 관련된 대부분의 문헌에서는 투자은행이나 증권분석가를 지배구조제도의 일부로 생각하지 않는다. 그러나 투자은행은 고객기업을 분석하거나, 투자기회를 시장에 가져다 주고, 증권분석가들은 일반 투자자보다 회사에 관한 더 많은 정보를 가지고 있기 때문에 투자은행과 분석가들은 주주들을 위해 문제점들을 찾아 내고 기업을 감시하는데 더 우월한 위치에 있다. 사람들은 투자은행이 좋은 증권을 팔기를 기대한다. 즉, 주가가 하락할 주식을 추천하지 않아야만 한다는 것이다. 따라서, 투자은행과 분석가들, 둘 다 기업지배구조제도의 핵심적이고 중요한 일부를 담당하고 있다. 본 장은 먼저 투자은행에 대해 논의하고 다음으로 증권분석가에 대해 논의한다.

투자은행의 업무

투자은행의 기본적 업무는 새로운 채무나 지분증권을 발행하는 기업들을 돕는 것이다. 한 기업은 몇 가지 다른 종류의 증권을 발행할 수 있다. 투자은행은 자본조달에 있어서 기업의 상황을 반영하여, 최적의 증권(주식이나 채권 등)에 대해서 조언을 제공하며, 이러한 서비스에 대한 수수료를 기업으로부터 받는다. 수수료의 규모는 증권을 발행하는데 있어서 얼마만큼의 위험을 감수할 것인가에 달려 있다.

주식이나 채권을 발행하는데 있어서 투자은행은 **인수(underwriting)**나 **부분인수(best efforts)** 방법 중 하나를 선택할 수 있다. 주식발행의 사례를 생각해 보자. 주식발행에 있어서 인수업무를 할 때, 투자은행은 주식발행을 통한 일정금액의 확보를 보장해 준다. 즉, 투자은행이 특정 수의 주식을 목표가격에 판매하는 것을 책임지는 것이다. 만일 목표가격에 너무 적은 주식이 판매되면, 투자은행은 그 주식을 사야만 한다. 예를 들면, 만일 투자은행이 특정기업에 대해서 1억 달러의 주식발행을 보증했는데 단지 7,000만 달러만을 팔 수 있었다면, 은행이 3,000만 달러을 사야만 한다. 1억 달러의 IPO 주식발행에 대한 투자은행이 받게 되는 수수료는 약 700만 달러에 달하며, 이미 상장된 기업의 주식(Seasoned Equity Offering: SEO)의 발행에 대해서는 500만 달러의 수수료를 받게 된다.

만일 투자은행이 주식발행의 위험을 부담하기를 원치 않을 경우에는 부분인수방법(best-efforts method)을 이용할 수 있다. 투자은행은 회사를 위해 최선을 다해 새로운 주식을 판매하지만 회사가 원하는 자본조달금액을 보증하지는 않는다. 즉, 회사가 자본조달의 위험을 지게 된다. 이 경우 투자은행은 상대적으로 낮은 위험을 감수하게 되므로, 지급되는 수수료는 인수의 경우보다 훨씬 낮게 된다.

투자대중에게 주식을 파는 첫 번째 과정은 SEC에 증권을 등록하는 것이다(SEC에 대해서는 제9장에서 상술한다). SEC에 제출하는 서류는 증권발행과 회사에 관한 정보가 포함된 주식발행안내서(preliminary prospectus)이다. 예를 들면, 안내서는 회사의 재무상태, 영업활동, 경영진의 경험, 조달된 자금을 어떻게 사용할 것인가에 대한 구체적인 정보를 포함한다. 주식발행안내서는 SEC의 논평(comments)과 시장상황에 따라 수정된다. 투자은행은 최종 안내서를 발행될 증권에 관심이 있는 투자자들에게 배포한다. 안내서에는 회사의 현황과 관련된 정보를 포함하여 투자자들이 발행되는 주식을 살 것인가에 대한 의사결정을 돕는다.[1] 투자은행의 역할은 고객기업에 관련된 정보를 수집하여, SEC에서 요구하는 형식에 따라 주식발행안내서에 정리해 줌으로써, 투자자에게 중요한 정보를 제공해 주고 상장기업에 대한 감시자로서의 역할을 한다.

주식발행안내서와 투자은행의 순회선전활동(road show)을 통해 발행회사에 관한 정보를 투자자들에게 전달한다. 로드쇼(road show)는 투자은행이 투자대중에 대해서 발행주식에 대한 흥미를 유발하고 해당 주식을 시장에서 매도하기 위한 마케팅 활동이다. 투자은행들은 연금기금이나 뮤추얼펀드와 같은 대규모 기관투자자자들을 방문한다. 개인투자자들에게 판매하기 위해서는 투자은행들은 자신이 보유한 영업부서를 이용하게 되는데 인기가 높은 주식발행의 경우, 투자자들이 중개인들에게 주식을 주문하기 위해 전화를 하는 반면, 덜 인기 있는 주식발행에서는 중개인들이 매수권유를 위해 투자자들에게 전화를 한다.

발행회사에 대한 정보는 특히 그 회사가 신설회사일 경우에 투자자들에게 중요하다. 기업이 기업공개시 처음으로 주식을 발행할 때, 그 기업은 통상적으로 역사가 짧고, 규모가 작으며, 대부분의 투자자들에 잘 알려져 있지 않다. SEC에 제출하는 IPO 기업의 정보가 발행회사에 대해서 이용 가능한 유일한 독립적인 자료이다. 따라서, 투자자들은 이 정보에 많이 의존한다. 투자자들은 투자은행이 모든 목적적합한 정보를 공시할 것으로 기대하며, 투자은행이 이러한 정보를 수집하는데 관여한다는 관점에서, 투자자들은 또한 투자은행에 의존

---

1) 1996년 이후 상장기업들에 의해 공표된 자료는 SEC의 EDGAR 자료검색시스템을 통해 입수할 수 있다(*www.sec.gov*).

한다.

투자은행들은 새로운 기업과 관련된 불확실성으로 인해 SEO보다 IPO에서 더 높은 위험을 부담하게 된다. 이러한 위험을 경감시키기 위해 투자은행들은 IPO 주가를 낮게 설정하는 경향이 있다. 즉, 투자은행들은 새로운 주식을 시장에서의 수요보다 낮은 가격으로 발행한다. 예를 들면, 2008년 3월 19일 대형 크래딧카드회사인 Visa는 180억 달러($18 billion)에 달하는 미국 역사상 가장 큰 IPO을 실시했다. JP Morgan과 Goldman Sachs를 포함한 주식인수조합(syndicate)은 이 IPO를 위한 인수서비스를 제공했다. 투자은행들로부터 주식을 매수했던 투자자들은 주당 44달러를 지급했다. 원래, Visa IPO의 가격대는 37달러에서 44달러 범위에 있었으나, 모든 원하는 투자자들에게 공급할 만큼의 충분한 주식이 없었으므로 주가는 44달러에 달했다. 주가의 상승에도 불구하고, 4억 6백만 주의 IPO는 성공적으로 마무리되었다. Visa 주식이 NYSE에서 거래된 첫날 주당 60달러에 달했고 56.50달러에 마감됨으로 첫날의 주식수익률이 28%에 달했다. 투자은행들은 아마도 첫날의 주가가 주당 44달러보다 더 높게 형성될 것으로 예상했으나, 모든 주식을 판매하고 Visa에 대한 책임을 줄이기 위해 낮은 가격에 주식을 제공했다. 비록 Visa가 잘 알려져 있고 입증된 금융기업이지만, 투자은행들은 여전히 IPO에서 가격을 낮추었다.

가격을 낮춘 IPO는 인수자들의 위험을 낮추고, 새롭게 발행된 주식을 투자자들에게 매우 매력 있게 만든다. 결국 누가 28%의 일일 수익률을 원하지 않을 것인가? 그림 5.1은 1980년에서 2008년까지 매년 발행한 IPO의 숫자를 보여 준다.[2] 실선은 각 연도의 주식발행에서 첫

2) Jay Ritter and Ivo Welch, "A Review of IPO Activity, Pricing, and Allocations," *Journal of Finance* 57, no. 4 (2002): 1795-1828, and updated data available on Jay Ritter' s Web site(*http://bear.cba.ufl.edu/ritter/*).

그림 5.1 1980년에서 2008까지 발행한 IPO들과 평균 최초수익률

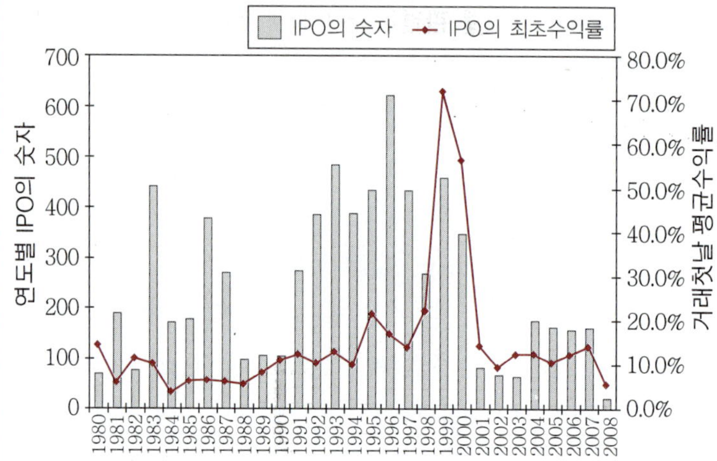

날 수익률을 나타낸다. 매년 첫날 평균수익률은 정의 값이나, 그것이 모든 IPO가 첫날에 주가가 상승한다는 의미는 아니다라는 것을 주의하라. 어떤 IPO는 높은 수요와 수익률을 경험한 반면, 어떤 IPO는 낮은 수요와 상장 첫날 주가하락을 경험했다. 1999년대 말과 2000년에는 IPO의 평균 최초수익률이 매우 높았다. 1999년의 평균은 20%가 초과되었으며, 이는 프랑스의 16.5%, 독일의 40.2%, 영국의 39.6%와 비교된다. 그러나 2008년 경기침체기간 동안에는, 평균적인 최초수익률이 단지 5.3%에 불과했다.[3)]

3) Alexander Ljungqvist and William Wilhelm, "IPO Allocations: Discriminatory or Discretionary?" *Journal of Financial Economics* 65, no. 2 (2002): 167-201.

투자은행에 대한 비판

신규상장(IPO)과 관련된 문제점들

투자은행들은 중소 개인기업들을 상장시킨다. 이러한 중소기업들은 주식을 발행함으로써 조달한 자본을 이용하여 기업을 확장시키기를 원한다. 모든 중소기업의 소유자들은 수십, 수백만 달러의 자금을 조달하여 투자에 사용하기를 원하나, 단지 소수의 기업들만 성공적으로 기업공개를 할 수 있다. 즉, 많은 중소기업들의 사업모델은 대기업만큼 효과적이지 못할 수 있으며 또한 중소규모 기업의 소유주들은 대규모 사업을 운영할 능력이 없을 수도 있다.

통상, 기업공개를 원하는 기업들 중 1% 미만만이 실제로 기업공개를 한다. 누가 기업공개를 하도록 결정할까? 만일 원한다면 어떤 기업이나 기업공개를 할 수 있지만, 투자은행의 도움이 없이는 주식을 일반대중에게 판매하기 어려울 것이다. 투자은행들은 기업공개시 인수(underwriting)의 위험을 떠 안을지, 또는 부분인수계약(best-efforts) 하에 기업공개를 진행할 것인지를 결정한다. 만일 당신이 중소기업을 운영하고 있고 기업공개를 도울 투자은행을 찾을 수 없다면, 당신은 투자은행의 고객들이나 은행의 도움 없이 스스로 매수자를 찾아야 한다. 이는 또한 시장전문가들이 당신의 주식에 관여하기를 원치 않는다는 것을 나타내 투자자들에게는 좋지 않은 신호로 간주된다.

은행들은 잠재적인 상장후보기업들을 철저하게 검토한다. 전통적으로 많은 투자은행들은 좋은 경영진을 가지고 있고, 전망이 좋은 사업계획이 있으며, 과거 3분기 동안 이익을 올려 온 수익성 있는 사업모델을 가지고 있는 기업만을 상장시장에 내놓는 것을 정책으로 하였다. 이에 따라, 1986년부터 1995년까지 기업을 공개한 회사들은 단지

1%의 실패율을 보였다.[4] 1980년대 후반에서 1990년대 중반까지, 투자은행들은 좋은 기업들을 투자자들에게 공개하는데 성공적이었으며 투자사회(investment community)에서 중요한 감시역할을 수행했다.

상황은 1990년대 중 · 후반에 들어서 바뀌기 시작했다. 첨단기술기업들의 주식이 투자자들에게 매우 인기가 있었고, 이들의 주가가 극적으로 상승했다. 더 많은 기술기업의 주식에 대한 수요는 지칠 줄 모르는 것 같았다. 기술기업들은 수억 달러를 기업공개를 통해서 조달했으며 투자은행산업은 20억 달러 이상의 수수료 수익을 올릴 수 있었다. 전통적인 기준을 충족시키는 좋은 기업이 많지 않았지만 투자자들은 개의치 않는 것처럼 보였다. 투자자들은 첨단기술기업의 주식을 어떤 가격으로든 사기를 원하는 것 같았다. 1999년과 2000년에 상장 후 첫날의 주가수익률이 얼마나 높았는지를 보라. 이러한 강력한 수요로 인해 기업들에 대한 인수업무의 위험은 그리 높지 않은 것

사례 5.1 PET.COM 상장

Pets.com의 IPO를 생각해 보자. 1999년에 그 기업은 단지 580만 달러($5.8 million)의 수익을 보고했고, 영업손실을 6,180만 달러로 보고했다. 그럼에도 불구하고 2000년 2월 Merrill Lynch는 Pets.com의 기업공개를 주간했다. 그 회사는 6,600만 달러의 주식을 발행했고 Merrill은 400만 달러의 수수료를 받았다.[5] 10개월 후, Pets.com은 부도로 사업을 접었다.

---

4) Andrew Ross Sorkin, "Just Who Brought Those Duds to Market?" *New York Times*, April 15, 2001, 3.1.

5) Peter Elstrom, "The Great Internet Money Game," *Business Week* (April 26, 2001): 16.

사례 5.2 투자은행은 IPO에서 떠 안게 된 위험한 투자에서 빠져 나오기를 원함

지금은 사라진 투자은행인 베어 스턴즈(Bear Stearns)는 2007년 5월에 예외적인 기업공개를 주간했다. Everquest Financial이라고 불리는 이 새로운 기업은 베어 스턴즈가 운영하는 두 개의 햇지펀드에 의해 설립되었다. Everquest Financial은 모기지 자산에 근거를 둔 증권(mortgage-backed securities)을 베어 스턴즈로부터 7억 2천만 달러($720 million)에 매수했으며, 기업공개(IPO)를 통해 Everquest는 주식을 일반투자자에게 매각했다.

이 IPO가 2008년 금융시장의 붕괴를 초래한 부동산시장의 침체기간의 초기에 발행됨에 따라, 언론에서는 이를 모기지 도박을 떠넘기려는 Wall Street에서 전례가 없었던 시도라고 분류하였다.[6)] 우려의 이유는 7억 2천만 달러의 가치가 시장에 의해서 대등한 입장에서 평가된 가치(arms length valuation)가 아니라는 것에 있다. 대신에, 7억 2천만 달러는 베어 스턴즈 햇지펀드가 결정한 가치이다. 투자은행은 자신들의 IPO와 관련된 전문성을 문제가 있는 자산을 털어 내기 위해 사용할 수 있을까? 이는 강력한 투자은행들은 자신들이 시장에 불러온 IPO 주식을 사도록 투자자들을 확신시킬 수 있을까에 대한 질문이다. 그 답은, Everquest IPO는 제안된 후 6주만에 취소되어 명백히 아니다로 나타났다. 무엇이 그 거래를 망쳤을까에 대해서는 정확히 알 수 없으나, 베어 스턴즈가 어떻게 Everquest Financial 주식에 대한 투자자를 찾을 수 있으리라고 상상했을까 이해하기 어렵다.

베어 스턴즈는 2008년 재무위기와 2007년 모기지 산업의 붕괴과정에서 살아남지 못했다. 2008년 3월에 베어 스턴즈는 모기지담보증권의 투자로 인해 지급불능상태에 빠졌고 정부의 도움을 받은 JP Morgan에 의해 인수되었다.

처럼 보였다. 투자자들의 높은 수요를 충족시키기 위해 투자은행들은 열등한 기업들을 시장에 내놓기 시작했다.

1998년과 2000년 사이에 기업공개(IPOs)를 한 기업들은 전통적인 1% 비율보다 크게 더 높은 12%의 실패율을 경험했다. 투자은행들은

6) Matthew Goldstein, "Bear Stearns' Subprime IPO," *Business Week* (May 11, 2001).

높은 품질의 기업들에 대한 문지기로서의 역할을 명백히 포기했다. 1997년 이래 기업공개를 한 367개의 인터넷 기업들 중, 오직 15%만이 시초가 대비 수익을 올릴 수 있었으며, 200개 이상의 기업들이 그들의 최초시장가치의 75% 이상을 잃었다. 개인투자자들에 대해 더 나쁜 것은, 평균적으로 투자자들은 좋은 IPO에서는 공모가에 주식을 매수하기 어렵다는 것이다. 투자자들은 통상 주식시장에서 거래되기 시작할 때까지 기다려야 하며, 그 때까지는 주가가 이미 상승하여 결과적으로 저조한 수익률만을 올릴 수 있을 것이다.

구조적 거래들(structured deals)

기업들이 더 많은 자본이 필요할 때, 그들은 투자은행에 의존한다. 자본조달은 어려울 수 있다. 극단적인 예로써, 부도에 임박한 한 기업을 생각해 보자. 부도처리 과정에서, 기업의 지분을 투자자들로부터 빼앗아 채권자들에게 준다. 따라서, 아무것도 회수할 수 없는 투자자들이 재무적으로 어려움에 처한 기업의 주식을 추가적으로 살 것 같지는 않다. 또한 채권자들은 파산법정에서 자신들의 돈을 전액 회수하지 못할 수도 있다는 것을 알기 때문에, 그 기업이 은행으로부터 자금을 빌리는 데에도 어려움이 있을 것이다. 투자은행들은 대규모 투자자나 투자집단으로부터 비전통적인 방법으로 자금을 주선함으로 이러한 상황에 도움을 줄 수도 있다.

많은 경우, 어떤 기업은 비록 부도에 임박한 상황이 아니더라도 자금을 조달하는데 어려움을 겪을 수 있다. 예를 들면, 기업의 현재 채권자들은 그들의 대출계약에서 자신들의 돈이 우선 변제되기 전에는 추가로 돈을 빌려 줄 수가 없다는 규정을 명문화할 수도 있다. 투자은행은 현재의 자금조달구조를 기존의 채무를 상환하고 다른 종류의 부채로 대체하거나, 부채와 자본을 혼합하는 방식으로 새롭게 구성하는 것을 도울 수 있다.

투자은행에 대한 한 가지 비판은, 그들이 기업들이 이익조정을 통한 비정상적인 방법으로 자본조달을 하는 데 적극적으로 참여한다는 것이다. 예를 들면, 엔론의 전략은 Cayman Islands와 같은 조세피난지에 특수목적법인(SPEs)을 설립함으로써 구조적인 거래(structured deals)를 하는 것이었다. SPE들은 엔론과 거래를 하는 독립적인 제3자처럼 보이는 파트너십으로 설립되었다. 거래는 실질적으로는 대출거래이었으나 수익으로 기록되었다. 구조적인 거래를 실행하는데 있어서 감사인과 감독기관을 속이기 위해 엔론은 복잡한 체계가 필요했다. 엔론은 대규모 기관투자자인 투자은행들을 이용해서 파트너십을 지원하도록 함으로써 이를 실행할 수 있었다.

사례 5.3 엔론의 파트너십들

Enron은 인터넷기업인 Rhythms NetConnections에 상당한 투자를 하였다. Rhythms의 주식은 급격히 상승했고 천만 달러($10 million)의 투자는 3억 달러로 증가해서 2억 9천만 달러의 이득을 올릴 수 있었다. 그러나 IPO 직후의 보유하고 있는 투자주식 판매에 대한 제한 때문에, 엔론은 이 주식을 곧바로 팔 수는 없었다. 투자주식에 대한 공정가치 회계처리로 인해서, 엔론은 평가이득을 장부에 반영할 수 있었다. 그러나 엔론은 후에 큰폭의 주가하락이 있을 경우에 대규모의 손실을 기록해야 할 수도 있음을 우려하였다.[7] 엔론은 신생기업인 Rhythms에 대한 높은 지분율 때문에 투자은행들이 주가위험에 대한 헷지(hedge)를 하도록 설득할 수 없었다. 결과적으로 엔론은 케이먼 군도(Cayman Islands)에 이익이 보장된 LJM이라고 불리는 파트너십을 만들었다.[8] 엔론의 CFO인 앤드루 패스토

7) Peter Fusaro and Ross Miller, *What Went Wrong at Enron* (Hoboken, NJ: John Wiley and Sons, 2002, A1).

8) Peter Behr and April Witt, "Visionary' s Dream Led to Risky Business," *Washington Post*, July 28, 2002, A1.

(Andrew Fastow)가 실질적으로 이 파트너십을 운영했다. 새로운 파트너십은 엔론의 주식에 근거해서 자금이 조달되었기에, 실제적으로는 엔론이 스스로 만든 보험에 가입을 한 셈이었다. Rhythms의 이익은 당해년도 엔론 총이익의 30%을 차지했다. 위험은 만일 Rhythms의 주식과 엔론의 주식이 동시에 하락하게 되면, LJM은 보증한 지급을 할 충분한 자금을 가지고 있지 못하다는 것이었으며 이는 엔론의 이익을 반전시켜 2,900만 달러의 손실을 기록해야 할 수도 있다는 것이다. 이러한 큰 손실은 엔론주식을 더욱 하락시킬 수 있다. 이러한 위험이 있음에도 불구하고, 엔론은 LJM을 만들었고 LJM을 큰 성공으로 간주했다.

엔론이 만든 수많은 파트너십들은 실제로 정교한 폰지사기였다. 엔론은 거의 700개의 특수목적법인(SPE)들을 운영했다. 엔론은 이익기대치를 달성하기 위해 가공의 이익을 만들었으나, 이러한 이익은 미래에 손실로 반전될 수도 있었다. 회계상의 손실이 불가피해짐에 따라, 엔론은 손실을 숨기고 추가적인 이익을 만들어 내기 위해 그 과정을 지속하였고 새로운 구조적 거래들을 만들어 냈다. 이런 방법으로 거래들은 급속하게 빈도와 금액을 더해 갔다. 결국, 이러한 사기행위는 엔론의 주가가 2001년에 폭락했을 때 드러났다. 엔론의 주식에 의해 자금조달을 한 파트너십들 중 많은 수가 그들의 거래를 완료할 수 없었다. 엔론은 이전에 이익으로 기록한 10억 달러를 손실로 보고할 수밖에 없었으며, 부도에 처하게 되었다.

투자은행들은, 엔론이 대출을 수익으로 거짓 보고한 것에 대해서 자신들의 책임은 없다고 말하면서, 어떠한 잘못도 인정하지 않았다. 그러나 투자은행들은 엔론의 재무제표가 잘못된 것에 대해 적어도 의심을 했었으며, 비록 불법행위를 하지는 않았을지라도, 한 기업의 재무적 어려움을 숨기기 위해 고안된 사기행위에 참여함으로써 그들의 고객과 일반투자자들의 신뢰를 져버렸다. 금융기관들은 감시자로서의 지배구조의 역할에 실패했다. 이러한 실패는 특히 JP Morgan과 Citigroup이 엔론사태에서 가장 큰 참여자이었으며, 그들이 당시에 미국에서 가장 큰 금융기관이었다는데 우려가 된다.

엔론의 예가 구조적인 거래에서 투자은행의 역할에 대해 제시한 것인 반면, 투자은행들이 고객기업들이 의심스러운 특수목적법인들을 만드는 것을 도왔다는 증거가 있다. 2000년대 초반 동안에, JP Morgan은 이런 재무적 수단을 다른 기업들에게 전수했고 7개의 기업과의 거래를 성사시켰다. Citigroup은 14개의 기업들과 구조적인 거래(structured deal)를 논의했으며 이들 중 3개를 성사시켰다.[9] 구

9) Jathon Sapsford and Paul Beckett, "Citigroup, J.P. Morgan Marketed Enron-Type Deals to Other Firms," *Wall Street Journal*, July 23, 2002, C13.

조적 거래들이 Credit Suisse Group, Barclays PLC, FleetBoston Financial Corporation, Royal Bank of Scotland Group PLC와 Toronto-Dominion Bank에 의해서 실행되었다.

증권분석가

분석가들은 일반적으로 매수측(buy-side)과 매도측(sell-side) 두 개의 범주로 분류할 수 있다. 연금기금(pension funds)이나 뮤추얼펀드(mutual funds)와 같은 기관투자자들은 증권분석가들을 고용한다. 분석가들은 펀드가 어떤 주식을 사야 하는지를 결정하는 것을 돕는다. 따라서, 그들은 **매수측분석가(buy-side analysts)**라고 불린다. 이들의 의견은 일반 투자자들에게 공표되지는 않고 기관투자자들에 의해서만 이용된다. 펀드매니저들은 예를 들면 은퇴계좌(retirement accounts)와 같은 개인투자자들을 위해 현금을 관리한다. 따라서 그들은 기업통제제도의 중요한 일부분이다. 증권회사(brokerage)나 투자은행(investment banks)들도 또한 분석가들을 고용한다. 이들 분석가들은 자신의 연구가 특정 증권에 대한 투자자들의 충분한 관심을 야기해서, 소속된 회사가 거래수수료 수익을 올리거나 인수업무를 수임할 수 있기를 희망한다. 이처럼 증권회사나 투자은행에서 일하는 분석가들은 통상 **매도측분석가(sell-side analysts)**라고 알려져 있으며 종종 자신들이 분석하는 주식에 대한 판매사원과 같이 행동하는 것처럼 보인다. 매도측분석가의 의견은 통상 투자대중에게 공개된다. 많은 투자자들이 분석가의 의견에 의존하여 의사결정을 하고 있으며, 이에 따라, 매도측분석가들도 기업에 대한 통제제도의 구성요소로 간주될 수 있다. 본 장에서는 주로 매도측분석가를 중심으로 논의를 전개한다.

매도측분석가는 업무를 수행하기 위해 기업들의 운영 및 재무상태, 현재 및 미래의 장기적인 전망, 경영진의 효과성, 전반적인 산업전망을 분석한다. 대부분의 분석가들은 전문성을 가지기 위해 특정산업에 집중한다. 분석가들은 자신들의 평가에 기초해서 분기별로 주당이익을 포함한 기업의 이익예측을 하게 된다. 투자자들은 그들이 보유한 또는 보유하지 않은 주식을 발행한 회사의 건전성을 판단하기 위해 이러한 분석가의 예측에 의존한다. 예를 들면, 많은 투자자들은 P/E비율(시장가격을 주당순이익으로 나눈 것)을 투자대상으로서의 주식의 매력을 평가하는데 이용한다. 투자자들은 미래에 기대되는 P/E비율을 참고하기 원하며 이익추정치는 투자자들에게 매우 중요하고 유용한 정보이다. 아마도 더 중요한 것은 분석가들에 의한 추천종목이다. 예를 들면, 한 분석가가 특정주식에 대한 매수 또는 매도를 추천할 수 있다. 이러한 추천들은 통상 "매수" 또는 "매도"와 같은 한두 단어로 요약된다. 어떤 추천들은 가령, "축적(accumulate)," "시장성과(market perform)," 또는 "중립(neutral)"과 같이 불명확하다. "축적"의견은 "매수"만큼 강력한 추천인가? "중립"의견은 "매도중지" 그리고/또는 "매수중지"의 의미인가? "시장성과"의견은 어떤 의미를 가지고 있는가?는 명확하지 않다. 따라서, Goldman Sachs, Lehman Brothers, Merrill Lynch, Morgan Stanley, Prudential 등의 분석가들은 등급 간의 애매성을 제거하기 위해 이제 "매수(buy)," "매도(sell)," "유보(hold)"의 단순화된 3단계 등급제도를 사용한다.[10]

분석가의 종목추천은 시의 적절해야만 한다. 예를 들면, 어느 날 투자에 관심이 있는 투자자가 특정 주식에 대한 분석가의 의견이 "매

10) Stephanie Smith, "How are Analysts Changing?" *Money* (September 2002): 89.

사례 5.4 분석가의 의견은 3,690억 달러($369 billion)의 주식시장 가치를 감소시켰다.

2007년 11월 1일, CIBC의 분석가인 메리디스 위트니(Meredith Whitney)는 시티그룹(Citigroup)의 등급을 낮추고, 배당이 줄어들 수도 있다고 분석했다. Citigroup은 모지기 사업의 어려움으로 인해 57%의 이익감소를 보고했다. 그럼에도 불구하고 거의 모든 분석가들은 시티그룹이 규모가 매우 크고 문제가 없다고 믿어 금융위기로 인해 영향을 받지 않을 것이라고 생각했다. 이러한 상황에서, 시티그룹은행이 자본유지 규정을 충족하지 못할 수도 있다는 분석은, 그녀 자신의 명성을 위태롭게 할 수도 있기 때문에 Whitney의 분석은 시장에 큰 충격을 주었다. 그녀의 보고서로 인해 시티그룹의 주가는 41.90달러에서 38.51달러로 8%가 하락했으며, S&P 500지수도 2.6%가 하락하였다. 이는 미국 주식시장가치의 3,690억 달러 하락에 해당하는 금액이다.[11]

S&P 500지수의 하락이 Whitney의 보고서로 인한 것인지에 대해서는 논란이 있지만, 이 사례는 시장이 증권분석가의 의견에 의해 영향을 받을 수 있다는 것을 보여 주었다. 지배구조의 관점에서, 위트니와 같은 분석가들은 경영자들이 공개하지 않은 문제점들을 투자자에게 경고할 수 있다. 인터뷰에서, 그녀는 Citigroup CEO, 찰스 프린스(Charles Prince)는 사임해야 된다고 말했고, 그 3일 후에 Prince는 실제로 사임했다. Whitney에 의한 등급의 하락이 프린스의 사임에 어떤 역할을 했는지는 명확하지 않지만, 사임의 발생시점을 고려했을 때, 일정부분 영향을 주었음을 시사한다. 모든 분석가의 추천이 그러한 영향을 가지고 있는 것은 아니나, 위트니와 시티그룹의 예는 분석가의 의견은 중요할 수 있고 기업지배구조에서 분석가의 역할이 있다는 것을 보여 준다.

수"인 것을 발견했다. 그 의견은 분석가의 가장 최근의 분석을 반영해야만 하며, 이는 분석가의 의견은 자주 수정되어야 한다는 것을 의미한다. 만일 분석가의 의견에 영향을 미칠 수 있는 한 사건이 발생했을 때, 수정된 의견이 즉시 배포되어야 한다. 분석가들은 고객들에

11) Nick Baker and Michael Patterson, "CIBC' s Whitney Spurred Market Swoon on Citigroup Call," *Bloomberg.com*, November 2, 2007.

게 전화를 할 수도 있으나, 투자의견의 수정은 며칠이 걸리는 승인절차를 통과해야 할 수도 있다. 장문의 연구보고서가 발송되거나 또는 개인적으로 잠재적인 고객을 위해 정보를 제공하는 것도 적시의 정보 제공이라는 면에서는 한계가 있다. 그럼에도 불구하고, 많은 투자자들은 적시의 조언을 위해 분석가들에 의존한다.

증권분석가가 제공하는 정보의 품질

증권분석가의 전통적인 역할은 이익예측과 배정된 기업들에 대한 철저한 분석을 하고, 시의 적절한 주식추천을 하는 것이다. 분석가들은 이러한 업무에 과연 정통한가? 이익을 예측하는데 있어서, 분석가들은 일관성 있게 다소 보수적이었다.

즉, 분석가들은 이익예측시 실제이익보다 다소 낮은 예측치를 제시해 왔다. 이러한 결과는 그들의 다소 낙관적인 취향과는 일치하지 않는 것처럼 보인다. 이러한 보수적인 이익예측은 잘 알려진 현상이며, 두 가지 요소와 관련되어 있다. 첫째, 기업들은 이익기대치를 달성하거나 초과하기를 원한다. 그렇게 함으로써, 경영진은 자신들이 직무에 유능한 것으로 평가받을 수 있고, 기업자체도 기대보다 좋은 기업으로 간주될 것이다.

둘째, 이익예측에 뛰어난 능력을 보여 주기 위해 분석가들은 정보가 필요하다. 만일 분석가들이 자신들이 분석하는 기업의 CEO나 최고경영진과의 개인적 만남 등을 통해 충분한 접근을 할 수 있다면, 그들의 목적은 달성하기 쉽게 된다. 만일 분석가가 이익예측치를 너무 높게 잡은 경우 CEO가 분석가에게 100% 협조적일까? 아마도 아닐 것이다. 실제로 Microsoft의 Bill Gates와 판매담당 최고경영자인 Steve Ballmer는 분석가의 기대수준을 낮추기 위해 자신의 회사를 의도적으로 혹평하기도 했다. 후에, 한 분석가는, "Microsoft의 경영진은 재무적 업적에 대해 보수적인 인상을 주는데 성공했으며, 이로 인해 Gates와 Ballmer는 손을 마주치며 자축했다"라고 언급했다.[12] 이러한 두 요소로 인한 일반적인 현상은 무엇일까? 분석가들은 경영진이 원하는 대로 다소 보수적인 예측을 할 것이란 점이다.[13] 이를 통해 CEO를 만족시키고, 분석가들이 미래에 최고경영진에게 접근하는 것을 쉽게 할 것이다. 보수적인 평가로 인해 분석가들의 예측은 약간의 오차가 있게 되나, 그들은 여전히 유능한 분석가로 간주될 것이다. 해당 기업은 분석가의 이익 예측치를 달성하거나 초과 달성할 수 있을 것이며, 따라서 좋은 기업으로 간주될 것이다. "적게 약속하고 많이 배달한다(Under promise, over deliver)"가 이 게임의 이름이다.

미래에는 분석가가 이익을 정확히 예측하는 능력이 감소할 것으로 보인다. 2000년 10월 이래, SEC는 기업들이 특정 분석가에게만 특권적인 정보를 제공하는 것을 금지시켰다. 기업이 어느 한 분석가에게 제공하는 정보는 일반투자대중에게도 동시에 제공해야 한다. 이 새로운 규정은 공정공시규정(Regulation Fair Disclosure 또는 Reg FD)라고 알려져 있다. SEC는 일부 투자자들이 특정분석가를 통해, 다른 투자자들이 알지 못하는 사적인 정보에 접근하는 것이 불공평하다고 믿는다. SEC의 정책은 모든 투자자들에게 공정한 시장을 만들어 주고자 하는 것이다. 더 이상 특권적인 정보에 접근할 수 없게 된 분석가의 예측정확도는 감소할 것이다. 동시에, 미래 이익예측에 있어서 분석가들은 좀더 정직한 평가를 할 수 있게 되었다. SEC 규정이 분석가의 예측에 끼칠 효과에 관해 결론내릴 수는 없으나, 한 학술연구는 SEC

12) Justin Fox, "Learn to Manage Your Earnings and Wall Street Will Love You," *Fortune* (March 31, 1997): 77-80.

13) 많은 학술연구들이 이러한 현상을 언급했다. 예를 들면, Francois Degeorge, Jayendu Patel, and Richard J. Zeckhauser, "Earnings Management to Exceed Thresholds," *Journal of Business* 72 (1999).

의 규정이 통과된 이래로 분석가의 예측정확성이 감소했다고 보고했다.[14]

분석가가 주식을 추천하는 능력은 어떨까? 분석가들이 투자대상종목을 선택하는데 유능한지는 불명확하다. 1970년대의 학술연구에서는 분석가들이 주식을 선정하는 능력이 뛰어나지 못하다고 주장했다. 그러나 최근의 연구들은 분석가들이 주식을 선정하는데 있어서 약간의 능력을 가지고 있다고 주장했다.[15] 만일 당신이 1985에서 1996년 동안에 "강력매수"로 추천받은 주식들을 사고, 등급이 낮아질 때까지 보유했다면, 거래비용을 고려하지 않으면 연 4.3%의 초과수익률을 얻을 수 있었다. 그러나 만일 거래비용을 고려했을 경우 시장보다 3.6% 더 낮은 수익률을 보였다. 이는 주식의 선정은 좋았지만, 성공적인 거래전략을 구사하지 못했기 때문일 수도 있다.

아마도, 더 분명한 사실은 2000년대 초반 동안, 주식시장이 명확한 불황이었음에도 불구하고, 모든 주식 중 단지 2%만이 "매도"의견을 받았다는 것이다.[16] 그러나 정통한 투자자들은 "중립" 또는 "유보" 의견이 실제로는 매도 신호라는 것을 알고 있었다. 모든 투자자들이 주식시장에 정통한 것은 아니며, 분석가들이 사용한 낙관적인 표현들은 여전히 호황에 기초를 둔 것이었다.

---

14) Anup Agrawal, Sahiba Chadha, and Mark Chen, "Who Is Afraid of Reg FD? The Behavior and Performance of Sell-Side Analysts Following the SEC's Fair Disclosure Rules," *Journal of Business* 79 (2006).

15) Brad Barber, Reuven Lehavey, Maureen McNichols, and Brett Trueman, "Can Investors Profit from the Prophets? Security Analyst Recommendations and Stock Returns," *Journal of Finance* 56 (2001): 531-563.

16) Marcia Vickers and Mike France, "How Corrupt Is Wall Street?" *Business Week* (May 13, 2002): 37-42.

잠재적 이해상충

분석가와 분석대상기업

증권분석가들은 높은 품질의 정보에 접근하기를 원한다. 분석가들은 기업의 품질을 평가하는데 있어서 일반인들보다는 더 우수하며, 그들은 또한 다른 분석가들보다 더 우수하기를 원한다. 이를 위해 분석가들은 가능한 많은 정보를 수집하려 시도한다. 기업에 대한 최고급 정보의 원천은 물론 해당기업 자체이며, 이에 따라 분석가들은 기업의 경영진과 솔직한 토론을 할 수 있기를 원한다. 이러한 상황은 명백한 이해의 충돌을 가져올 수 있다. 경영진에 접근하는 것이 필요한 분석가가 해당기업에 대해 좋지 않은 평가를 할 수 있을까? 만일 그렇다면 그 분석가는 경영진과 다시 만날 수 있을까?[17] 분석가들은 의견의 제시에 있어 객관적이고자 원하나, 자신들의 객관성이 미래에 고급정보에의 접근을 방해할 수도 있음을 알기 때문에 객관적인 의견 표명에 제약을 받게 된다.

또한, 분석가들은 통상 한두 산업에 전문화하게 되므로, 이러한 산업의 경영자들과 친분을 쌓기를 원한다. 특정 산업이나 분야에 집중함으로써, 분석가들은 해당산업에 영향을 미칠 수 있는 전문가가 될 수 있다. 그러나 인간의 속성은 낙관적이며 분석가가 기업 경영자와 친밀하게 되는 환경은 분석가들이 객관적이 되기 어렵게 만든다.

---

17) One analyst said that without access, it becomes difficult to make quality stock assessments, akin to playing basketball with one hand tied behind your back (Marcia Vickers and Mike France, "How Corrupt Is Wall Street?" *Business Week* (May 13, 2002): 37-42.

■ 투자은행에 소속된 증권분석가

분석가들은 증권회사(brokerage)나 투자은행의 증권중개부서(brokerage operation of an investment bank)에서 일한다. 투자은행들은 소속된 분석가들이 분석하는 기업들을 고객으로 가지고 있다는 것을 고려해야 한다.

투자은행업무에 대한 수수료는 쉽게 수천만 달러에 달한다. 이들 분석가들이 정직한 보고서를 위해 이러한 업무수수료를 포기할 수 있을까? 만일 투자은행의 동료들이 이전에 인수업무를 한 기업에 대해 부정적인 분석보고서를 낸다면, 동료들이 화를 내지 않을까? 또한, 만일 기존고객이 아닌 기업이 분석가로부터 부정적인 의견을 받는다면, 그 기업은 관련업무를 분석가가 근무하고 있는 투자은행에 주지 않을 수도 있다. 분석가들과 같은 직장의 투자은행업무를 하는 직원들은 한 기업을 평가하는데 있어서 공모하거나 서로 영향을 미치지 못하도록 되어 있다. 같은 회사에서 일하는 분석가들과 투자은행업무를 하는 직원들 간의 의무적인 업무의 분리는 통상 만리장성(Chinese Wall)이라고 불린다. 그러나 투자은행에서 근무하는 분석가들은 자신이 몸담고 있는 회사의 이익을 위해 정직성(integrity)을 포기해야 할 압력을 느낄지도 모른다.

학술연구들은 이러한 문제점에 대한 증거를 제시했는데, 이들은 투자은행에 속한 분석가들이 추천한 주식들은, 독립적인 분석가들이 추천한 주식들보다 주가수익률이 낮다는 것을 발견했다.[18] 또한

---

18) Roni Michaely and Kent L. Womack, "Conflict of Interest and the Credibility of Underwriter Analyst Recommendations," *Review of Financial Studies* 12 (1999): 653-686. Brad Barber, Reuven Lehavy, and Brett Trueman, "Comparing the Stock Recommendation Performance of investment Banks and Independent Research Firms," unpublished working paper at the University of Michigan.

*Business Week*의 논평에 따르면, Callard Asset Management나 Alpha Equity Research와 같은 독립적인 재무분석 기업들이 선정한 주식들이 대규모 투자은행인 Goldman Sachs, Solomon Smith Barney, Morgan Stanley나 Merrill Lynch보다 더 높은 수익률을 나타냈다.[19] 이러한 증거는 투자은행에서 근무하는 분석가들이 이해의 상충을 경험할 수도 있으며, 이는 그들의 의견에 영향을 미칠 수도 있다는 것을 보여 준다.

1990대 말, 분석가들은 더욱 일반적으로 투자은행업무팀의 구성원이 되었다. 투자은행들이 증권발행을 하는 고객기업을 위해 일할 때, 해당업무에 분석가가 참여하게 된다. 투자은행은 증권인수 업무를 수임한 후, 분석가를 로드쇼(순회선전활동)에 동반하여, 기관투자자들에게 증권을 판매하는 것을 돕도록 한다. 이러한 관점에서, 분석가들은 재무성과에 대한 독립적인 분석가라기보다는 회사의 판매원이나 흥행업자가 된다. 결과적으로, 분석가가 받게 되는 보상의 일부분은 기관투자자에게 판매하는 투자은행 업무에 더욱 의존하게 된다. 예를 들면, 일부 인기 있는 분석가들은 75%의 보상을 회사의 투자은행업무와 연계되어 받아 왔다. 동일한 관점에서 기업연구부서들은 투자은행의 보조기능을 수행하는 것처럼 보인다. 이러한 추세는 분석가들이 수행하는 업무의 전통적인 목적과 일치하지 않으며, 투자은행의 분리된 두 업무 사이의 협력관계는 심각한 이해의 상충문제를 야기시킨다.

새로운 규정들

투자분석가들이 투자은행의 업무와 연결된 유인을 가진 시대는 아

19) Emily Thornton, "Research Should Pay Its Own Way," *Business Week* (June 3, 2002): 72.

사례 5.5 메릴린치(Merrill Lynch): 증권분석가 대 투자은행업

메릴린치는 증권분석가의 업무와 특정기업을 돕는 투자은행업 사이의 명백한 이해의 상충으로 인해 비난받아 왔다. 비난의 내용은 투자은행사업을 유치하기 위해, 해당기업에 대해서 부정적인 의견을 냈던 분석가가 호의적인 의견을 냈던 분석가로 대체되었다는 것이다. 특히, 엔론의 임원들에게 잘 보이기 위해 낙관적 보고서를 쓰는 분석가가 엔론을 담당하도록 교체되었다. 1998년 초, 증권분석가 존 올슨(John Olson)은 엔론주식에 대해서 중립의견을 냈다. Olson의 부정적 등급과 그의 개인적 성향은 엔론의 임원인 Jeffrey Skilling과 Ken Lay와의 관계를 악화시켰다. 올슨이 엔론을 부정적으로 평가하는 반면, 메릴린치는 엔론의 CEO에게 투자은행업무를 주지 않는다고 불평했다. 일반적으로 투자은행업무는 담당분석가가 매수 또는 더 좋은 의견을 내는 은행들에게 집중되었다. 1998년 8월, 올슨은 메릴린치를 떠났고 메릴린치는 도내이토 에세이(Donato Eassey)를 엔론담당 분석가로 임명했다. 도내이토는 즉시 엔론 주식을 지속매수(accumulate)로 상향 조정했다. 1998년 말까지, 메릴린치는 엔론으로부터 투자은행업무를 수임함으로써 4천 5백만 달러의 수수료수익을 올릴 수 있었다.[20]

1999년 또 다른 경우에, 타이코(Tyco International)의 CEO인 데니스 코즈로우스키(Dennis Kozlowski)가 메릴린치의 CEO인 데이빗 코만스키(David Komansky)에게 불만을 토로한 후, 메릴린치는 타이코를 담당했던 분석가 진 테릴(Jeanne Terrile)를 해임했다.[21] 새로운 분석가인 퐈 영(Phua Young)은 타이코의 등급을 재빨리 매수의견으로 올렸다. 다음 해에 메릴린치는 타이코로부터 30억 달러의 주식발행에 대한 인수업무를 수임했다. 이 두 경우는 상장기업들이 투자은행에서 일하는 분석가에 대한 강력한 영향력을 행사할 수 있음에 대한 실례이다. 낙관적이고자 하는 투자은행의 동기는 인수업무의 수임과 연계되어 있을 수 있다.

---

20) Olson, Eassey, and Merrill Lynch all deny that anything inappropriate occurred. Indeed, Eassey was one of the few analysts to downgrade Enron when its troubles began to become public. See Richard Oppel, "Merrill Replaced Research Analyst Who Upset Enron," *New York Times*, July 30, 2002, 1.1.

21) Charles Gasparino, "Merrill Replaced Its Tyco Analyst After Meeting," *Wall Street Journal*, September 17, 2002, C1.

마도 끝난 것 같다. 사베인스-옥슬리법 하에서, NASD(National Association of Securities Dealers)규정 2711과 NYSE(New York Stock Exchange) 규정 472조는 분석가의 의견에 있어서 이해의 충돌을 다루는 새로운 또는 수정된 규정을 제시했다. 2002년 여름에 SEC는 이 규정을 승인했다. 새로운 규정 하에서, 매도측분석가들은 다음과 같은 내용이 허용되지 않는다:

1. 투자은행업무로부터의 감독아래 놓임
2. 분석가의 보상을 투자은행의 업무와 연계시킴
3. 투자은행 업무를 유치하기 위한 호의적인 등급의 약속

또한, 분석가가 의견을 낼 때, 다음과 같은 내용을 공시해야 한다:

1. 분석가가 투자은행업무로 인한 수익에 근거한 보상을 받고 있지 않은지
2. 분석가가 분석대상기업의 임원이나 이사직을 맡고 있지 않은지
3. 분석대상기업이 분석가가 근무하는 회사의 고객이 아닌지

투자분석가의 잘못된 행위에 대한 SEC의 제재를 해결하기 위해 메릴린치와 9개의 다른 투자은행들은[22] 2003년 SEC에 14억 달러($1.4 billion)의 벌금을 지급했다. 그들은 또한 분석가에 의한 새로운 투자의견 제시 절차(새로운 NASD와 NYSE의 규정에 따르는 것을 포함하여)를

22) The firms were Citigroup Inc.; Credit Suisse First Boston Corp.; Morgan Stanley; Goldman Sachs Group Inc.; Lehman Brothers Holdings Inc.; Bear Stearns Cos.; U.S. Bancorp Piper Jaffray, a unit of U.S. Bancorp; JP Morgan Chase & Co.; UBS AG and Merrill Lynch & Co. Former Merrill analyst Henry Blodget and former Citigroup analyst Jack Grubman also reached settlements with the SEC.

도입하는데 동의했다.[23] 이 결정은 Global Analyst Research Settlement라고 알려져 있다. 월 스트리트 기업들, SEC, NASD와 NYSE 사이의 결정(settlement)은 NASD와 NYSE의 새로운 규정을 반영하였다. 또한 이 결정은 투자은행업무와 연구부서의 외형적 분리, 연구부서 내의 전담법무팀의 구비와 같은 추가적인 규정의 준수를 요구한다. 또한 증권발행에 대한 분석가의 의견이 제시될 때, 투자은행은 적어도 한 개의 독립적인 "매수," "매도" 또는 "유보" 의견을 증권분석가의 의견과 함께 제시해야 한다.

이러한 새로운 규정들은 분석가의 등급에 내재하는 편의(bias)를 변화시켰을까? 한 최근의 연구는 이러한 의문에 대한 답을 제시했다. 저자들은 규정의 도입 전 2년과 후 2년간의 매수, 매도, 유보의 숫자를 조사했다.[24] 그림 5.2의 패널 A로부터, 새로운 규정 전에는 분석가들이 60.7%에 대해서 "매수" 의견을 냈고, 오직 4.2%만이 "매도" 의견을 냈다는 것에 주목하라. 새로운 규정 후에는, 분석가들이 42.9%에 대해서 "매수" 의견을 냈고, 11.7%에 대해서 "매도" 의견을 냈다. 이같이 새로운 규정은 분석가의 등급에 내재된 편의를 줄여 준 것처럼 보인다.

그러나 여전히 지나친 낙관주의가 존재하는 것처럼 보인다. 패널 B와 C는 새로운 증권을 발행했던(IPO 또는 SEO) 기업들을 분석했다. 최악의 분석가의 편의는 고객을 유치하기 위해 노력했던 투자은행과 연계된 투자분석가에게서 나타난다. 패널 B는 대상기업의 거의 70%가 "매수" 의견을 받았다는 것을 보여 주며, 오직 2.1%만이 "매도" 의견을 받았다. 이러한 낙관주의는 새로운 규정 하에 다소 약화되었다.

---

23) Colleen DeBaise, "Analyst Research Settlement with SEC Gets Final Approval," *Wall Street Journal*, (November 3, 2003): C.12.

24) The data is from Ohad Kadan, Leonardo Madureira, Rong Wang, and Tzachi Zach, "Conflicts of Interest and Stock Recommendations: The Effects of the Global Settlement and Recent Regulations," Washington University working paper (July 2005).

그림 5.2 규정변화 전과 후의 분석가 추천의 분포

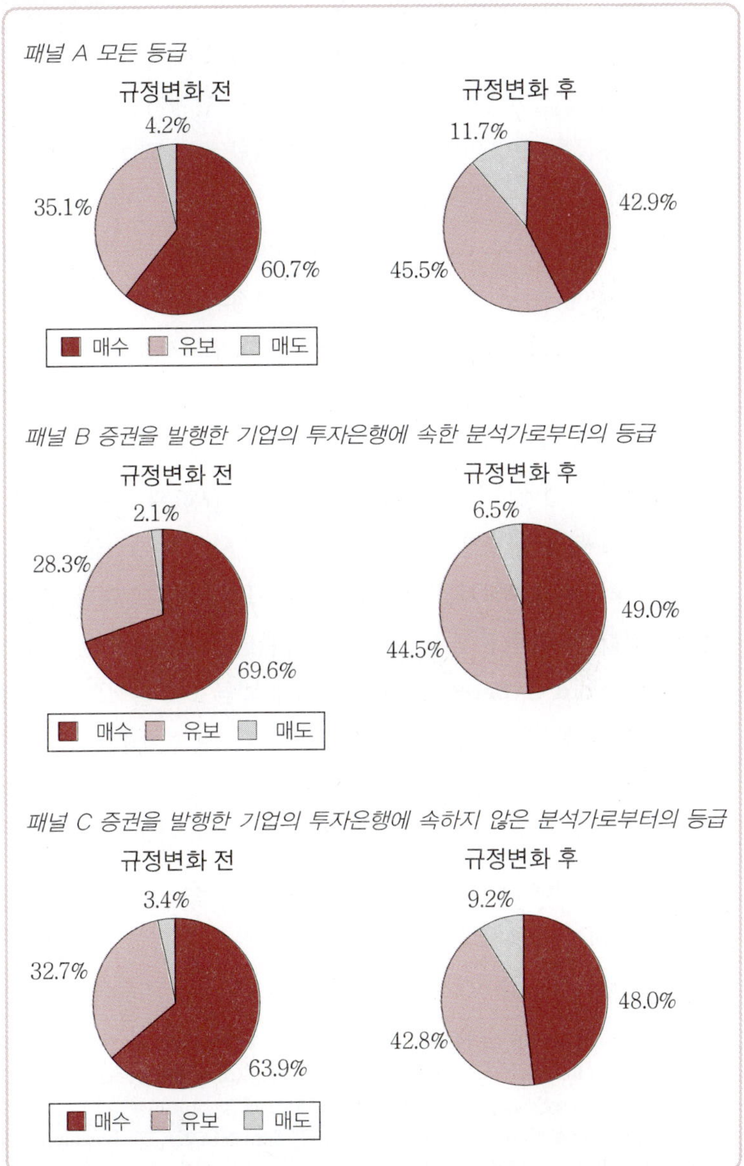

새 규정 이후에는 주식발행 기업의 49%가 투자은행과 연계된 분석가에 의해서 "매수"등급을 받았고, 6.5%가 "매도"등급을 받았다. 패널 C는 투자은행과 연계되지 않은 분석가에 의한 등급을 보여 준다. 규정의 도입 전에는 비연계 분석가도 주식발행기업의 63.9%에 대해 매수등급을 주었으며, 낙관적이었다. 규정의 도입 후에는 이 숫자가 48%로 감소되었다.

학술연구로부터의 증거 이외에, 산업계에서의 보고서와 사례들이 있다. 증권분석가의 이해충돌 관련규정의 효과에 대한 구체적인 검토 후에 NASD와 NYSE는 2005년에 공동보고서를 제출했다.[25] 이 보고서는 규정들이 이해의 충돌을 최소화했고 더 균형잡히고 정확한 보고서를 통해 투자자들을 유익하게 하는데 도움이 됐다고 결론내렸다. 이 보고서에서 NASD와 NYSE는 규정의 효과성을 증대시키고 분석가의 부담을 줄여 주기 위해 부분적인 규정의 개정을 요구했다. 이에 근거해서 NASD와 NYSE는 2007년 1월, 규정에 대한 수정안을 제출했다.[26] 관련규정의 최종집행기관인 NASD는 샌포드 번스타인(Sanford C. Bernstein & Co.)에게 벌금을 부과했으며, 이해의 충돌과 관련된 규정의 위배로 분석가, 브래드 힌츠(Brad Hintz)에게 총 550,000달러의 벌금을 부과했다. 힌츠는 모건 스텐리(Morgan Stanley)와 리만 브라더스(Lehman Brothers)에 대해서 호의적인 등급을 공표하면서 동시에 이 두 회사의 주식을 팔았었다.[27] 종합하면, NASD와 NYSE의 규정개정이 분석가의 편의를 감소시켰다는 것이 NASD와 NYSE의 내부보고서와 학술연구의 결론이다. 더구나, 힌츠

25) Joint Report by NASD and the NYSE On the Operations and Effectiveness of the Research Analyst Conflict of Interest Rules, December 2005.

26) *www.sec.gov/rules/sro/nyse/2007/34-5507.pdf.*

27) FINRA News Release, "Sanford C. Bernstein & Co., Research Analyst Brad Hintz Fined $550,000 for Violations of Research Analyst Conflict of Interest Rules," February 8, 2006.

의 사례는 거래소들이 규정을 집행하기 위해 막대한 금액의 벌금을 부과하기를 주저하지 않는다는 것이며 이러한 위협은 기업들이 규정을 따르도록 유도했다.

요 약

투자은행들은 미국의 기업제도에서 중요한 역할을 한다. 이들은 기업이 사업을 확장시키는데 필요한 자금을 획득하도록 도움을 준다. 기업이 발행하는 증권의 인수를 위해 투자은행들은 해당기업의 운영에 정통하게 되었다. 이러한 상황은 투자은행들이 기업지배구조제도 하에서 감시자로서의 고유한 역할을 수행할 수 있는 능력을 가져다 주었다. 자본(capital)은 한정된 상품이며, 투자은행들은 책임감 있게 행동하고 오직 높은 품질의 기업들만을 상장시켜야 한다. 인터넷주식 거품기간 동안, 은행들은 이런 역할을 하는데 실패했다.

분석가들은 기업의 성과와 미래 전망을 평가하고 거래와 관련된 의견을 제시한다. 대부분의 경우, 그들은 효과적으로 그 기능을 수행한다. 그러나 두 가지 이해관계의 충돌이 때로는 그들의 객관성을 약화시킨다. 첫째, 증권분석가들은 기업의 경영진과 좋은 관계를 유지함으로써 고급 정보를 수집하기를 원한다. 분석가들이 기업의 전망이 좋지 않다고 판단될 때 객관성의 유지가 어려울 수 있다. 둘째, 투자은행의 분석가들은 그들의 고용주들에게 투자은행업무를 지원해 줌으로써 보상을 받아 왔다. 결과적으로 분석가들은 잠재적인 또는 현재의 투자은행업무의 고객을 만족시키기 위해 관련 기업들을 낙관적으로 평가하도록 하는 유인을 가지고 있다. 이러한 이해의 충돌(conflict of interests)을 제한하기 위한 규정들이 통과되었다. SEC는 투자분석가들이 자신의 의견이 객관적인 관점을 반영한 것임을 보증하도록 요구하였다. 이 규정들 중 어떤 것은 효과적인 것으로 보인다.

투자은행과 증권분석가에 관련된 웹 정보

CFA Institute
www.cfainstitute.org

SEC Securities Analysts page
www.sec.gov/divisions/marketreg/securitiesanalysts.htm.com

복습문제

01 투자은행이 증권을 판매하는 주요 방법에는 어떠한 것이 있는가?

02 투자은행이 어떻게 그리고 왜 기업의 효과적인 감시자로서 고려될 수 있을지에 대해 논의하라.

03 IPO시 주가가 적정가격보다 낮은 가격으로 책정되는 이유는 무엇인가?

04 2000년대 초, 투자은행이 투자자의 신뢰상실 위기에 어떻게 기여했는지를 기술하라.

05 증권분석가의 기능은 무엇인가? 증권분석가가 어떻게 기업의 감시체계에 있어서 중요한 참여자가 될 수 있는가?

06 증권분석가는 기업을 평가하는데 유능한가?

07 증권분석가가 직면하게 되는 이해의 충돌을 열거하고 기술하라.

토론문제

01 기업을 자본시장에 상장하는데 있어서 투자은행들이 어떻게 보수적이 될 수 있는지에 대해 논의하라.

02 투자은행이 기업을 상장시킬 때, 실질적으로 주식을 발행하는 기업과 주식을 사는 투자자, 두 종류의 고객을 가지게 된다. 당신의 생각에 투자은행이 더 관심을 가지는 고객은 누구인가? 왜 투자은행은 두 고객에 대해 관심을 가질까?

03 당신은 어떻게 증권분석가의 의견을 표준화할 것인가?

04 어떤 사람들은 증권분석가에 의한 단순한 매수, 유보, 매도의견의 제시가 최선의 제도라고 생각한다. 이러한 관점에 숨어 있는 논리는 무엇인가? 당신은 이러한 생각에 동의하는가?

05 직업으로서의 매도측분석가에 대한 당신의 의견은 무엇인가? 의견의 정확성이 증권분석가가 일하고 있는 회사에 직접적인 이익을 가져다 주지 못한다는 관점에서, 당신은 매도측분석가의 보상이 어떻게 결정되어야 한다고 생각하는가?

연습문제

01 최근에 기업공개(IPO) 기업을 찾아 IPO의 구제적인 내용을 기술하라. 어떤 투자은행이 인수업무를 수행했으며, 기업과 은행, 투자자 각각의 관점에서 IPO가 성공적이었는지를 논의하라. 당신의 생각에 해당 기업이 IPO를 할 준비가 되었었다고 생각하는지 설명하라.

02 가까운 미래에 IPO가 예정되어 있는 기업을 찾아 어떤 정보가 관심 있는 투자자에게 제공되었는가 기술하라. 그 정보가 투자자의 매수의

사결정에 어떻게 유용한지를 기술하라.

03 투자은행업이 처해 있는 현재 상황을 기술하라. 투자은행들은 이전보다 더 적은/많은 IPO나 SEO를 수행하는가? 그들의 재무적 상황은 어떤지 논의하라.

04 AIMR 웹사이트(www.aimr.org)에 가서 AIMR이 증권분석가의 추천에 대한 투자자의 신뢰를 확보하기 위해 제안하고 있는 내용을 기술하라.

05 많은 사람들의 비난을 받았던 Saloman Smith Barney의 전 증권분석가인 Jack Grubman와 Morgan Stanley의 인터넷주식 분석가였던 Mary Meeker, 전 Merrill Lynch의 분석가였던 Henry Blodgett의 행위를 조사해서 기술하라.

06 한 기업을 선정하여 그 기업에 대한 투자분석가의 의견과 미래이익에 대한 예측을 보고하라. 같은 산업 내에서 또 다른 한 기업을 선정하여 동일한 내용을 보고하라. 한 기업이 다른 기업보다 더 광범위한 증권분석가의 추천과 예측의 분산을 보이는가? 당신은 왜 이런 현상이 발생한다고 생각하는가?

연습문제(국제적 관점)

01 우리 나라의 투자은행업에 대해서 기술하라. 당신은 투자은행들이 좋은 기업만을 상장했다고 생각하는가? 증권분석가들은 자본시장에서 중요한 역할을 수행하는가? 그들의 보상은 어떻게 결정되는가?

02 본 장에서 기술된 문제점들이 우리 나라에도 해당되는지 기술하라.

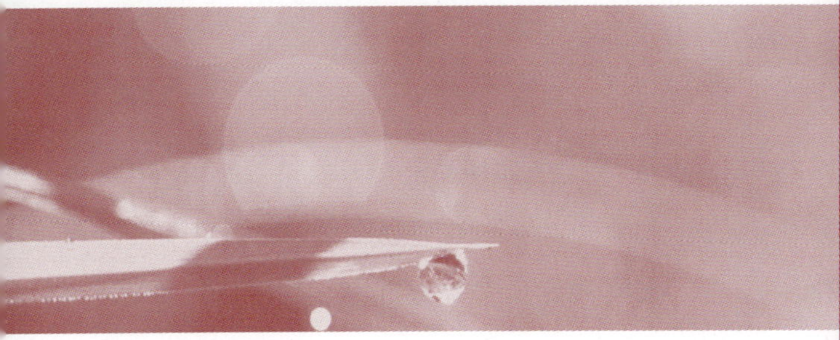

CHAPTER 6

채권자와 신용평가기관

(Creditors and Credit Rating Agencies)

지금까지 우리는 지배구조를 단지 주주들만이 관심을 가져야 할 내용으로 논의했다. 그러나 기업에 돈을 빌려 주는 채권자도 또한 기업에 대한 중요한 투자자이다. 따라서 채권자들도 기업의 지배구조에 대해서 관심을 가지며, 이는 지배구조가 건전한 기업일수록 대출금을 갚을 현금을 확보하고 있을 가능성이 더 높기 때문이다. 일반적으로 채권자는 상업은행, 연금 또는 보험회사와 같은 대출기관 채권자와 개인 채권자로 나눌 수 있다. 두 종류의 채권자 모두 기업지배구조에 대한 동일한 관심을 가지고 있지만, 기관채권자는 통상적으로 더 큰 금액의 대출을 하며, 따라서 기업의 행동에 대한 더 높은 감시의 유인을 가지고 있다.

채권자들은 주주들이 하는 것처럼 자신들의 권리를 거래할 수 있다. 예를 들면, 채권투자자(bondholders)들은 가지고 있는 채권을 다른 투자자들에게 매각할 수 있다. 은행들도 자신의 대출채권을 주로 다른 금융기관에 매각할 수 있다. 만일 기업들이 좋지 않은 지배구조로 인해 어려움을 겪는다면, 채권의 가치는 주식의 가치와 마찬가지로 하락할 것이다. 만일 한 기업이 좋지 않은 지배구조로 인해 붕괴된다면, 채권자들은 그들의 대출에 대해 단지 적은 금액만을 회수할 수 있을 것이다.

막대한 투자금액이 위험에 처해 있음으로 인해 은행들은 대출을 해 준 기업을 감시하는 것이 가치가 있을 수 있는 반면, 개인 채권투자자들의 경우는 감시를 할 자원을 가지고 있지 못할 수도 있다. 다행이 부채는 그 자체로, 감시장치일 수 있다. 더구나, 신용평가기관들은 기업부채의 안전도를 평가하며, 잠재적인 채권투자자들을 위해 중요한 정보를 제공할 수 있다. 따라서, 기업부채의 존재는 세 가지 관점에서 중요한 감시장치를 제공한다.

1. 대출기관(institutional lenders)에 의한 감시
2. 부채 자체가 가진 규율기능
3. 신용평가기관에 의한 감시와 신용등급

규율수단으로서의 부채의 역할(debt as a disciplinary mechanism)

기업이 부채를 가지고 있을 때, 기업은 약정된 이자지급을 해야 한다. 만일 기업이 이자지급을 하지 않으면, 채권자는 법원을 이용하여 이자지급을 강제하든지 또는 기업을 부도 처리하게 된다. 반면에, 기업의 주주들은 어떤 것도 보장되지 않는다. 비록 한 기업이 이사회의 결정으로 주주들에게 배당을 지급할 수 있다 할지라도, 이는 법적으로 강제되는 것은 아니다. 이자지급은 기업의 확정된 의무임으로 부

채는 실질적으로 기업의 경영진에게 규율을 부과한다. 즉, 기업의 경영진은 이자비용을 보전하기에 충분한 수익을 창출해야만 한다. 만일 경영자들이 이에 실패하면 부도법정에 불려가게 될 것이며, 자신의 기업에 대한 통제력을 채권자에게 빼앗길 수 있다.

이자비용은 경영자들이 극복해야 할 중요한 수익의 저해요소일 수 있지만, 동시에 경영진에 대한 효과적인 동기유발유인이 될 수 있으며, 또한 경영진에 의한 과도한 소비를 억제한다. 즉, 이는 경영진의 재량권을 제한한다. 물론, 막대한 이자지급은 투자기회가 갑자기 주어졌을 때 기업가치를 증대시킬 수 있는 자본적지출에 대한 유연성을 제한한다. 따라서, 규율을 위한 부채의 사용은 주로 안정된 기업에 제한될 수 있다.

마지막으로, 약속된 이자지급 이외에, 명시적인 **부채약정계약(covenants)**이 부채계약에서 정해질 수 있다. 부채약정계약은 채무자가 계약내역을 유지하기 위해 준수할 것에 동의한 규정, 약속 또는 제한들이다. 이 계약은 담보가치를 보호하기 위한 채무자에 의한 보증이다. 부채약정계약의 어떤 조항에 대한 위반도 기업의 대출원금을 즉시 상환하도록 하는 요구를 야기시킨다. 부채약정계약을 위반하는 대부분의 기업들은 재무상태가 불량하며, 대출을 갚기 위한 현금을 충분히 가지고 있지 못해 부도법정으로 가게 된다. 부도법정의 판사는 기업의 통제를 경영진으로부터 채권자들에게 이전시킬 수 있다. 채권자의 권리는 주주의 권리보다 더 명확하고 포괄적이기 때문에 부채는 투자자들을 위해 더 효과적인 보호를 제공한다.[1)]

1) 부채는 그 자체로 경영진의 재량권을 제한하고 기업지배구조의 수단이라는 많은 문헌들이 있다. Michael C. Jensen, "The Agency Costs of Free Cash Flow: Corporate Finance and Takeovers," *American Economic Review*, Vol. 76, no. 2 (May, 1986)이 대표적이고 잘 알려진 관련된 논문이다.

사례 6.1 기업들은 충분한 부채를 가지고 있는가?

어떤 기업들은 연간 이자비용보다 월등히 많은 연간 이익을 올리고 있다. 이자보상비율(times-interest-earned: TIE)은 이자와세전이익(EBIT)을 총이자비용으로 나누어 측정한다. 예를 들면, IBM의 이자보상비율은 80이 넘는다. 즉, IBM은 EBIT를 가지고 연간이자비용을 80회 이상 지급할 수 있다는 것이다. 높은 이자보상비율은 기업의 안정성을 좋게 보이게 하는 반면, 기업이 미래 성장기회를 위한 자본투자에 소홀히 하고 있다는 의미도 될 수 있다. 기업이 제품주기상 성숙기에 도입했다면, 후자의 경우가 반드시 나쁜 것이 아니다. 그러나 만일 기업이 배당을 지급하지 않거나 충분하지 않은 배당을 지급한다면, 기업은 너무 많은 현금을 보유하고 있을 수 있다. 현금은 가장 생산적인 자산이 아니며 때로는 경영진을 위한 추가적인 복지기금과 같은 좋지 않은 용도에 사용될 수 있다. 이는 주주들에게는 바람직하지 않은 용도일 것이다.

이러한 문제에 대한 한 가지 해결책은 과도한 현금을 자사주식을 매입하는데 쓰거나, 배당금을 올리고, 사업계획들을 수행하기 위해 추가적으로 차입하는 것이다. 추가적인 차입으로 인한 이자비용의 증가는 당기순이익의 감소를 초래하나, 발행주식 수가 많지 않다면 이러한 자본구조의 변화로 인한 수익성의 증가로 결국 주당순이익을 높일 수 있다. 또한, 부채는 이자가 세 전에 지급됨으로 세제상의 혜택이 있기 때문에 부채의 증가는 그 자체로 기업가치를 증가시킬 수 있다. IBM의 이자보상비율은 80배가 넘지만, 총자산의 15% 미만이 장기부채에 의해 조달되었다. 동시에, IBM은 수십억 달러의 현금을 보유하고 있으며 수십억 달러를 세금으로 지급한다. 한편, 수십억 달러의 현금을 보유하고 있던 Microsoft의 경우, 투자자들과 주주들로부터 많은 비판을 받은 후에 주당 3달러의 특별배당을 함으로써 현금을 320억 달러($32 billion) 감소시켰다.

기업의 감시자로서 대출기관(institutional lenders)의 역할

은행들은 또한 그들이 돈을 빌려 준 기업들을 감시한다. 때로는 기업은 은행과 장기간에 걸친 관계를 발전시키며, 이러한 관계는 차입을 하는 기업에게는 적어도 두 가지 면에서 유리하게 작용할 수 있다. 첫째, 기업은 은행으로부터 더 유리한 이자율을 적용받을 수 있다. 둘째, 기업은 필요시 분산된 복수의 채권자들보다는 하나의 채권자와 부채계약을 재협상하기 쉽다는 점이다.

그러나 유리한 이자율을 적용받기 위해서는 기업은 은행에게 사적인 정보를 노출시켜야 할 수 있다. 예를 들면, 한 기업이 새로운 사업을 추진하기 위해서 은행으로부터 수십억 달러를 빌리기를 원할 수도 있다. 그 기업은 공공부채(즉, 회사채)를 발행할 수 있으나 몇 가지 이유로 명목이자율이 너무 높다는 것을 발견할 수 있다. 어떤 기업은 이미 너무 많은 부채를 가지고 있거나, 담보자산이 거의 없을 수도 있다. 이러한 기업은 은행이나 보험회사로부터 빌리기를 선호할 수 있다. 그러나 유리한 이자율을 적용받기 위해서는 자신들의 사업이 낮은 이자율을 받을만한 가치가 있음을 증명해야 하며, 이를 위해 지나치게 구체적인 정보를 노출시켜야 할 수도 있다. 주요 대출자로서, 은행은 기업에 대해 부채약정계약을 강제할 수 있으며, 이에 따라 은행은 채무자에 대해 지나치게 큰 영향력을 가지게 될 수도 있다.[2)]

■ 대출기관들은 기업의 부정사건 진행과정에서 왜 문제를 제기하지 못했나?

한 기업의 채권자들과 주주들은 종종 둘 다 투자자로 간주되나, 실질적으로는 채권자가 주주들에게 대출을 해 주는 것으로 생각될 수도

---

2) 아마도 채권자들에 의한 감시를 가장 잘 논의한 학술논문은 Diamond, Douglas W., "Monitoring and Reputation: The Choice between Bank Loans and Directly Placed Debt," *Journal of Political Economy* 99, no. 4 (1991): 689-721; Rajan, R., "Insiders and Outsiders: The Choice Between Relationship and Arm's Length Debt," *Journal of Finance*, 47 (1992): 1367-1400; and Sharpe, S., "Asymmetric Information, Bank Lending and Implicit Contracts: A Stylized Model of Customer Relationships," *Journal of Finance*, 45 (1990): 1069-1087.

있다. 따라서 이러한 두 종류의 투자자는 기업에 대한 권리와 관련하여 상반된 위치에 놓일 수 있으며 기업에 대해 동일한 목적을 공유하지 않을 수도 있다.

기업의 소유주로서의 주주들은 모든 비용이 지급된 이후에 기업의 순이익에 대한 권리를 가진다. 채권자에게 지급해야 하는 이자는 사업과 관련된 비용이며, 주주들은 이자를 채권자에게 지급된 이후의 이익에 대해서만 권리를 주장할 수 있다. 다른 말로는, 투자자들의 권리는 주주들의 권리보다 우선권을 가지고 있다. 이는 그 자체로 두 권리주장자 사이에 일치하지 않는 유인을 초래할 수 있다는 것을 의미한다. 예를 들면, 기업은 불확실하지만 높은 수익률을 가진 위험한 사업과 더 확실하지만 수익률이 낮은 사업 사이에서 선택을 해야 할 수도 있다. 안전한 사업으로부터는 채권자들에게 먼저 지급한 이후에 주주들에게는 거의 아무것도 남아 있지 않을 수 있다. 따라서 주주들은 안전한 사업보다는 위험한 사업을 선호할 수 있다. 반면에 채권자들은 이자를 지급받을 수만 있다면 두 사업대안 사이의 선호도에 있어서 차이가 없을 것이다. 채권자들은 이자를 수익으로 먼저 확보할 수 있기 때문에, 주주들보다 경영진의 행위를 감시할 유인이 낮을 것이다.

물론 경영자가 지나친 위험을 감수해서 이자와 원금지급이 불가능해질 수도 있을 가능성도 있다. 만일 그런 경우가 발생한다면, 채권자는 기업을 부도처리한 후 청산해서 자신들의 투자 중 일부라도 회수할 수 있다.

최근의 기업추문에서, 채권자들은 주주들과 비교해서 자산과 이익에 대해 우선 변제받을 수 있기 때문에 경영진을 감시하는데 관여하지 않았을 수도 있다. 만일 경영진이 현금을 낭비하고 부적절한 의사결정을 한다 할지라도, 기업이 이자와 원금을 갚을 정도로 충분한 재무상태를 유지하고 있는 한 채권자들의 수익에는 영향을 미치지 않는다. 따라서, 채권자들은 주주들보다는 감시에 있어서 덜 적극적일 수 있다.

■ 채권자들은 부도기업의 지배구조에 영향을 미치는가?

만일 채권자들이 이자나 원금을 지급받지 못하면, 지급을 강제하기 위해 법에 의존한다. 만일 한 기업이 자산보다 부채가 더 많다면, 그 기업은 지급불능상태일 것이며 채권자가 자신의 투자원금을 회수할 수 없게 된다. 이 시점에서, 기업은 부도절차를 밟게 되며, 부도법정은 누가 얼마를 지급받을 것이며, 기업이 회생될 수 있을지를 결정한다. 대부분의 기업들은 부도가 피할 수 없게 되면, 자발적으로 부도선언을 한다. 만일 채권자가 부도법정에 요청하고 법정이 지급불능임에 동의하면, 비자발적인 부도가 발생할 수도 있다.

부도는 복잡한 절차이긴 하나, 그 목적은 채권자들이 우선권에 따라 자신의 투자액을 공정하게 변제받기 위함이다. 부도에는 제7장(Chapter 7)과 제11장(Chapter 11)의 두 가지 형태가 있다. 제7장에서는, 기업이 청산되고 모든 자산은 매각되어 채권자들에게 분배된다. 종업원과 같이 기업이 지속되기를 원하는 많은 이해관계자로 인해 제11장이 더 일반적인 형태이다. 법률제정자들은 기업들이 채무조정을 통해 새롭게 시작할 수 있도록 기회를 주는 방향으로 부도관련 규정을 제정하도록 압력을 받아 왔다.

제11장으로부터 성공적으로 빠져 나올 때, 일반적인 결과는 과거의 주주들은 자신들의 투자와 경영에 대한 통제력을 완전히 상실한다. 이 과정에서 어떤 채권자들은 새로운 주주로 떠오를 수 있다.[3] 이는 채권자들에게 지급할 충분한 자산이 기업에 남아 있지 않기 때문에

3) *http://en.wikipedia.org/wiki/Chapter_11,_Title_11,_United_States_Code.*

일어난다. 부도법정의 협상과정에서 자신들의 투자를 회수할 수 없게 된 채권자들은 주식을 받고 기업을 재구성하는 것에 동의하게 된다. 이전의 주주들은 채권자들이 지급받은 이후에만 자신들의 투자를 회수할 수 있음으로, 자신들에게 남아 있는 것은 없으며 그들이 보유하고 있는 주식은 무가치하게 된다. 따라서, 한 기업이 부도로부터 벗어나서 주식시장에서 다시 거래되기 시작하면, 거래되는 주식은 부도 이전 주식과는 다른 주식이며, 이들은 부도처리의 과정에서 채권자들에게 교부된 새로운 주식이다.

부도절차의 주요 특성은, 모든 결정이 상당한 재량권을 가지고 있는 부도법정 판사의 감독을 받게 된다는 것이다. 채권자들은 종종 판사에게 기업의 경영진을 교체하도록 요청하나, 판사가 그 이유에 대해서 동의하는 경우에만 교체가 일어난다. 따라서, 비록 채권자들이 부도처리과정에 관여하는 강력한 승인권리를 가지고 있으나 판사에게 그 조건을 일방적으로 강요할 수 있는 권한은 없다. 판사의 즉흥적 판단이나 복잡한 부도관련 규정에 따른 결과의 불확실성으로 인해 지배구조를 변경하고자 하는 채권자의 능력은 제한될 수 있다. 예를 들면, 부도관련 법규는 배타성규정(exclusivity rule)을 포함한다. 배타성규정은 부도회사에게 부도의 첫 18개월 동안에 구조조정을 할 수 있는 단독권리를 부여한다. 이 규정은 채권자로 하여금 경제적으로 더 타당한 경제적인 제안을 하지 못하도록 한다. 왜 기업이 부도처리 되도록 원인을 제공한 경영진에게 기업의 구조조정을 할 수 있도록 허용하는가? 이는 채권자들이 기업을 급격히 변화시키고 부도처리를 단축하기 위해서 권한을 행사하는 것에 대해 우려를 가지고 있는 대규모 투자자들이 이러한 제한규정을 제안했기 때문이다.[4]

---

4) See, for example, Carl C. Icahn, "Bankruptcy Rules Thwart the Recovery," *Wall Street Journal Online*, January 9, 2009.

신용평가기관(credit rating agencies)

분석가들이 잠재적인 투자자를 위해 주식의 등급을 매기는 것을 돕듯, 신용평가기관들도 잠재적인 투자자를 위해 채권의 등급을 매긴다. 이러한 등급을 통해 신용평가기관들은 한 기업이 이자와 원금을 지급할 수 있는 능력에 대한 정보를 투자자들에게 제공한다. 채권은 기본적으로 장기적인 현금흐름과 관련됨으로, 채권투자자들은 기업이 채권의 만기까지의 기간인 10년 이상의 기간 동안 계속 운영될 수 있을지를 알기 원한다.

채권의 안전성은 고정수익을 가져다 주는 상품(fixed income investment)에 투자하는 투자자들에게는 매우 중요한 정보이다. 채권투자자들이 올리게 되는 최선의 수익률은 사채기간 동안의 이자와 만기시 받는 원금에 달려 있다. 따라서 채권투자자들은 안전성을 가장 중요하게 생각한다. 한 기업의 부채가 안전한지 위험한지를 어떻게 판단할 수 있을까? 대부분의 기업에서 발행하는 사채는 적어도 한두 신용평가기관에서 신용등급을 받게 된다. 신용평가기관은 기업의 신용을 분석하여 사채의 위험에 대한 정보를 반영한 채권의 등급을 부여한다.

역사적 관점

개괄적인 역사를 살펴봄으로써, 신용평가 산업이 어떻게 운영되어 왔으며 그 중요성에 대한 이해를 돕고자 한다. 존 무디(John Moody)는 1909년에 200개의 철도회사와 그들의 증권을 평가하는 지침서를 발간하면서 신용평가 개념을 발표했다.[5] 그는 자신의 지침서를 투자

5) Amy Borrus, Mike McNamee, and Heather Timmons, "The Credit-Raters: How They Work and How They Might Work Better," *Business Week* (April 8, 2002): 38.

자들에게 유료로 제공함으로써 수익을 올렸다. 1916년에 Standard & Poor' s의 전신인 Standard Company도 채권의 등급을 매기기 시작했으며, Fitch는 1920년에 채권의 등급을 매기기 시작했다. 1970년대에는 복사기가 보편화되면서 많은 투자자들이 출간된 책을 사지 않고도 채권등급을 입수할 수 있었다. 은행제도의 변화에 따른 채권등급 제시의 의무화에 기인하여, 채권등급에 대한 수요가 생겼으며, 이에 따라 채권평가 기관들은 채권투자자들 대신 채권발행자들에게 수수료를 받는 것으로 사업모델을 변경시켰다. 기업들은 많은 투자자에게 자신의 채권을 팔기 위해서는 채권등급을 받아야 했고 이를 위해 수수료를 지급해야만 했다. 따라서 채권등급이 일단 신용평가기관들에 의해서 결정되면 투자자들에게 무상으로 제공되게 되었다.

1929년의 주식시장 붕괴와 대공황(the Great Depression) 이후에, 정부는 은행제도의 신뢰를 회복하기 위한 방안을 찾아보게 되었다. 1933년과 1934년의 증권법들은 은행 및 증권산업과 관련된 규정을 확대시키도록 인도했다. 그러나 1936년에 정부는 상업은행들이 높은 품질의 채무상품에만 투자하도록 요구함으로써 신용평가기관의 역할을 확대시켰다. 특히, 통화감사원장(Comptroller of the Currency)은 은행은 투자등급의 채권(채권의 다른 등급에 대해서는 다음에 소개한다)만을 보유할 수 있다고 결정했다. 크고 영향력 있는 투자자가 채무증권을 사기 위해 신용등급을 요구함에 따라, 모든 회사채발행자들은 신용등급을 받아야만 했으며, 이에 따라 채권발행 기업은 등급을 받기 위해 수수료를 지급해야 했다. 이는 일반 기업과 주정부 및 지방정부, 심지어는 외국기업에도 적용되었다.

신용등급은 투자자들이 발행된 사채의 위험을 이해하는데 도움을 주는 반면, 이러한 제도에는 기업이 자신의 등급을 받기 위해 수수료를 지급함에 따른 내재된 이해의 상충이 존재한다. 사채발행을 계획하는 한 기업은 몇 개의 신용평가기관과 논의하여 어느 기관이 가장 높은 신용등급을 줄 수 있을지를 평가한다. 등급쇼핑의 결과, 신용등급이 회사채발행자에게 지나치게 관대한 경향을 초래할 수 있다. 왜 이것이 문제가 될까? 기업을 위한 높은 품질의 등급은 기업으로 하여금 낮은 이자율에 모든 사채를 쉽게 매도할 수 있다는 것을 의미한다. 낮은 품질의 등급은 높은 이자율의 사채발행과 추가적인 수백만 달러의 이자지급을 요구한다. 따라서 부도덕한 신용평가기관들이 높은 수수료를 지급하는 기업들에게 높은 등급을 줄 수도 있다는 우려가 제기되었다.

Penn Central Corporation의 대규모 채무불이행의 예측실패와 관련된 1975년의 추문 후에, SEC는 3개의 신용평가기관만을 평가관련 규정을 충족시킨 것으로 지정했다. 이 3개의 지정된 기관들은 Nationally Recognized Statistical Rating Organizations(NRSROs)라고 불리어졌으며, 이들은 Moody' s, Standard & Poor' s와 Fitch를 포함한다. 다른 신용평가기관으로부터의 NRSRO 인증에 대한 증가된 수요로 인해, SEC는 개별적인 평가를 거쳐 새로운 기관들을 목록에 포함시켰다. 2006년에 NRSRO 인증을 부여하기 위한 절차를 표준화함에 따라[6] 추가적인 NRSRO 기관들이 그 이후에 추가되었으며, 2008년 말까지 총 10개 기관이 NRSRO 인증을 취득했다. 그럼에도 불구하고, Moody' s와 Standard & Poor' s가 이 산업에서 단연 가장 큰 기관이다.

추가적인 기관들의 진입이 경쟁을 심화시킴에 따라, 신용평가기관들이 자신들이 감시하는 기업의 위험변화에 대해서 더욱 동정적이 될 수도 있음에 대한 논란이 있었다. 한 산업에 적은 수의 기업만 존재하는 형태는 과점(oligopoly)이라고 불린다. SEC의 규정 하에 신용평

6) *http:/en.wikipedia.org/wiki/Nationally_Recognized_Statistical_Rating_Organizations.*

가기관의 숫자를 제한하는 것은 산업에 새로운 경쟁자들이 진입하는 것을 막음으로써 추가적인 경쟁으로부터 기존의 회사들을 보호한다. 이는 잠재적으로 수수료가 높게 유지되도록 하며, 규모가 작은 신용평가사들이 시장에 진입하지 못하게 한다. NRSRO가 아닌 작은 규모의 신용평가사들은 채무발행 기업들이 NRSRO 인증을 보유한 평가기관에게 기꺼이 지급하고자 하는 수수료를 받을 수 없다. 대신에 그들은 투자자들이 평가에 대해서 지급하는 수수료에 의존해서 생존해야 한다. 충분한 구독자를 확보하는 것은 NRSRO들이 무료로 등급정보를 제공하는 상황에서는 쉽지 않다. 새로운 규정 하에서, SEC는 작은 신용평가기관들도 인증을 받을 수 있도록 허용하였다.[7] 이에 따라 일부 작은 신용평가기관들은 NRSRO 인증을 획득할 수 있었고, 지금은 Standard & Poor' s나 Moody' s와 직접적으로 경쟁하고 있다. 이로 인해 Standard & Poor' s와 Moody' s의 예측되는 수익이 30~50% 감소할 수 있다는 것에 대해서 논의가 있었다. 이미 나타나고 있는 한 가지 현상은 사채발행자가 수수료를 지급한다는 규정이 새로운 NRSTO인 Egan-Jones에 의해서 도전받고 있다는 것이다. Egan-Jones는 사채발행기업에 수수료를 부과하는 대신에 등급정보를 입수하려고 하는 주로 기관투자자인 고객들에게 수수료를 부과하였다.[8]

신용평가등급

기업들의 신용도를 평가하기 위해 신용평가기관들은 기업의 재무상태, 사업계획과 전략을 평가하는 재무분석가를 고용하였다. 이는 분석가들이 재무제표를 주의 깊게 검토해야 함을 의미하며, 이들의 조사를 돕기 위해 SEC는 신용평가기관에 대해 정보공개규정으로부

7) *www.standardandpoors.com.*
8) *www.egan-jones.com/nrsro.aspx.*

터의 예외를 허용하였다. 이에 따라 기업들은 비공개적인 민감한 정보를 신용평가기관에게 비밀리에 제공할 수 있다. 기업들은 특정한 정보를 제공할 의무는 없으나, 자신들의 부채가 높게 평가받아야 한다는 것을 설득하기 위해 종종 신용평가기관에 중요한 정보를 제공한다. NRSRO 인증기관에서 근무하는 신용분석가들은 그 중요성으로 인해 평가를 할 때 CEO와 다른 최고경영자들에게 직접 질문을 하기도 한다.

사례 6.2는 Moody' s와 Standard & Poor' s의 등급체계를 보여 주는데, 두 평가기관이 유사한 체계를 가지고 있음을 보여 준다.[9] 또한 두 기관의 등급을 더 세분화해 보면, Moody' s는 해당등급의 범주 안에서 하위, 중위, 또는 상위를 나타내는 1, 2, 또는 3을 포함한다. Standard & Poor' s는 (−) 또는 (+) 사인을 사용한다. 사채를 발행함으로써 10억 달러($1 billion)를 빌리고자 하는 두 기업을 생각해 보자. 신용평가회사가 첫 번째 기업을 "높은 품질(high quality)"의 등급을 주었다. 이 기업은 매년 6.9%(또는 6,900만 달러($69 million))의 이자를 지급해야 할 것이다. 반면 두 번째 기업이 "비투자등급(non-investment grade)"을 받았다면, 연 9,900만 달러($99 million)를 이자로 지급해야 할 것이다. 이 금액은 상당한 차이가 있으며, 즉 더 위험한 기업들은 더 높은 이자를 지급해야 한다는 것이다.

만일 한 기업이 시간이 경과함에 따라 재무구조가 더 건전해지면, 채권등급 또한 향상된다. 따라서, 투자자들에 의해서 요구되는 이자율도 사례 6.2에서 제시된 것처럼 하락하고, 사채가격이 상승할 것이다. 결론적으로, 만일 한 기업이 더 안전해지면, 기존 사채투자자들이 원하는 바 대로 사채 가격이 상승할 것이다. 만일 기업이 더 위험해지면, 사채 가격이 하락할 것이다. 사채투자자로서 최악의 경우는

9) Ratings categories are from *www.moodys.com and www.standardandpoors.com*.

발행회사가 지급불능 상태가 되어 부도법정의 보호를 신청하는 것이다. 사채투자자들은 기업이 지급불능 상태가 됐을 때 통상 원금의 작은 부분만을 돌려 받게 된다.

신용평가기관들이 발행하는 등급들은 부채발행자의 지급불능 가능성에 대한 좋은 예측치이다. 단지 0.79%의 기업들만이 최고등급(best quality)을 받는다.[10] 이 비율은 고품질등급(high quality)으로 가면서 1.14%로 올라간다. 그러나 지급불능 비율은 비투자등급으로 가면서 26.43%로 크게 높아지고, CCC등급에서는 52.52%로 높아진다.

한 기업이 재무적으로 어려움에 처하기 시작할 때, 신용평가기관들은 그들의 증권에 대한 등급을 하향 조정한다. AAA－등급을 받은 채권의 발행은 AA+ 또는 심지어 AA로 낮아질 수 있다. 만일 영업

사례 6.2 사채의 안전등급과 채권수익률

	무디스의 등급 (Moody's Rating)	스텐다드 엔 푸어스의 등급 (Standard & Poor's Rating)	채권수익률 예 (Example Bond Yield, %)
최고등급(Best Quality)	Aaa	AA	
고급(High Quality)	Aa	A	
중상급(Upper-Medium Grade)	A	BBB	7.1
중급(Medium Grade)	Baa	BB	7.8
투자부적격등급(Non-Investment	Ba	B	9.9
Grade)	B	CCC to D	10.5
고투기등급(Highly Speculative)	Caa to C	6.4	20 to 90
지급불능(Defaulted or Close to it)	AAA	6.9	

10) Standard & Poor's estimates use data from 1981-2007.

활동과 현금흐름의 상태가 지속적으로 나빠지면, 그 등급은 추가로 하락될 수 있다. 이러한 하락은 투자자들에게 회사채가 더욱 위험해지고 있음을 알려 준다. 이에 따라, 회사채의 가격은 하락하며, 투자자들은 자본손실을 경험하게 된다. "투자등급(investment grade)"이란 용어는 BBB– 또는 더 높은 등급으로 정의된다. 만일 사채가 BB+ 또는 더 낮은 등급으로 떨어지면, 더 이상 투자등급으로 간주되지 않는다. 사실, 비투자등급(non-investment grade) 사채에 대한 일반적인 용어는 정크본드(junk bonds)이다. 회사채투자자의 원금에 대한 추가적인 보호장치로서, 현대의 많은 사채발행은 규정(rule) 또는 부채약정계약(covenants)을 포함한다. 이 계약은 만일 부채의 등급이 정크(junk) 상태로 하락할 때 이자지급액을 올리도록 하는 것이다. 어떤 사채약정계약은 만일 기업의 채권등급이 정크 상태로 하락하면 원금을 상환하도록 요구한다. 이는 사채투자자들의 보호를 위해서 좋은 방안인 것 같으나, 실무에서는 이로 인해 사채투자자들이 피하고자 하는 바로 그 부도의 원인이 될 수도 있다. 한 기업의 부채에 대한 신용등급은 기업의 재무적 어려움 때문에 정크본드 상태로 낮아질 수 있다. 하지만 이러한 신용등급의 하락은 높은 이자지급과, 수억 달러에 달하는 원금의 즉각적인 지급요구를 초래한다. 따라서, 채권자의 이해를 보호하기 위해 도입된 부채약정계약 규정은 실제적으로는 그 기업을 지급불능 상태로 가져갈 수도 있다.

비 판

신용평가기관에 대한 가장 큰 비난은 최초에 등급을 부적절하게 부여하고, 기업이 재무적 어려움에 처하게 된 때에도 등급하락을 지연 한다는 것이다. 전체적으로 신용평가기관의 평가는 상당히 정확한 반면, 그들은 극적인 실수를 해 왔다. 2001년 5월, 신용평가기관들은

【최근의 연구】

신용평가기관은 기업이 재무적인 어려움에 처할 확률과 관련된 최상의 정보원일까? 최근의 연구에서는 발행된 채권을 검토하여 기업신용의 품질에 관한 의견을 제시하는 대형증권사(large brokerages)에 소속된 증권분석가들의 역할에 대해서 분석했다. 존스톤(Johnston), 마코브(Markov), 램나스(Ramnath) 교수는 신용평가기관들이 제공하는 것과 유사한 보고서가 증권회사들(brokerage firms)에 의해서도 제공된다는 사실을 발견했다. 저자들은 1999년에서 2004년에 걸쳐 15개 증권사에 의해 발간된 5,920개의 부채관련 보고서를 수집했다. 이들 보고서들은 채권에 투자하는 증권사 고객들에게 정보를 제공하기 위해 작성되었다. 많은 증권사 보고서들은 신용등급과 그 등급의 변화에 대한 의견을 제시한다. 이러한 보고서는 신용평가기관의 보고서와 중복되는 것처럼 보임으로, 저자들은 이러한 보고서가 증권사들이 보고서를 만드는데 들어가는 비용을 정당화할 만큼의 추가적인 정보를 투자자들에게 제공하는지를 검증했다.

분석결과, 분석가들은 재무적 곤경의 확률이 높고, 대규모의 부채와 높은 부채비율을 가진 기업을 추적하는 경향이 큰 것으로 나타났다. 다른 말로는, 분석가들은 안정되고 적은 금액의 부채를 가진 기업을 분석하기 위해서 자원을 소모하지는 않는다는 것이다. 이 보고서에 포함된 투자자들에게 가치가 있는 실제적인 정보는 지급불능의 확률이 높은 기업에 의해서 발행된 사채의 위험에 관한 분석이다.

같은 사채(bonds)에 대한 증권사 분석가의 보고서와 신용평가기관의 보고서를 비교한 결과, 저자들은 증권사의 보고서가 신용등급의 하락과 관련해서는 더 시기 적절한 것을 발견했다. 증권사 분석가들이 신용평가기관이 사채에 대한 등급하락을 보고하기 전 30일 이내에 보고서를 발간할 때, 이들의 보고에 따라 기업가치가 통계적으로 유의하게 감소한다는 것을 발견했다. 반면에, 증권사 보고서가 신용등급의 하락 후 30일 이내에 발간되었을 때에는 주가에 중대한 영향이 없었다. 따라서 신용평가기관이 정보를 먼저 공개했을 시에는 증권사 보고서가 추가정보를 제공하지 못한다고 결론내렸다.

Rick Johnston, Stanmir Markov, and Sundaresh Ramnath, "Sell-Side Debt Analysts," *Journal of accounting and Economics*, Vol. 47 no. 1-2 (2009): 91-107.

월드컴(WorldCom)의 사채발행과 관련되어 의심스러운 행태를 보였다. 월드컴은 119억 달러($11.9 billion)의 미국역사상 가장 큰 금액의 사채(그 중 101억 달러는 새로운 자금조달이었다)를 발행했다. Standard & Poor' s는 월드컴의 막대한 사채발행에 BBB+, Moody' s는 A3의 투자등급으로 분류했다.[11] 월드컴에 의한 대규모의 사채발행은 인수회사인 투자은행들과 신용평가기관들에 의해 철저하게 분석되었어야 했다.

1년 후인 2002년 5월에 신용평가기관들은 월드컴을 정크본드(junk-bond) 상태로 등급을 낮추었다. 등급하향조정의 논리는 월드컴의 총부채인 300억 달러가 너무 크다는 것이었다.[12] 그렇다면 신용평가기관들은 그 전 해에 월드컴이 대규모의 사채발행을 통해 부채를 50%나 증가시킬 때에는 왜 그러한 우려를 제기하지 않았는가? 신용평가기관들에 의한 최초의 막대한 사채발행시의 등급승인과, 모두가 알고 있는 동일한 사채의 규모에 따른 1년 후의 등급의 하향조정은 논리적으로 설명하기 어렵다. 2002년 5월, 신용평가기관들에 의한 높은 신용등급의 부여는 월드컴으로 하여금 우선 막대한 금액을 빌리는 것을 가능하게 했다. 다음 달인 2002년 6월 25일에, 월드컴은 지난 5분기 동안에 38억 달러($3.8 billion)의 영업비용을 자본적 지출로 부적절하게 회계처리했음을 공시했다. 월드컴은 다음 몇 개월 동안에 추가적인 수십억 달러의 회계부정 사실을 공시했다.

신용평가기관과 관련된 더 최근의 추문은 금융상품으로 포장된 일련의 담보대출부채에 인위적으로 높은 등급을 부여한 사례이다. 개별적인 사채들을 큰 집단으로 묶는 증권화(securitization)를 통해 주택

---

11) WorldCom Smashes Records with $11.9 bn Blowout Bond," *Euroweek*, May 11, 2001, 4.

12) Gregory Zuckerman and Shawn Young, "Leading the News: WorldCom Debt Is Slashed to 'Junk'," *Wall Street Journal* (May 10, 2002): A3.

담보대출(mortgages) 금융기관들은 주택담보대출을 제3자인 투자자들에게 판매할 수 있었다. 이러한 판매로부터의 자금으로, 추가적인 대출을 할 수 있게 되며, 이는 다시 증권화를 통해 재판매되는 반복된 과정을 거쳤다. 문제는 대출금융기관들이 이러한 금액을 2000년대 중반을 통해 지속적으로 증가시켰다는 것이다.[13] 2006년에는 2조 5천억 달러($2.5 trillion)가 집을 사는데 대출되었다. 대출기관들은 어디서 이렇게 많은 차입자를 발견할 수 있었을까? 이는 단지 요구되는 계약금(down payment)이나 신용상태, 소득수준 등 대출기준을 완화함으로써 가능했다. 물론, 이러한 무모한 대출의 효과로 2007년 집값이 하락하기 시작할 때, 주택담보대출의 지급불능이 극에 달하게 되었으며, 2007~2008년 금융시장의 붕괴를 유발시켰다.

이러한 금융위기에 있어서 신용평가기관의 역할은 무엇이었나? 증권화된 주택담보부대출들(pools of mortgages)은 신용평가기관들에 의해 평가된 후 투자자들에게 판매되었다. 많은 금융상품들은 불량대출로 구성되어 있을 때에도 가장 높은 등급인 AAA를 받았다. 이렇게 높은 등급을 받은 논리는 수많은 주택담보대출(mortgages)을 묶음으로 인해서 분산투자효과가 있으며 개별적인 대출의 지급불능은 전체 집단에는 큰 영향을 주지 않는다는 것이었다. 과거의 움직임과 시뮬레이션 분석을 사용하여, 신용평가기관들은 주택담보부증권에 대해서, 비록 그들이 다른 AAA등급 금융상품보다 더 많은 이자를 지급함에도 불구하고, 지속적으로 AAA등급을 부여했다. AAA등급을 받은 주택담보부증권에 대한 높은 수익률은 더 많은 투자자들을 끌어들였고 이 상품에 대한 수요를 증가시켰다. 금융공학(financial engineering)이라고 불리는 기법을 이용해서, 담보부부채

13) Roger Lowenstein, "Triple-A Failure," *The New York Times Magazine* (April 27, 2008).

(collateralized debt obligation, CDOs)인 담보부파생상품증권(derivative mortgage instruments)이 만들어졌다. 이는 주택담보대출에 투자하는 것이 아니라, 담보에 기초한 금융상품에 투자하는 것이다. CDO 발행인은 낮은 등급을 받은 주택담보부증권들을 산 후 하나로 묶어서 CDO로 만든 후 이를 신용평가기관으로부터 AAA등급을 받아 냈다.

전체적으로, 그 이후의 사건들은 신용평가기관들이 주택담보부증권(mortgage backed bonds)과 CDO의 위험을 심각하게 과소평가했음을 나타낸다. 2007년 중반을 시작으로 신용평가기관들은 수십조 달러의 부채에 대한 등급을 하향조정하였으며, 그 중 어떤 것은 AAA에서 B로 낮아지기도 했다.[14] 어떻게 한 사채가 하룻밤 사이에 "최고의 등급(best quality)"에서 "매우 투기적(highly speculative)"으로 바뀔 수 있을까? 아래에서 논의된 엔론의 사례와 유사하게, 신용평가기관들은 신용위험을 적시에 예측하는데 적절한 역할을 하지 못했다.

2001년과 2002년의 일련의 기업추문기간과 2007~2008년의 금융위기 기간 동안에 신용평가기관들은 비난을 받았다. 기업들과의 특별한 관계는 신용평가기관들로 하여금 다른 감시자인 가령 독립분석가들이 접근 불가능한 기업에 관한 사적인 정보를 입수할 수 있게 하였다. 외부감시자들 중, 신용평가기관들은 기업의 부정을 찾아 내고 투자자들에게 경고할 수 있는 최선의 위치에 있었다. 그러나 어떤 경우에는 이들이 가장 늦게 필요한 조치를 취하는 집단이었다. 그들은 부적절하게 높은 신용등급을 기업에게 주었을 수도 있다. NRSRO 인증을 받은 신용평가기관들은 실수를 하게 되면, 종종 기업의 경영자들

14) See, for example, Alisair Barr, "S&P May Downgrade $12 Bln of Subprime Securities; Rival Rating Agency Moody's Cuts 399 Mortgage-Backed Securities," *MarketWatch.com*, July 10, 2007.

사례 6.3 엔론의 신용등급

2000년 8월, 엔론의 주가는 90달러에 달했으나, 2001년 4월에는 주가가 주당 60달러까지 하락했다. 2001년 늦여름까지는 주가가 주당 40달러까지 지속적으로 하락했다. 엔론이 부도를 선언하기 직전인 2001년 11월에는 주식은 주당 5달러까지 하락하였다. 엔론 주가의 이러한 하락은 무엇인가가 크게 잘못된 것에 대한 강력한 경고가 되어야만 한다. 신용평가기관들은 경비견들보다는 더 유능한 집단이다.

투자은행들은 엔론의 해외 파트너십들에게 자본 투자를 했다. 이들 파트너십들은 엔론이 대출을 이익으로 거짓 보고하는데 이용됐다. 투자은행들은 수억 달러의 자신의 돈을 엔론 및 관련 파트너십들에 투자했다. 투자은행들은 만일 엔론이 부도법정의 보호를 신청할 시에는 자신들의 손실이 막대할 것이라는 것을 알고 있었다. 투자은행들은 만일 신용평가기관들이 엔론을 투자부적격 등급으로 하향조정하면 적어도 39억 달러($3.9 billion)에 달하는 부채의 상환이 즉시 요구될 것이라는 것도 알고 있었다. 그렇게 된다면 엔론은 지급불능을 선언해야만 했다.

2001년 11월 8일, 엔론의 파트너십들과 막대한 금액의 손실에 대한 뉴스가 대중에게 알려지게 됨에 따라, 주가는 주당 10달러 미만으로 하락했다. 투자은행들은 신속하게 필요한 조치를 취하거나 막대한 손실을 보아야만 함에 따라, 그들은 엔론이 새로운 자금을 조달할 수 있을 때까지 신용평가기관들이 신용등급의 하향조정을 연기해 주기를 원했다.

명백히, 신용평가기관들은 엔론을 위해 투자부적격등급(non-investment grade)으로의 하향조정을 연기해 주었다. 우선, 신용평가기관들은 엔론을 단지 투자등급 중 가장 낮은 수준으로 하향 조정했다. 기업들은 부채발행에 앞서 신용등급을 받아야 하고, 투자은행들은 채무증권의 발행에 있어서 기업들을 돕기 때문에 투자은행들과 신용평가기관들은 종종 서로 협조해서 일한다. 투자은행들은 이러한 관계를 이용해서 엔론이 시간을 벌 수 있도록 신용평가기관들을 확신시켰다.

채권의 매수자를 찾기 위해 Merrill Lynch와 JP Morgan은 엔론의 본사에서 시내를 살펴본 후 디너지(Dynegy)사를 찾아 냈다. 2001년 11월에 엔론과 디너지의 임원들은 합병을 위한 논의를 시작했다. 만일 그들이 동의하면, 디너지는 합병절차가 끝날 때까지 엔론에 15억 달러($1.5 billion)의 자금을 공급할 예정이었다. 신용평가기관들은 만일 합병이 성공적으로 이루어지지 않으면 엔론은 재무적으로 큰 곤경에 처할 것이라는 것을 알고 있었다. 이런 엄청난 위험에 대해서 채권의 등급을 junk-bond 수준으로 하향 조정함으로써 채권투자자들에게 알리는 것 대신에 신용평가기관들은 기다려 주었다. 신용평가기관들이 알고 있었듯이 상황은 동전을 던지는 것과 같이 채권자들에게는 커다란 도박이었다. 만일 합병이 잘 이루어지지 않거나, 재무적 상황이 나아지지 않으면, 엔론은 아마도 부도가 날 것이다. 주가는 5달러 아래로까지 하락했으며, 신용평가기관들은 투자자들에게 상황이 얼마나 위험한지에 대한 경고를 하는데 실패했다.

11월 26일, 엔론의 디너지와의 합병추진은 없던 일로 되었을 때, 엔론은 여전히 파트너십과 관련된 문제들이 얼마나 심각한지에 대한 내역을 파악하고 있었다. 신용평가 기관들은 11월 28일 엔론을 junk-bond 상태로 하향조정하였으며, 엔론의 주가는 주당 0.61달러까지 하락하였다. 2001년 12월 2일, 엔론은 부도법정의 보호를 신청했다. 사채투자자들은 다른 채권자들과 함께 부도법정에서 줄을 섰고 투자원금의 일부라도 회수할 수 있기를 희망했다.

이 자신들에게 거짓말을 했다고 주장한다. 그러나 평가기관의 업무는 자신들이 수집한 정보를 검증해서 결론을 내리는 것이다. 만일 그들이 기업의 임원들이 주장을 단순히 받아들이기만 한다면 독립적인 감시자로서 역할이 무엇인가?

위에서 언급했듯이 신용평가기관에 대한 또 다른 비난은 그들의 수익이 그 자체로 이해의 상충을 초래한다는 것이다. 이는 기업들이 자신의 채무등급을 위해 평가기관에 돈을 지급한다는데 그 원인이 있다. 이는 기업들이 자신들이 원하는 등급을 주지 않는 한, 다른 경쟁기관에 가서 신용등급을 평가받겠다고 말할 수도 있다는 것이다. 관련된 비난은 신용평가기관들이 자문사업에 뛰어들기 시작했다는 것이다. 한 가지 예는 위에서 언급한 CDO이다. CDO의 발행회사는 CDO 사채가 원하는 등급을 받을 수 있도록 신용평가기관과 긴밀하게 소통한다. 만일 신용평가기관이 수익성이 좋은 자문수수료를 받고 있다면, 기업의 재무상태에 대해서 편의가 없는 분석을 제공하기가 쉽지 않을 것이다. 이러한 이해의 상충은, 2002~2007년 동안에 상위 3개의 신용평가기관이 주로 주택담보대출상품의 성장을 통해 벌어들인 수익이 2배 이상 증가했다는 점과 연관된다.[15]

두 번째 비난은 법원이 신용평가기관에 의한 등급평가는 헌법수정조항 제1조(the First Amendment; 언론의 자유)에 의해서 보호를 받는 의견으로 판결한 것이다. 다른 말로, 만일 당신이 잘못된 등급에 기초해서 사채를 매수했다 할지라도, 신용평가기관들은 자신들이 부여한 등급이 단순한 의견이라고 주장할 수 있기 때문에 성공적으로 고소할 수 없다.[16] 우리 모두는 그것이 잘못된 것이라 할지라도 자신의 의견을 밝힐 수 있다. 따라서, 불만이 있는 기업이나 투자자들이 신용평가기관을 고소한다 할지라도, 평가기관들은 언론의 자유조항을 자신들을 방어하기 위해 사용할 수 있다. 위에서 논의한 엔론의 경우에도, 신용평가기관에 대해 투자자들이 제기한 소송은 기각되었다.

새로운 경쟁자들로부터의 보호와 잘못된 등급에 대한 법정에서의 방어수단의 결합은 신용평가기관들을 거의 무적으로 만들었다. 2002년에서 2006년 동안 주택담보부사채(mortgage based bonds)의 평가에서의 잘못에도 불구하고, 아무런 결론이 나지 않았다. 즉, 경쟁과 같은 시장의 상황과 법정제도는 그들을 규율하기 어렵게 만들었다. 신용평가기관들이 CDO의 발행과정에서 자문을 제공함으로써 깊이 관여한다는 사실은 법원으로 하여금 신용평가기관들이 의견(opinion)이라는 방어를 사용할 것을 예견하게 했을 수도 있다.[17]

---

15) The figures were obtained from *http://oversight.house.gov/documents/20081022112135.pdf*.

16) Frank Partnoy, "How and Why Credit Rating Agencies Are Not Like Other Gatekeepers," in *Financial Gatekeepers: Can They Protect Investors?* Fuchita & Litan, eds., 2006.

17) Transcripts from the hearing are at *http://oversight.house.gov/story.asp?ID=2250*.

국제적 관점

일본의 주거래은행제도(main bank system)

대부분의 국가에서, 은행부채는 기업채무의 주요 형태이며 새로운 자금조달의 주요 원천이다. 일본이 흥미로운 경우이다(독일도 일본의 경우와 여러 면에서 유사하다). 대부분의 개발도상국 자본시장은 정교한 부채시장의 부재로 은행차입에 의존한다. 그러나 일본과 독일은 선진자본주의 국가임에도 기업금융의 상당부분을 은행차입에 의존한다. 일본의 기업들은 은행과 장기적인 관계를 유지하며, 각 기업은 일반적으로 주거래은행을 가지고 있다. 이러한 주거래은행은 통상 대출기업의 주식을 보유하고 있으며 은행은 자신의 직원을 대출기업에 경영진의 구성원으로 파견한다.

1980년대 동안, 일본의 주거래은행제도는 이상적인 기업지배구조 모형으로 간주됐다. 이러한 은행의존기업들은, 채권자, 대주주, 경영진들이 모두 하나의 실체인 주거래은행에 의해 연결되어 있음으로 약간의 이해상충이 존재한다. 주거래은행은 채권자와 주주라는 두 가지 형태의 지분을 가지고 있기 때문에, 그들은 일본기업에 대한 잘 알려진 적극적인 감시자이다. 결과적으로 이런 기업들은 높은 부채수준을 유지할 수 있으며 재무적 여유를 유지할 필요가 적다. 즉, 기업은 필요시 쉽게 현금을 조달할 수 있음으로 현금을 많이 보유해야 할 필요가 없다. 더구나, 이런 은행의존 기업들이 재무적 어려움에 처할 때, 주거래은행은 문제가 더 심각해지기 전에 긴급금융지원을 할 수 있다. 따라서, 은행들은 기업의 효과적인 감시자로서 간주된다.

그러나 1990년, 일본금융시장의 붕괴와 그 이후 계속된 경기침체로 인하여 주거래은행제도에 대한 효과성에 회의를 불러일으켰다. 영향력 있는 은행의 감시가 가진 문제점이 무엇일까? 첫째, 은행은 기업에 대한 가장 큰 채권자로서 특권을 유지하기 위해서, 고객기업들로 하여금 이익극대화 대신에 이익유연화를 유도할 수 있다. 즉, 은행은 고객기업들에 대해 너무 큰 힘을 가질 수 있으며, 주주로서보다는 채권자로서의 최선의 이익을 위해 영향력을 행사할 수 있다. 둘째, 아마도 가장 중요하게는 1990년대 일본의 은행들이 경험한 것처럼 은행이 재무적 어려움에 처할 때, 그들의 고객기업들도 동시에 어려움을 겪게 된다는 점이다.[18)]

세계의 채권자 권리

채권자들은 법규에 의해 보호를 받는다. 예를 들면, 한 국가의 법이, 기업이 부도로 인한 구조조정을 할 때, 담보를 확보하는 것을 쉽거나 어렵게 하고 있는지? 기업들이 구조조정을 위해 채권자들의 허락을 받아야 하는지? 에 따라 보호의 정도가 달라진다. 사례 6.4는 국가별 채권자 권리의 힘을 보여 준다.[19)] 지수는 0에서 4까지 다양하며, 아래의 4가지 사항이 각 국가에 존재하는 지의 여부에 따라 측정된다.

1. 구조조정시 자산에 대한 자동적 동결조항의 부재

---

18) 일본의 주거래은행제도에 대한 좋은 학술 연구들은: Takeo Hoshi, Anil Kashyap, ad David Scharfstein, "The Role of Banks in Reducing the Costs of Financial Distress in Japan, *Journal of Financial Economics* 27 (1990): 67-88; Michael S. Gibson, "Can Bank Health Affect Investment? Evidence from Japan," *Journal of Business* 68 (July 1995): 281-308; and David E. Weinstein and Yishay Yafeh, "On the Cost of a Bank Centered Financial System: Evidence from the Changing Main Bank Relations in Japan," *Journal of Finance* 53 (1998): 635-672.

19) The creditor rights index values are obtained from Table 4 of Rafael LaPorta, Florencio Lope-de-Silanes, Andrei Shleifer, and Robert W. Vishny, "Law and Finance," *Journal of Political Economy* 106 (1998): 1113-1155.

사례 6.4 세계의 채권자 권리

더 큰 숫자는 더 강력한 채권자 권리를 의미한다.

국가	채권자 권리 지수	국가	채권자 권리 지수
호주	1	아르헨티나	1
캐나다	1	벨지움	2
홍콩	4	브라질	1
인도	4	칠레	2
아일랜드	1	콜롬비아	0
이스라엘	4	에콰도르	4
케냐	4	이집트	4
말레시아	4	프랑스	0
뉴질랜드	3	그리스	1
나이지리아	4	인도네시아	4
파키스탄	4	이태리	2
싱가포르	4	멕시코	0
남아프리카	3	네델란드	2
스리랑카	3	페루	0
타이	3	필리핀	0
영국	4	포르투칼	1
미국	1	스페인	2
짐바브웨	4	터키	2
영국계 평균 (English-origin average)	**3.11**	우루과이	2
		프랑스계 평균 (French-origin average)	**1.58**
오스트리아	3		
독일	3	덴마크	3
일본	2	핀란드	1
한국	3	노르웨이	2
스위스	1	스웨덴	2
타이완	2	스칸디나비아계 평균 (Scandinavian-origin average)	**2.00**
독일계 평균 (German-origin average)	**2.33**		

2. 담보부 채권자에 대한 우선 변제
3. 구조조정에 대한 제한
4. 구조조정에서 경영진의 교체

채권자권리 지수 4의 의미는 해당 국가가 채권자를 강력하게 보호한다는 것이다. 각 국가들은 법이 발전된 기원에 따라서 분류되었다. 영미법체계(English legal system)는 관습법(common law)에 기초한다. 프랑스, 독일, 스칸디나비안 법체계는 시민법(civil law)에 기초한다. 관습법은 선례와 특정 분쟁을 해결한 판결들에 의해서 구성된다. 시민법은 법규(statues), 포괄적 법전(comprehensive codes), 법학자(legal scholars)들에 의해서 법이 정리되고 제정된다. 사례 6.4는 각각의 기원에 따라 상당한 차이가 있음을 보인다. 그러나 평균적으로, 영미법체계 국가들이 채권자를 위한 더 강력한 보호를 하고 있다. 이러한 보호는 채권자들이 기업을 감시할 수 있는 힘을 부여한다.

요 약

한 기업이 자본조달을 위해 돈을 빌릴 때, 그 기업은 또 다른 감시체계를 가지게 된다. 이자와 원금의 지급은 임원들로 하여금 기업의 현금흐름을 주의 깊게 관리하고 불필요한 지출을 억제하는 통제역할을 한다. 자금을 대출해 주는 이러한 기관들과 투자자들은 기업의 또 다른 감시자가 된다. 은행, 보험회사, 뮤추얼펀드, 연금기금과 같은 대규모 채권자들은 기업과 밀접한 관계를 유지하며, 효과적인 감시자가 될 수 있다. 개인투자자들은 신용평가기관의 의견에 의존하는 경향이 있다.

신용평가기관들의 목적은 부채발행자들을 감시함으로써 투자대중을 보호하는 것이다. 그러나 산업구조는 신용평가기관들이 그들이 보호하는 투자자들과는 드물게 교류하도록 하며, 대신에 부채발행자들이 신용평가기관에게 신용등급을 받는 것에 대한 수수료를 지급하도록 한다. 신용평가기관은 부채발행과 관련된 정보를 입수하기 위해 사채발행자, 투자은행과 함께 일한다. 그들 사업의 대부분은 투자자가 아니라, 기업의 참여자들(corporate participants)과의 상호작용에 의지한다. 이 과정에서 신용평가기관은 기업에 관한 사적인 정보를 입수하게 된다. 전체적으로는, NRSRO 인증을 받은 신용평가기관들은 다양한 사채발행자가 가진 위험수준에 대한 정보를 투자자들에게 제공하는데 적절한 역할을 했지만, 이들이 적절한 역할을 하지 못했다는 잘 알려진 사례들도 있다.

신용평가기관의 상호작용과 그들의 수수료 수익의 대부분은 신용등급을 이용하는 투자자들로부터가 아니라 평가를 받는 기업들로부터 벌어들여진다. 이러한 상황은 일치되지 않은 유인(misaligned incentives)을 야기시킨다. 또한, 미국정부는 신용평가를 폐쇄적이고 경쟁이 낮은 산업으로 만들었으며, 잘못된 평가에 따른 소송시 헌법수정조항 제1조 하에서 책임을 면제해 주었다. 이러한 면제는 신용평가기관들이 실수를 했을 때 투자자들이 입게 되는 손실을 보전할 수 있는 수단을 제한했다. 일치하지 않는 유인들, 규율된 시장과 법적 효력의 부재는 신용평가기관들을 감시자로서의 의무를 게을리하도록 만들었다.

신용평가기관에 관련된 웹 정보

SEC Division of Market Regulation: Credit Agencies
www.sec.gov/divisions/marketreg/ratingagency.htm

Moody's
www.moodys.com

Standard & Poor's
www.moodys.com

복습문제

01 부채는 어떻게 그 자체로서 경영진을 감시하는지를 기술하라.

02 금융기관들의 기업의 감시자로서의 효과(efficacy)를 기술하라.

03 신용평가기관들이 기업과 투자자, 투자은행들에게 어떻게 중요할 수 있는지 기술하라.

04 왜 투자등급(investment grade)과 비투자등급(non-investment grade)의 차이가 그렇게 중요한가?

05 SEC는 Nationally Recognized Statistical Rating Organization 인증을 부여한다. 이러한 인증을 주기 위해 어떤 기준들을 사용하는가?

06 신용평가기관들은 엔론의 사채권자들(bondholders)과 기타 채권자들(creditors)에게 어떤 실수를 했는가?

07 신용평가기관들이 겪게 되는 이해의 상충을 열거하고 기술하라.

토론문제

01 부채를 통한 자본조달은 주식을 통한 자본조달에는 없는 세금상의 유리한 점이 있다. 이런 사실 하에서 미국의 대기업이 충분한 부채를 가지고 있다고 생각하는가? 당신의 의견에, 어떤 종류의 기업들이 더 많은 부채를 감당할 수 있다고 생각하는가?

02 만일 당신이 소규모 첨단기술기업(high-tech firm)의 CEO이고 사업을 위해 자금을 빌리고자 한다면, 은행과 같은 금융기관에서 빌릴 것인지 또는 회사채를 발행할 것인가? 왜 그런지 논의하라. 만일 당신이 General Electric과 같은 기업의 CEO라면 어떻게 할 것인가?

03 미국에서는, 법적인 이유(Glass-Steagall Act 참조)로 은행이 채권자임과 동시에 주주가 되기가 어렵다. 은행이 채권자임과 동시에 주주가 되는 것을 막는 제도의 비용과 효익이 무엇인지 기술하라.

04 단지 10개의 NRSRO 인증을 받은 신용평가기관이 있다. 이들의 숫자를 늘리기 위해 어떠한 조치가 필요한지 기술하라.

연습문제

01 이 장은 IBM을 자본구조상 더 많은 부채를 가질 수 있는 기업의 예로 언급했다. 또 다른 기업을 찾아보고 왜 그 기업이 더 많은 부채를 가질 수 있는 이상적인 후보인지를 기술하라.

02 같은 산업에 속한 두 개의 기업을 찾아서, 왜 이 두 기업이 서로 다른 부채구조를 가지고 있는지에 대해서 논의하라. 다른 부채구조를 가진 또 다른 쌍의 기업을 찾아서, 첫 번째 쌍과는 다른 이유에 대해서 논의하라.

03 공공의 부채(public debt)보다 은행부채를 더 많이 가지고 있는 기업과 그 반대의 경우를 찾아서, 왜 이들이 그러한 부채구조를 가지고 있는지를 논의하라.

04 한 기업의 부채에 대한 적어도 4개의 신용평가기관으로부터의 지난 5년간의 등급을 찾아서, 어떻게 그리고 왜 신용등급이 변화했는지에 대해 논의하라.

연|습|문|제(국제적 관점)

01 우리 나라에서 기업들의 자금조달의 주요 원천은 무엇인가? 당신은 이러한 현상이 미래의 자본시장 발전에 가장 적절하다고 생각하는지 논의하라.

02 우리 나라에서 은행이 기업환경에서 너무 큰 또는 적은 영향력을 가지고 있다고 생각하는지 논의하라.

03 미국의 기업들과 비교해서, 우리 나라의 기업들은 자본구조에서 더 많은 또는 적은 부채를 가지고 있는가? 그 이유는 무엇이라고 생각하는가? 당신은 이러한 현상이 기업을 위해 더 바람직하다고 또는 좋지 않다고 생각하는가?

04 우리 나라의 신용평가제도를 기술하고 미국의 신용평가제도와 비교하라.

CHAPTER 7

주주 및 주주행동주의

(Shareholders and Shareholder Activism)

만일 기업이 적절한 방법으로 운영되지 않으면, 그 효과는 주주들이 보유하고 있는 주식가치의 하락으로 나타난다. 주주들이 지배구조를 개선하기 위해 또는 경영자의 행태를 바꾸기 위해 무엇을 할 수 있을까? 불행히도 직접적으로 할 수 있는 것은 없다. 그러나 주주들이 완전히 무력한 것은 아니다. 주주들은 지배구조에 영향을 미칠 수 있는 다양한 간접적인 행동을 할 수 있다. 주주총회에서 주주들은 무능한 이사진의 교체를 위해 투표할 수 있으며, 운영방법을 변화시키기 위한 제안을 할 수 있다. 물론 주주들은 만일 경영진이나 이사회가 회사의 재산을 약탈할 시에는 이를 제지할 법적인 권리와 제도가 있다. 주주들은 이사들이나 임원들을 대상으로 손실을 보전하거나 그들이 제반 법규를 따르도록 소송을 제기할 수 있다.

주주들이 기업의 운영방법을 바꾸기 위해 행동에 나서는 현상은 주주행동주의(shareholder activism)라고 불린다. 주주들에 의한 지배구조에 대한 다양한 통제활동들은 인상적이긴 하지만, 현실은 주주들이 기업의 지배구조에 성공적으로 영향을 미치기에 많은 한계가 있다. 그 한 가지 이유는, 감시를 위한 활동은 비용이 많이 들어가기 때문이다. 만일 당신이 소액의 주식에 투자하고 있다면, 적절한 감시활동으로 주가가 상승하여 결과적으로 개인의 부가 증가하는 것보다 들어가는 관련비용이 훨씬 클 수 있다. 따라서 보유주식이 많은 대주주의 경우에만 주주행동주의자가 되는 것에 경제적인 가치를 부여할 가능성이 있다. 또 다른 이유는 주주행동주의는 경영자 및 이사회에 유리하게 되어 있는 법규들로 인해 성공하기 어렵기 때문이다. 주주총회에서 이사들을 교체하기 위해서 또는 주주들의 제안을 통과시키기 위한 위임장쟁탈전(proxy fight)은 확률적으로 이기기 어렵다. 그럼에도 불구하고, 주주행동주의에 대해 불만을 제기하는 무능력하고 불성실한 경영자들은 항상 있어 왔다. 만일 충분히 많은 주주들이 지배구조를 변화시키고자 시도한다면 일정한 효과가 있을 수 있다. 따라서 주주행동주의는 지배구조의 중요한 부분을 차지하고 있다.

주주행동주의의 잘 알려진 예는 마이크로소프트(Microsoft)의 야후!(Yahoo!)에 대한 인수시도의 좌절이다. 2008년 2월에 주당 31달러에 Yahoo주식을 사겠다는 마이크로소프트의 제안이 거절된 이후, 야후!의 주가는 같은 연도 동안 주당 10달러 아래까지 떨어졌다. 이러한 주가의 하락은 야후!의 주주들에게 상당한 손실을 입혔다. 이에 불만을 품은 주주들은 다양한 행동을 취했다. 예를 들면, 대주주인 칼 아이칸(Carl Icahn)은 이사진을 교체하기 위해 주주들을 상대로 설득작업을 시작하였다. 또 다른 주주는 주주총회에서 경영자보상을 실적과 보다 더 밀접하게 연결하도록 제안했다. 다른 주주들은 야후!의 경영진과 이사진을 상대로 잘못된 결정으로 주주가치가 하락한 것과 관련하여 여러 건의 소송을 제기했다.

그렇다면 소액주주 또는 대주주들이 주주에 의한 제안서 제출(proposals)과 이사선출경쟁(director election contests), 소송(lawsuits)으로 대표되는 주주행동주의자가 되는 유인이 무엇인가와 행동주의 유형에 대해 논의해 보자.

주주행동주의(shareholder activism)란 무엇인가?

주주행동주의의 공식적인 정의는 존재하지 않는다. 포괄적으로 말하면, 주주들이 기업에 대하여 영향을 주고자 의견을 제시할 때 주주들은 행동주의자가 되는 것이다. 주주총회에서 투표로 결정하기 위해서 제안서를 제출한 주주들은 행동주의자로 간주될 수 있다. 경영진에게 기업의 운영이나 정책에 대하여 편지를 쓰는 행위도 투자자행동주의(investor activism)로 간주될 수 있다. 주주행동주의는 개인주주, 대주주 그리고 기관투자가로서의 주주인 세 가지 형태로 나뉘어 논의될 수 있다. 물론 개인주주 또는 기관투자가는 둘 다 대주주가 될 수 있다는 점에서 이 세 가지 형태의 주주가 상호 배타적인 것은 아니다.

개인주주에 의한 주주행동주의

소규모의 주식을 보유한 개인투자가도 주주총회에 참석하고, 제안서를 제출하여 당해 주주총회에서 투표에 부치도록 할 수 있다. 루이스 길버트(Lewis Gilbert)는 최초의 개인 주주행동주의자로 간주된다.[1] 1932년 뉴욕(New York)의 Consolidated Gas Company의 주식

1) David Grainger, "Driving a Stake into Lone Star" *Fortune*, August 13, 2001, 32-34.

을 10주 보유하고 있는 주주로서, 그는 주주총회에 참석하였다. 주주총회에서 길버트는 자신에게 질문하거나 발언할 수 있는 기회가 주어지지 않는다는 사실에 놀랐다. 그 후 길버트와 그 형제는 개혁을 주도하였고, 그 결과 1942년 미국의 SEC는 주주들이 제안서를 주주총회에 제출하여 투표에 부칠 수 있도록 하는 법을 제정하였다.

리 그린우드(Lee Greenwood)는 제너럴 밀즈(General Mills)사의 경영진에게 잘 알려진 주주행동주의자이다. 그린우드는 한때 위티스(Wheaties)®가 항공기들이나 호텔들에서 노출되도록 제안했다.[2] 개인 행동주의자 중에 에버린 데이비스(Evelyn Davis)는 아마도 가장 잘 알려져 있으며, 그녀는 피플(*People*)지에서도 소개가 되었었다.[3] 120개 기업의 소액주주로서, 데이비스는 해마다 약 40개의 주주총회에 참석했다. 이 주주총회에서 그녀는 의문이 있는 합병으로부터 많은 금액의 급여에 이르기까지 임원들을 호되게 비판했다. 대부분의 개인 주주행동주의자들은 덜 극적인 방법을 사용한다. 에버린 데이비스와 같은 사람들은 회사의 쇠파리(corporate gadflies)라고 불리어 왔다.

대주주에 의한 감시

기업이 대주주를 가지는 것이 바람직한가? 그 동안 나타난 현상에 따르면, 이 질문에 대한 답은 주주들을 위해서는 '그렇다' 인 반면, 경영자들을 위해서는 아마도 '아니다' 일 것이다. 예를 들면, 커크 커코리안(Kirk Kerkorian)은 여러 해 동안 크라이슬러(Chrysler)사의 최

2) Lee Clifford, "Bring Me the Head of Your Board Chairman!" *Fortune*, October 2, 2000, 252.
3) Richard Jerome, "Evelyn Y. Davis for America's Most Dreaded Corporate Gadfly," *People*, May 20, 1996, 69.

사례 7.1 활동중인 개인투자가

2000년에 컴퓨터 어소시엣(Computer Associates(CA))사의 주가는 1월에 70달러에서 9월에 약 30달러까지 하락되었다. 그 다음 해에 샘 윌리(Sam Wyly)는 4명의 CA 이사를 해임시키기 위한 제안서을 제출했다. 비용이 많이 들어간 유세 후에 윌리의 제안은 거절되었는데, 이는 회사의 공동설립자이자 이사회 의장인 찰스 왕(Charles Wang)을 해임시키고자 시도했기 때문이기도 했다.[4] 그러나 이 예는 실패한 제안서들은 의미가 없으며 주주들은 제안서 제출을 포기하라는 의미는 아니다. 로버트 몽스(Robert A.G. Monks)는 1991년에 시어스(Sears)의 이사가 되기 위해 250,000달러를 소비했다. 그의 노력은 실패했지만 관련된 내용에 대한 여론의 관심은 결국 시어스의 큰 변화를 초래했다.[5]

제안들은 때로 대다수 주주들의 지원을 받을 수도 있다. 존 쉐브든(John Chevedden)은 2001년 Airborne Freight의 이사 선임절차를 변화시키기 위해 제안서를 제출했고, 의결권주식의 71%의 지지를 받았다.[6] 같은 해 가이 아담스(Guy Adams)는 이사직에 도전해서 많은 지지를 얻었다. 론스타(Lone Star) 레스토랑의 1,100주를 보유한 주주로서 그는 CEO의 소득이 증가하는 반면에 주가가 폭락하는 것에 대해서 불만을 제기했다. 결과적으로 아담스는 이사직에 출마했고, 이전에 이사로서 경험이 전혀 없었으며 레스토랑사업에 경험이 없었음에도 불구하고 이사로 선임되었다. 아담스는 다른 론스타 투자자들을 위한 감시자의 역할을 할 것이라고 말했다.[7]

대주주였다. 이러한 이해관계 때문에, 커코리안은 크라이슬러사의 전 이사회 의장이었던 로버트 이튼(Robert Eaton)과 기업을 어떻게

4) David Shook, "Rebel Stockholders are on the Move," *BusinessWeek*, September 6, 2001, www.businessweek.com/investor/content/sep2001/pi2001096_073.htm.

5) Robert A.G. Monks and Nell Minow, "Sears Case Study", www.thecorporatelibrary.com.

6) David Shook, "Rebel Stockholders are on the Move," *BusinessWeek*, September 6, 2001, www.businessweek.com/investor/content/sep2001/pi2001096_073.htm.

7) David Grainger, "Driving a Stake into Lone Star" *Fortune*, August 13, 2001, 32-34.

운영할 것인가에 대하여 여러 해 동안 대립하였다.[8] 이튼은 커코리안이 자신의 급여와 직위의 유지에도 영향력을 행사할 수 있다는 것을 알기 때문에 아마도 커코리안의 말을 경청해야 한다는 심리적 압박을 받았을 것이다. 예를 들면, 1996년에 커코리안은 Chrysler가 보유하고 있는 현금을 자사주매수(stock repurchase)와 배당의 형태로 주주들에게 배분하도록 영향력을 행사했다. 크라이슬러의 소액주주들은 활동적이고 영향력 있는 대주주로 인해 이익을 보았다. 그러나 커코리안의 입장에서는 자신이 기업활동에 큰 이해관계가 걸린 대주주이었기 때문에 적극적인 영향력을 행사할 유인이 있었다.

경영자 자신이 기업의 대주주 중 한 명일 수도 있다. 예를 들면, 빌 게이츠(Bill Gates)는 마이크로소프트(Microsoft)사 발행주식의 8%를 보유하고 있다. 따라서 게이츠는 마이크로소프트사의 성장과 재무적 성공에 대해 큰 관심을 가지고 있다. 마이크로소프트사의 소액주주들은 게이츠의 회사 주식가치의 상승에 대한 높은 이해관계로 인해 이익을 보고 있다. 대주주로서 게이츠와 커코리안의 차이는 게이츠의 경우 기업의 대주주임과 동시에 경영자란 점이다. 마이크로소프트사의 경우는 개인의 부가 회사의 부와 직접적으로 연결되어 있으며, 동일인이 기업을 직접 경영하고 있다. 이러한 이중성(duality)이 소유자와 경영자 간의 이해상충을 최소화하고 있다. 즉 최고경영자인 게이츠는 동료 경영자들을 동시에 감시하고 있는 것이다. 크라이슬러사와 커코리안의 경우, 외부에 있는 대주주의 존재는 소유주와 경영자의 이해상충을 확대시키는 것 같이 보인다. 하지만, 두 경우 모두 소액주주들은 대주주의 존재로 인해 이익을 보고 있다.

학문적 연구에서도 대주주(소유경영자이든 또는 단순히 소유자이든)는

---

8) Daneil Mcginn, "Don't Cry for Krik," *NewsWeek*, Feburary 19, 1996, *www.newsweek.com/id/101518/output/print*.

활동적인 감시자로서의 기능을 수행하고 있음을 보고했다.[9] 이러한 결과는 대주주들이 감시자로서의 유인과 능력이 둘 다 있기 때문이다. 만일 두 기업이 모든 면에서 동일한데 한 기업은 10%를 보유한 한두 명의 대주주가 존재하는 반면, 다른 기업은 0.1%를 초과하는 지분을 보유하고 있는 주주가 없다. 이런 경우 어떤 기업이 더 잘 감시되고 있을까? 대주주가 존재하는 기업이 더 감시가 잘 되고 있을 것이다. 상장기업의 경우는 발행주식 수가 매우 많기 때문에 중요한 지분을 확보하기가 쉽지 않을 것이며, 대부분의 투자자들은 투자위험의 분산을 위하여 특정기업의 주식에 너무 많은 투자를 원하지 않기 때문에 후자의 경우가 더 일반적일 것이다. 따라서, 대주주가 유용한 감시자의 역할을 수행함에도 불구하고, 대주주가 되기에 충분한 자금을 가지고 있고 이를 희망하는 주주들이 많지는 않을 것이다.

■ 기관투자가: 개관

기관투자가들은 효과적인 영향력을 행사할 수 있는 능력을 가지고 있다. 한 학술연구에서는 기관투자가들이 제출한 제안서가 개인투자가들이 제출한 경우보다 성공 가능성이 높음을 보고했다.[10] 다행히도 연금기금 및 투자신탁과 같은 기관투자가들은 보유지분이 증가함에 따라 기업의 감시역할을 더욱 능동적으로 수행하게 되었다. 그림 7.1

9) 대주주의 존재로 인한 이익에 대한 가장 잘 알려진 학문적 연구는 Harold Demsetz and Kenneth Lehn, "The Structure of Corporate Ownership: Causes and Consequences," *Journal of Political Economy* 93 (1985): 1155-1177; Andrei Shleifer and Robert Vishny, "Large Shareholders and Corporate Control," *Journal of Political Economy* 94 (1986); 461-488; and Randall Morck, Andrei Shleifer, and Robert Vishny, "Management Ownership and Market Valuation: An Empirical Analysis," *Journal of Financial Economics* 20 (1988): 293-315.

10) Stu Gillan and Laura Starks, "Corporate Governance Proposals and Shareholder Activism: The Role of Institutional Investors," *Journal of Financial Economics* 57 (2000): 275-305.

그림 7.1 1970년 투자자 유형별 지분율

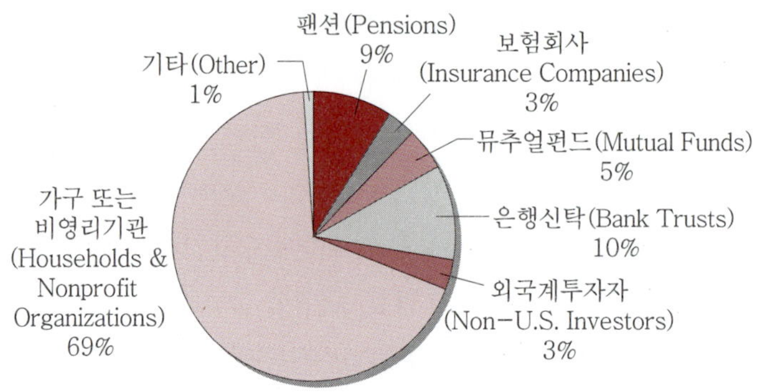

그림 7.2 2002년 투자자 유형별 지분율

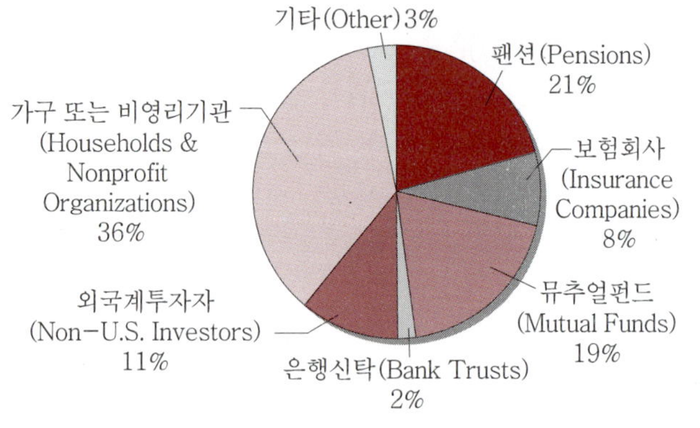

과 그림 7.2는 1970년과 2002년에 다른 종류의 주주들에 의해 보유하고 있는 소유 지분율을 보여 준다.[11)]

위 그림들로부터 기관투자가들이 1970년대보다 2002년에 더욱 많

11) 출처: NYSE Fact Book Online, */www.nysdata.comfactbook*.

은 지분을 보유하고 있다는 것을 알 수 있다. 가장 극적인 변화는 연금기금(pension funds) 및 뮤추얼펀드(mutual funds)에 의한 보유지분이다. 통계에 따르면, 2000년대 동안 100개 미만의 연금 및 뮤추얼펀드들이 미국 주식시장의 약 50%을 보유하고 있다.[12] 이들은 더욱 활동적으로 투자기업에 대한 감시역할을 수행할 경제적 유인을 가지고 있으며 실제로도 이러한 역할을 수행해 왔다.

연금기금 및 뮤추얼펀드 모두 다수의 소액투자자를 위해 현금을 관리한다. 실제로 종업원퇴직소득보장법(Employee Retirement Income Security Act: ERISA)은 연금기금들에 대한 가입자들과 수익자들에 대한 수탁책임을 명시하고 있으며, 따라서 연금기금들은 적극적인 감시자의 역할을 수행해야 한다. 연금기금의 경우는 뮤추얼펀드에 비해 개별회사의 발행주식의 몇 퍼센트까지 보유할 수 있는지에 대한 더 낮은 정도의 제한을 받고 있다. 따라서 연금기금들은 더 높은 지분율을 가지고, 장기간에 걸쳐 감시자의 역할을 능동적으로 할 수 있다. 반면에 뮤추얼펀드는 투자를 적어도 20개 회사에 분산시켜야 하며, 추가적인 세금을 내야 할 수도 있다.[13] 따라서 연금기금들이 기관투자가들에 의한 주주행동주의(shareholder activism)를 이끄는 더 중요한 역할을 한다.

1990년대 초 이후, 소수의 연금들은 장기적인 관계 투자자(relational investor)의 역할을 수행해 왔다. 연금기금들은 자신들이 주식을 보유하고 있는 기업의 경영자들 또는 다른 주주들과 직접적인 의사소통을 하며, 실적이 좋지 않은 기업을 인식하고, 그들의 개혁을 요구함으로써 영향력을 행사해 왔다.[14] 예를 들면, 연금기금 칼퍼스

12) Marc Gunther, "Investors of the World, Unite!" *Fortune*, June 24, 2002, 78-86.

13) See Internal Revenue Code Section 851(b)(3).

14) "Ending the Wall Street Walk," Corporate Governance Web site, *www.corpogov.net*: Stu Gillan and Laura Starks, "A Survey of Shareholder

(CalPERS)(140만 여명의 회원을 보유하고 있으며 1,900억 달러를 운용)는 과거에 시어스(Sears)사와 웨스팅하우스(Westinghouse)사가 낙후된 부문을 매각하도록 압력을 넣었다. 또한 2002년 7월 한 달 동안, 1,754개 주요 미국기업들의 이사회 의장들은 미국에서 가장 큰 규모의 연금기금인 TIAA-CREF로부터 주식매수선택권을 비용 처리하도록 요구하는 편지를 받았다.[15] TIAA-CREF는 주주행동주의를 적극적으로 실행해 왔으며, 연금기금들은 기업들을 감시하고 그들의 개혁을 위하여 많은 제안을 해 왔다.

영향력을 증대시키기 위해 많은 연금기금들은 기관투자가협회(Council of Institutional Investors: CII)에 가입한다. 이 협회의 주요 목적은 회원들이 투자자산을 보호하기 위해서 수행하는 다양한 활동을 돕는데 있다. 연금기금들은 3조 달러 이상에 달하는 자산을 관리하고 있으며, 따라서 자신들의 이해관계를 위해 필요한 영향력을 행사하기 위해 협회에 가입한다.

주주행동주의 유형

주주에 의한 제안서의 제출

주주행동주의의 첫 번째 예는 제안서의 제출이다. SEC는 2,000달러 초과 또는 기업의 1%를 초과하는 주식을 적어도 1년 이상 지속적으로 보유하고 있는 주주들은 주주총회에 제안서를 제출하여 투표에 부칠 수 있도록 규정하고 있다. SEC 규정 14a-8은 주주들이 기업에

Activism," *Contemporary Finance Digest* 2 (1998): 10-34.

15) The letter is available for viewing on the TIAA-CREF Web site, *www.tiaa-cref.org*.

지배구조의 변화를 제안할 수 있는 방법을 제시하고 있다. 주주제안 규정은 모든 공개기업들이 주주총회 전에 주주들에게 제안서의 제출을 요청하는 절차를 거치도록 요구하고 있다. 만일 이러한 제안서가 내규에서 요구하는 기준을 충족시키고, 사업과 충분히 관련이 있다면, 기업은 이 제안서의 요약을 주주총회에서 모든 주주들에게 배포되는 위임장(proxy statement)에 포함시켜야 한다.[16] 주주들이 제출하는 제안서는 주주총회에서 모든 주주들에 의해서 투표에 부쳐진다. 만일 그 제안서가 통과된다면 제안서는 그 내용과 성격에 따라 경영자에게 집행을 요구하거나 필요한 내용이 조정될 수 있다.

주주제안서상에 이사의 추천은 허용되지 않는다. 대신에, 이사들은 기업의 내부규정이나 독립적인 절차를 통하여 추천된다. 이러한 추천과정은 이사의 경쟁선출(contested election) 또는 위임장쟁탈전(proxy fight)이라 불린다. 이러한 주주행동주의의 형태는 다음 장에서 논의한다.

수천 건 이상의 주주제안서가 매년 제출된다. 많은 경우, 제안서는 주주의 관심사항과 지배구조와 관련된 경영자의 행태를 조율하는 내용을 포함할 수 있다. 예를 들면, 제안서는 반인수조항의 개정(antitakeover amendments), 주주의 의결권 규정, 이사회 구성 등과 관련되어 있을 수 있다.[17] 2008년 마이크로소프트와 야후(Microsoft-Yahoo!)의 합병이 실패한 후, 야후의 주주들은 경영진이 회사를 제대로 운영하지 못하고 있는 것에 대해 상당한 불만을 가지고 있었다. 주주들 중 United Brotherhood of Carpenters Pension Fund는 임원

16) 주주들의 제안서(shareholder proposals)에 대한 규정은 17 C.F.R. 240 14a-8에 제시되어 있다.

17) Stu Gillan and Laura Starks, "Corporate Governance Proposals and Shareholder Activism: The Role of Institutional Investors," *Journal of Financial Economics* 57 (2000): 275-305.

들이 평균적인 업적이나 연공서열에 근거한 보너스를 지급받는 대신, 월등한 업적을 올려야만 보너스를 받도록 하는 제안서를 주주총회에 제출했다.[18] 만일 이 제안서가 통과되었다면, 임원들이 성공적인 결과를 위해 노력할 유인을 주었을 것이다. 그러나 2008년 주주총회에서 이 제안서는 2-1로 거절되었다. 왜 더 많은 주주들이 회사를 위해

사례 7.2 가상기업의 주주총회소집 공고

조항 4

미시간주, 사우스파크, 메인스트리트 1234번지에 사는 웬 스미스(Gwen Smith) 씨는 101주의 보통주를 소유하고 있는 주주로서, 아래와 같은 내용의 제안서를 주주총회에 제출하고자 합니다.

내용: 이사회는 더 이상 임원에게 스톡옵션을 부여하지 말 것이며, 현재의 스톡옵션에 대해서도 행사가격을 재설정하거나, 재발행하지 말 것을 제안합니다.

이유: 회사는 이미 너무 많은 스톡옵션을 발행했고, 임원들은 스톡옵션 대신, 주식으로 보상을 받아야 합니다. 이는 주식보상이 경영자와 주주들의 이해를 더 잘 일치시킬 것이기 때문입니다. 만일 동의하면, 위임장에 이 제안에 대한 찬성표시를 하십시오.

이사회는 이 제안과 관련해서 다음과 같은 이유로 채택의 반대를 권유합니다.

회사는 스톡옵션을 오랫동안 발행해 왔으며, 이는 유능한 임원에 대해 유인을 제공하는 보상수단으로 믿어집니다. 경영진은 스톡옵션을 장기적인 주가상승에 대한 보상으로써 지지하고 있습니다. 스톡옵션을 없애면, 유능한 임원을 고용하고, 지속적인 미래성장을 위한 기업의 동력을 감소시킬 것입니다.

이사회는 조항 4에 기술된 주주의 제안에 대해 반대할 것을 권유합니다. 이사회에 제출된 위임장에 별도의 언급이 없으면 반대로 간주될 것입니다.

---

18) See Proposal No. 3, Yahoo! Notice of Annual Meeting of Stockholders, Proxy Statement, June 9, 2008.

명백히 더 좋은 대안에 대해 반대표를 던졌을까? 다음에 논의되는 바와 같이 경영진은 통상 주주들의 수정제안에 대해서 강하게 반발하며, 의결권을 수집하는 역학은 주주행동주의자들에게 불리하게 되어 있기 때문이다.

다른 주주들의 제안서는 인권을 위반하고 있는 국가들과의 거래금지 등 사회적 목표와 관련되어 있을 수 있다. 이러한 제안서의 내용은 사업과 관련이 없을지라도 기업의 정책에 반감을 가진 강력한 정치적 집단은 불매운동을 통해 기업의 매출에 큰 손실을 끼칠 수 있다. 따라서 주주들은 회사가 문제가 있는 특정국가 또는 기업과의 관계를 제한하는 제안서를 제출할 수 있다. 야후!의 예를 들어 보면, 2008년 주주총회에 인권과 관련된 두 개의 제안서가 제출되었다. 제안서 4번은 인터넷 검열을 요구하는 국가와의 거래를 금지하는 회사 정책의 채택을 요구했고, 제안서 5번은 이사회 내에 인권위원회 설립을 요구하는 것이었다.[19]

비록 주주의 제안서가 기업의 지배구조를 변화시키는데 유용한 방법이긴 하지만, 실제로는 경영진이 원하지 않는 제안서는 통과되기 어렵다. 일반적으로, 경영진과 이사회는 주주제안서에 효과적으로 저항할 수 있으며, 이에 따라 제안서가 충분한 의결권을 확보하기는 쉽지 않다. 야후!의 2008년 주주총회의 경우, 이사회는 세 개의 제안서에 모두 반대할 것을 권유했다. 제안서 3번은 오직 총의결권의 33%만 확보할 수 있었으며, 제안서 4번은 5.8%, 제안서 5번은 3.1%을 얻는데 그쳤다.[20] 주주행주동주의자들의 시도는 일반적으로 성공하지 못한다. 이러한 현상은 주주들에 의해 제출된 제안서에 대한 투표에

19) Yahoo! Notice of Annual Meeting of Stockholders, Proxy Statement, June 9, 2008.

20) Yahoo! Announces Results of 2008 Annual Stockholder Meeting, press release, August 1, 2008.

서 보편적으로 나타난다.

주주제안서가 실패하는 한 가지 이유는 한 주주가 다수의 다른 주주들과 의사소통하는 것은 어렵고 비용이 많이 들기 때문이다. 경영진이나 이사회의 경우, 주주제안서에 반대하기 위한 로비활동에 회사의 자원을 자유롭게 사용할 수 있기 때문에 이러한 불공평한 상황이 발생한다. 개인주주로서, 기업의 지배구조를 바꾸기 위한 힘든 싸움에서, 자신의 돈을 얼마나 사용하기를 원할까? 대부분은 적게 사용하며, 제안서에 포함된 설명이 주주들을 설득하여 제안을 통과시키기에 충분한 의결권을 확보할 수 있기를 희망한다. 주주의 제안서가 채택되기 힘든 또 다른 이유는, 경영진은 주주총회 전에 주주들로부터 위임장을 수집할 수 있기 때문이다. 수집된 위임장들은 경영진에게 주주를 위해서 주주총회에서 투표할 권한을 준다. 경영자들은 입장을 표명하지 않고 제출한 주주들의 위임장을 자신들이 원하는 방향으로 투표하는데 사용할 수 있다.

위의 두 가지 이유로 인해, 주주제안서를 통한 지배구조의 변경은 쉽지 않다. 제안서를 성공적으로 통과시키려면, 제안서를 제출한 주주는 제안서에 반대하도록 다른 주주들에게 로비할 수 있는 이사회의 금전적 이점과, 제안서 투표에 관심이 없는 주주들로부터 회수한 위임장을 통제할 수 있는 경영진의 이점을 극복하기에 충분한 의결권을 확보해야 한다. 이러한 한계에도 불구하고, 제안서는 소액주주들이 경영진의 행동에 대해서 우려를 표시할 수 있는 제한된 방법들 중 하나이다. 따라서 제안서는 주주총회에 지속적으로 제출되고 있다. 만일 대주주가 제출된 제안서의 안을 지원한다면, 다른 주주들을 설득하기 위해 더 많은 자원을 동원할 수 있을 것이며, 이에 따라 제안서가 통과될 가능성이 증가한다. 본 장의 후반부에, 기관투자가와 같은 대주주가 주주제안서나 다른 방법을 통해 어떻게 경영진을 효과적으로 통제할 수 있는가를 논의한다.

이사 선임경쟁(위임장쟁탈전)

주주행동주의자들이 취할 수 있는 또 다른 방안은 이사회의 구성원인 이사들을 교체하는 것이다. 이사들은 회사에서 주주들을 대표하고 있다. 따라서 이사들은 주주들을 위해 일할 의무가 있으며, 의무를 효과적으로 수행하지 못하면 교체될 수 있다. 주주들이 비효과적인 이사진(ineffective board)을 교체하는 것은 쉬워 보이지만, 게임의 법칙은 이를 매우 어렵게 하도록 되어 있다. 마이크로소프트-야후!의 실패한 합병의 예를 다시 생각해 보자. 불만을 가진 야후!의 주주들이 취한 첫 번째 조치는 마이크로소프트의 인수제안을 거절한 이사를 교체하는 것이었다. 대주주 중 하나였던 칼 아이칸(Carl Icahn)은 전체 이사진을 교체하기 위해 9명의 새로운 이사를 추천했다. 그러나 의결권확보의 치열한 경쟁 끝에 칼 아이칸은 이 안을 포기했고, 대신에 타협안에 동의했다. 타협을 통해 마이크로소프트와 합병을 반대한 9명의 이사 중 8명을 그대로 둔 채, 칼 이이칸과 아이칸이 추천한 2명의 이사를 확대된 야후!의 이사진에 포함시켰다.[21] 다른 말로는 세간의 이목을 끄는 선임경쟁 끝에 오직 한 명의 이사만이 지위를 잃었다.

만일 이사들이 교체되어야 할 상황이 있었다면, 이 경우가 바로 그런 사례였기 때문에 야후!의 사례는 많은 사람들에게 충격을 주었다. 아이칸은 경영진이 가진 재무적 장점을 무력화시키기 위해, 이사진과의 분쟁에서 기꺼이 상당한 자원을 소비할 준비가 되어 있었으며, 변화를 원하는 불만을 가진 많은 주주들이 있었다. 그럼에도 불구하고,

21) Yahoo! Revised Definitive Proxy Statement, July 28, 2008.

이러한 불만 세력들은 이사의 지명과 관련된 규정 하에서 야후!의 경영진과 기존 이사진이 가진 유리한 지위를 극복하기가 쉽지 않았다.

주주들이 이사를 교체하는데 경험하게 되는 첫 번째 어려움은 이사의 추천이 통상 이사회에 속한 위원회에 의해서 이루어진다는데 있다. 이는 현재의 이사회가 주주총회에서 선임될 이사후보를 추천할 수 있는 권한을 가지고 있다는 것을 의미한다. 만일 주주들이 현재의 이사진이 유능하지 않다고 믿으면, 주주들은 아마도 현재의 이사들로 구성된 위원회에 의해서 추천된 후보를 선호하지 않을 것이다. 주주들의 선택을 더욱 제한하는 것은 일반적으로 이사 지위에는 한 명의 후보자만이 추천되며, 불만을 가진 주주들이 가진 유일한 대안은 추천된 후보자에 대해 반대투표를 하여 이사회가 다음 번에는 더 나은 후보자를 추천되기를 희망하는 것뿐이다.

이사회의 이사후보 추천에 대항하기 위해서, 주주들에게 두 가지 방법이 이용 가능하다. 첫 번째 방법으로 주주들은 이사회에 후보자를 제안할 수 있다. 이러한 제안을 위한 규정들은 기업의 내규에 따라 다르다. 그러나 이사회가 주주들의 제안을 받아들일지에 대해서는 보장이 없으며, 주주들의 제안과 관계없이 이사회는 아마도 자신이 원하는 이사들을 추천할 수도 있다. 두 번째 방법은 이사회의 추천절차를 우회하여 주주총회에서 직접 자신이 원하는 후보를 추천하는 것이다. 이는 의결권대리행사의 권유(proxy solicitation)라고 불리며, 규정 14A 하에서 복잡한 일련의 SEC 규정에 통제를 받는다.[22] 만일 당신이 의결권대리행사의 권유를 받게 된다면 이사의 경쟁선출(contested election) 또는 더 흔하게 위임장대결(proxy fight)을 초래하게 될 것이다. 위임장대결은 수반되는 비용으로 인해 흔하게 일어나지는 않는다. 이사의 경쟁선출의 경우, SEC는 모든 주주들에게 안

22) The rules for proxy solicitation are found at 17 C.F.R. 240.14a.

내 우편물을 보내도록 요구하고 있으며, 많은 상세한 서류들을 SEC에 제출하고, 주주들에게 필요한 정보를 제공하는데 막대한 비용이 들지도 모른다.

이러한 비용에 더하여, 위임장대결은 경영진과 이사진에게 몇 가지 유리한 점이 있기 때문에 예측하지 못했던 결과를 가져올 수 있다. 주주 제안서에 대해 앞에서 논의한 바와 같이 투표와 관련된 규정은 경영진에게 유리하게 되어 있다. 많은 주주들은 위임장에 투표와 관련된 칸을 비워 놓거나, 경영진이 요청한대로 투표하여 제출한다. 이것이 경영진이 누구에게 투표할지에 대해 관심이 없는 주주들의 표를 통제할 수 있게 허용한다. 경영진을 유리하게 하는 또 다른 문제는 연금기금관리자(pension fund managers)와 같은 기관투자가들은 기업 경영자들에게 비우호적이라는 명성을 얻지 않기 위해서 경영진의 의견을 따르는 경향이 있다. 다른 말로는, 연금기금의 주요 사업이 대기업의 퇴직금을 관리하는 것이라는 관점에서, 연금기금은 자신들의 활동이, 고객인 기업의 경영자들로 하여금 종업원을 위한 연금기금의 변경을 초래하게 되는 것을 우려할지도 모른다. 이런 요소는 기관투자가들에 의한 주주행동주의의 효과성을 낮출 수 있다.

야후!의 위임장 대결에서 몇몇의 대규모 기관투자가들은 경영자들과 동일한 입장을 취한 것처럼 보였다. 이러한 기관투자가의 지원은 경영진 및 이사회가 보유한 10%의 소유권과 관심이 없는 주주들로부터의 위임장과 함께, 위임장 대결에서 승리하기 충분하다.[23] 아마도, 이것이 아이칸(Icahn)이 이사직 9자리 중, 9자리를 모두 차지하는 대신에, 11개의 이사자리에 대해서 오직 3좌석을 가지는 것으로 타협한 이유일 것이다. 종합적으로, 이것이 무능한 이사를 해임하기 위해 할

23) Market Watch, Yahoo Proxy May Come Down to Battle of Big Funds, July 18, 2008.

수 있었던 최선이었다는 것에 대해 야후!의 많은 주주들을 실망시켰다.

위임장대결에서 이사를 교체하는 비용과 절차상의 어려움 때문에 SEC는 주주들이 통제권을 증가시킬 수 있는 규정을 제안했다. 제안된 규정은 주주들이 회사에서 이사를 추천하는 방법을 바꿀 수 있도록 허용했다.[24] 예를 들면, 이 규정은 각 이사직에 대해 복수의 후보자를 추천하도록 해서 주주들이 그들 중 하나를 선정할 수 있게 하는 내규를 제안할 수 있게 하였다. 이런 방법으로 주주들은 비용이 많이 드는 위임장쟁탈전을 통하지 않고도, 이사의 선정에 관한 통제력을 더 가질 수 있게 된다. 이러한 제안된 규정은 의견수렴에 필요한 1년이 경과했음에도, 아직 최종규정으로는 채택되지는 않았다. 따라서 현시점에서는 소액주주들은 오직 대주주가 이사 선정절차에 대해 이의를 제기한 이후에만, 이사의 추천과 관련된 영향력을 행사할 수 있다.

주주들에 의한 소송

경영자나 이사회의 행태에 불만이 있는 주주들은 이를 해결하기 위해 법적 제도에 의존할 수 있다. 경영자들과 이사들은 주주의 이익을 위해 최선을 다해야 하는 수탁책임이 있기 때문에, 이들에 의한 부적절한 행위는 주주들에게 소송을 제기할 법적 근거를 제공한다. 소송의 목적은 임원들이 회사의 내규를 따르도록 강제하며, 또는 문제를 일으킨 자로 하여금 주식가치의 감소로 인한 손실을 주주들에게

24) Securities and Exchange Commission, Shareholder Proposals, Proposed Rule, Release No. 34-56160, July 27, 2007.

배상하도록 하는데 있다. 이 두 목적의 차이는 전자는 지배구조에 직접적인 영향을 주며, 후자는 간접적인 영향을 준다는데 있다. 만일 당신이 금전적 보상만을 위해 소송을 제기했다면, 기업의 지배구조에 직접적인 영향을 주지는 못할 것이다. 그럼에도 불구하고 법원이 임원 또는 이사의 부적절한 행위로 인한 주가의 하락에 대해 주주들에게 손해배상을 하라는 명령은 실질적인 경고로서 기업의 지배구조에 영향을 미칠 것이다.

주주들이 제기할 수 있는 소송은 두 종류가 있다. 첫 번째는 간접소송(derivative lawsuit)으로 기업의 이름으로 임원들 및 이사들을 대상으로 소송을 제기하는 것이다. 간접소송의 기본 신념은 비록 이사회가 주주들의 수탁자로서 임명되었지만, 주주들은 기업의 규정에 관여할 권리가 있고, 만일 이사들이 규정을 무시할 때, 규정을 따르도록 강제할 수 있는 권리를 가지고 있다는 것이다.[25] 다른 말로는, 만일 이사회가 부적절한 행위를 하는 임원들을 감시하고 처벌하는 책임을 다하지 않으면, 주주들은 회사를 위해서 이사들과 임원들이 규정을 따르도록 강제하기 위해 소송을 제기할 수 있다. 이를 통해 주주들은 이사들과 임원들이 회사에 손해배상을 지급하도록 강제할 수 있다. 이 소송은 주주들이 실제로 소송을 제기하는 당사자가 아님으로, 간접소송이라고 불린다. 간접소송의 결과 배상되는 돈은 회사로 들어가며, 주주들에게 가는 것은 아니다.

다른 종류의 소송은 주주들이 회사의 임원이나 이사들에게 소송을 제기하는 직접소송(direct suit)이다. 직접소송에서, 법적 주장은 임원들과 이사들은 주주들이 최대의 이익을 얻도록 의사결정을 해야 하는

25) 주 회사법(state coropration law)에 따라서는, 간접소송(derivative laws)이 제기되기 전에, 원고는 이사회가 그 의무를 다하지 않았음을 보여 주어야 한다. 간접소송에 관한 추가적인 정보는 *http://en.wikipedia.org/wiki/Derivative_suit* 참조.

의무를 가진 수탁자라는 것이다. 직접소송에서는 임원들과 이사들이 의도적으로 주주를 해롭게 하는 행동을 했다고 주장되며, 직접소송의 결과 지급되는 금액은 회사의 금고가 아니라 주주들에게 직접 지급된다.

【최근의 연구】

간접소송(derivative lawsuit)이 어떻게 기업지배구조를 개선하는가? 기업을 내부 규정에 따르도록 강제하는 것 이외에 지배구조에 대한 다른 효과가 있는가? 최근의 연구는 간접소송이 이사회의 구조를 변화시키는 효과적인 기업지배구조의 장치가 될 수 있다는 것을 보여 주었다. 패리스(Ferris), 잔딕(Jandik), 로리스(Lawless), 막키자(Makhija) 교수는 1982-1999에 걸쳐서, 174개 기업에 대한 215건의 간접소송을 조사하였다. 이들은 각 기업에 대해서 소송이 제기된 일자로부터 3년 동안의 기업지배구조와 관련된 다음과 같은 주요 변수들의 변화를 분석했다: 이사회의 규모, 내부이사의 비중, 외부이사의 비중, 이사회 의장과 CEO가 동일인인지 여부, 이사의 교체비율. 분석기간 동안의 거시경제 상황의 변화를 통제하기 위해 저자들은 소송을 당하지 않는 기업으로 비교집단을 선정하였다.

이 연구의 결과는 소송을 당한 기업에서 이사회의 사내이사 비중은 소송 후 3년간 통계적으로 유의하게 감소(사외이사의 증가)하였음을 보여 주었다. 이사회와 관련된 장에서 논의한 것과 같이 사외이사의 비중이 증가함에 따라 기업의 지배구조는 개선된다고 볼 수 있다. 따라서, 간접소송은 기업의 지배구조를 개선하는 것처럼 보인다. 또 다른 재미있는 결과는 이사회 의장임과 동시에 CEO인 사례의 비중이 통계적으로 유의하게 감소한 것이다. CEO가 아닌 사람이 이사회를 통제하게 되는 것은 지배구조의 개선으로 간주된다. 전체적으로 이러한 결과들은 간접소송이 제기된 3년 동안에 기업이 지배구조에 실제적인 변화가 있었다는 것으로 보여 준다.

왜 주주들은 소송을 하기 위해 비용을 지불할까? 2008년 초에 당신이 야후!에 10,000달러를 투자했다고 가정하자. 야후!의 이사회가 마이크로소프트에 의한 인수제안을 거절했을 때, 계산기간에 따라, 약 20%의 주식가치가 감소했다. 이는 투자액 중 2,000달러의 손실을 의미한다. 이 금액은 간접소송이던 직접소송이던, 소송에 필요한 높은 비용을 고려할 때 소송제기의 근거로 타당성이 부족하다. 그럼에도 불구하고, 적어도 10건의 소송이 야후!의 이사회나 경영자들에 대해서 제기되었다. 왜 이렇게 많은 주주들이 소송을 제기했을까? 한 가지 이유는 이들 주주들은 큰 돈을 투자한 대주주이기 때문이다. 만일 야후!에 대한 당신의 투자가 1억 달러($100 million)라면 2,000만 달러($20 million)를 회복할 가능성은 소송을 제기하기에 충분한 근거가 된다. 직접소송(direct lawsuit)에 대한 더 중요한 이유는 연방법이 집단소송(class action lawsuit)을 허용하기 때문이다. 집단소송은 모든 주주들을 하나의 소송으로 결합하는 형태의 소송이다. 대부분의 직접적인 증권소송은 비록 처음에는 집단소송으로 시작하지 않았을지라도, 집단소송으로 귀결된다. 야후! 사례의 경우, 법원은 동일한 내용으로 제기된 다수의 소송을 하나의 소송으로 결합하여 관련된 시간을 절약하였다. 이는 또한 다른 주주들이 소송에 가담하기 쉽게 하였다. 집단소송의 효과는 주주들이 소송비용을 분담하는 것이다.

주주들이 값비싼 소송을 제기하는 가장 큰 이유는, 만일 주주들이 소송에서 이기게 되면 회사는 주주들이 지급한 소송비용을 상환해 주어야 하기 때문이다. 변호사비용을 회수할 수 있는 가능성이 있다면, 법무법인들이 집단소송 또는 간접소송을 적극적으로 수임하고자 할 것이다. 많은 경우, 변호사들이 관련비용을 지급하며, 소송에서 이겼을 경우에만 주주들이 변호사들에게 비용을 포함한 수수료를 지급한다. 즉 만일 소송에서 지게 되면 주주들은 관련비용을 지급하지 않는다. 이러한 변호사들의 성공보수제도는 증권관련법의 변화를 가져왔다. 1995년의 개인증권소송개혁법(Private Securities Litigation Reform Act of 1995)은 경솔한 소송의 건수를 감소시키기 위해서 도입되었다.[26] 하지만 스텐포드 법대(Stanford Law School)의 증권집단소송정보센터(Securities Class Action Clearinghouse)에 따르면, 1995년의 새로운 법의 도입 이후에도, 집단소송의 추세에는 변화가 없었다.[27] 이 책에서 잘못된 지배구조의 예로서 제시한 것과 같이 항상 어떤 임원들은 주주들의 이익에 반하는 행위를 해 왔다. 이는 소송의 대상이 되는 중요한 주제들이 항상 존재한다는 의미이다.

소송의 제기가 단순히 변호사들이 수임료를 얻기 위한 시도인가에 대해서는 논란이 있으나, 소송은 또한 기업지배구조에서 중요한 역할을 한다는 것에 대해서는 의문의 여지가 없다. 만일 임원들과 이사들이 주주의 손실을 보전해 주어야 할 잠재적

26) http://en.wikipedia.org/wiki/Private_Securities_Litigation_Reform_Act
27) http://securities.stanford.edu/index.html

인 의무가 있다면, 이는 주주를 해치는 행위를 효과적으로 감소시킬 것이다. 따라서 주주에 의한 소송은 경영자들의 기회주의적 행위를 저지하는데 있어서 중요한 역할을 한다. 그러나 그 효과에는 한 가지 제한이 있다는 것을 고려해야 한다. 이사들과 경영자들은 통상, 임원배상보험(Directors and Officers insurance policies)에 가입하며, 회사는 경영자들과 이사들이 소송을 해결하는데 필요한 금액을 보상해 준다. 이는 대부분의 주주들이 문제를 야기한 상대로부터가 아니라, 실제로는 보험회사로부터 손실을 보전하게 된다는 것을 의미한다.[28]

Stephen P. Ferris, Tomas Jandik, Robert M. Lawless, and Anil Makhija, "Derivative Lawsuits as a Corporate Governance Mechanism: Empirical Evidence on Board Changes Surrounding Filings," *Journal of Financial and Quantitative Analysis*, 42 (2007): 143~166.

만일 당신이 불만을 품은 주주일 때, 어떤 형태의 소송을 제기할지를 어떻게 결정할 것인가? 이는 회사 내부의 문제를 직접 수정할 것인가, 또는 주식의 가치하락으로 인한 손실 자체에 더 관심을 가지고 있는가에 달려 있다. 간접소송은 주주들에게 직접적인 이익을 가져다 주지는 않는다. 그러나 임원이나 이사들이 기업의 정책을 따르도록 강제하는 데에는 유용할 수 있다. 반면 직접소송은 임원이나 이사들의 행위로 인해 초래된 주가의 하락을 보전하기 위해서는 더 효과적이다.

28) 고의적인 부정은 임원배상보험이나 회사에 의한 보증에 의해 보호받지 못한다. 따라서 엔론의 경우와 같은 경우, 임원들은 소송의 결과 자신의 돈으로 주주들의 손실을 배상하여야 한다.

기관투자가의 주주행동주의는 효과적인가?

이전에 기술한 모든 주주행동주의(shareholder activism)의 형태들은 행동을 취할 더 큰 유인을 가지고 있는 대주주들에 의해서 수행될 가능성이 더 높다. 이는 통상 기관투자자와 같은 대주주들이 주주행동으로 인해 이익을 얻을 수 있는가의 문제이다. 행동주의가 긍정적인 결과를 가져올지를 판단하는 것은 어렵다. 이는 뒤이은 뛰어난 성과를 행동주의와 직접적으로 관련시킬 수가 없기 때문이다. 칼퍼스(CalPERs)에서 위탁한 연구에서, Wilshire Associates의 스티븐 네스빗(Steven Nesbitt)은 칼퍼스에 의해서 개혁의 대상으로 선정된 42개 기업의 주가수익률을 분석하였다. 선정 후 5년 동안에 이 42개 기업의 주가수익률이 S&P 500지수의 수익률보다 52.5% 더 높았다. 같은 기업에서, 선정 이전, 5년의 기간 동안에는 S&P지수 수익률보다 66%나 낮았었다.[29] Economic Analysis Corporation의 마이클 스미스(Michael P. Smith)는 칼퍼스의 주주행동주의에 관한 독립적인 연구를 수행했다. 스미스는 동연구에서 칼퍼스의 주주행동의 대상으로 선정된 34개 기업의 결합된 이득이 1987~1993에 걸쳐 1,900만 달러이었던 반면, 감시를 위해 들어간 총비용은 350만 달러이었음을 보고했다.[30] 이러한 증거는 칼퍼스의 주주행동주의가 효과적이었음을 제시한다.

그러나 반대의 경우도 역시 존재한다. 한 학술연구에서는 주주제안서의 제출이 회사의 성과를 향상시킨다는 증거를 발견할 수 없었음

---

29) 출처: "Ending the Wall Street Walk," Corporate Governance Web site, *www.corpgov.net*.

30) Michael P. Smith, "Shareholder Activism by Institutional Investors: Evidence from CalPERS," *Journal of Finance* 51 (1996): 227-252.

을 보고했다. 이러한 결과는 제안서가 성공적으로 통과된 회사들에 있어서도 동일한 결과를 보여 주었다.[31] CII가 선정한 기업들에 대한 연구에서도 기업성과의 개선에 미치는 주주행동주의의 효력에 대한 증거를 발견할 수 없었음을 보고했다.[32] 이렇게 일치하지 않는 결과로 인해 주주행동주의가 기업을 더 좋게 변화시키는지에 대해서는 결론 내리기 어렵다. 이는 아마도 주주행동주의가 자체적인 문제점을 가지고 있기 때문일 수도 있다. 이러한 내용은 다음에 다시 논의한다.

효과적인 주주행동주의를 위한 잠재적인 장애물

뮤추얼펀드(mutual funds)와 연금기금(pension funds)은 보유한 포트폴리오로부터 높은 수익을 올리기 위해 업무를 수행한다. 그러나 많은 활동적인 투자자들은 투기적이거나 단기적인 관점에서 투자를 하고 있으며, 이에 따라 이들은 단기간의 주가추세에 따라 민감하게 반응을 한다. 이러한 투자의 단기적인 관점은 투자자들로 하여금 행동주의에 대한 필요성을 느끼지 못하게 한다.

기관투자가들은 단기간에 높은 수익률을 올리는 것에 관심이 있으며, 이에 따라 단기적인 성과를 실현시킬 수 있다면 보유 주식을 팔고 다른 투자수단으로 갈아 타려고 할 것이다. 존 보글(John Bogle)도 뮤추얼펀드 경영자들에게 주주행동주의 활동에 적극적으로 참여하도

31) Jonathan M. Karpoff, Paul H. Malatesta, and Ralph A. Walkling, "Corporate Governance and Shareholder Initiatives: Empirical Evidence," *Journal of Financial Economics* 42 (1996): 365-395.

32) Wei-Ling Song, Samuel H. Szewczyk, and Assem Safieddine, "Does Coordinated Institutional Investor Activism Reverse the Fortunes of Underperforming Firms?" *Journal of Financial and Quantitative Analysis* 38 (2003): 317-336.

록 요청했으나, 뮤추얼펀드는 단기적인 투자에 더 관심이 있다는 것을 발견했다. 과거 사례를 보면, 지분펀드(equity funds)의 경우, 연수익률이 100%를 초과하는 경우가 희귀한 것이 아니다.[33] 만일 지분펀드가 투자기업의 미래전망에 대해 부정적인 평가를 하게 되면, 피투자회사를 변화시키고자 시도하기보다는 단지 그 주식을 팔아 버린다. 공공연금(public pension funds) 이외에 개인연금(private pension funds)은 어떤가? 개인연금은 활동적인가? 개인연금은 주주행동주의 전선에서 극단적으로 조용하다. Institutional Shareholder Services의 CEO인 재이미 허드(Jamie Heard)는 개인연금이 피투자회사의 지배구조를 바꾸기 위해 주주행동주의에 적극적으로 관여하는 경우를 들어 본 적이 없다고 말했다.[34] 전체적으로 개인연금은 공공연금보다 50% 이상의 더 큰 자산을 보유하고 있다. 연금기금을 집단으로 보면, 그들은 주주들을 보호하기 위한 강력한 감시력을 가지고 있으며, 경영진에게 영향력을 행사할 수 있다. 기업의 경영자는 연금자산을 관리하기 위해 개인연금조언자들(private fund advisors)을 고용할 수 있다. 만일 이들이 기업의 경영진에게 적대적(aggressive)인 접근을 한다면, 그들은 자산을 관리하는 직위에 오래 머물 수 없을 것이다. 경영자들은 주주행동주의자인 투자관리자들을 고용하지 않을 것이며, 따라서 뮤추얼펀드(mutual funds)는 기업의 경영자들과 입장을 같이 하게 될 것이다.[35] 즉 뮤추얼펀드는 자신들에게 먹이를 주는 손을 물지 않을 것이다.

---

33) Remarks by John C. Bogle before the New York Society of Security Analysts on February 14, 2002. 이 연설의 본문은 *www.vanguard.com*에서 볼 수 있음.

34) "Ending the Wall Street Walk," Corporate Governance Web site, www.corpgov.net, Stu Gillan and Laura Starks, "A Survey of Shareholder Activism," *Contemporary Finance Digest* 2 (1998): 10-34.

35) Gerald Davis and E. Han Kim, "Business Ties and Proxy Voting by Mutual Funds," *Journal of Financial Economics* 85 (2007): 552-570.

법적, 정치적 환경 또한 대주주인 기관투자가들이 주주행동주의에 관련되는 것을 어렵게 할 수 있다. 투자회사법(Investment Company Act)에 의하면, 한 기업의 10% 이상의 주식을 보유한 뮤추얼펀드(mutual funds)는 추가적인 법적, 세금적 부담을 해야 한다. 뮤추얼펀드자산의 반은 적어도 20개 이상의 기업에 귀속되어야 한다. 즉 한 기업이 포트폴리오의 5%을 초과할 수 없다. 이러한 소유권의 제한은 연금기금(pension funds)에도 적용된다. 특히 ERISA는 엄격한 분산 기준을 적용한다. 주주행동주의의 잘 알려진 지지자인 컬럼비아(Columbia) 대학의 법학교수인 버나드 블랙(Bernard S. Black)이 언급하였듯이 "연금기금(pension funds)은 법에 의해서 극단적인 분산을 하도록 요구된다."[36]

왜 이러한 제한이 존재하는가? 버나드 블랙(Bernard S. Black)과 또 다른 법대교수인 마크 로(Mark J. Roe)는, 법적 제한들은 대주주가 기업에 유익한 감시 역할을 수행하는 것을 방해한다고 강하게 주장해 왔다.[37] 두 교수는 법적 환경이 기관투자가들이 크게 성장하거나, 함께 행동하거나, 특정 기업의 중요한 소유주가 되는 것을 금지하거나 방해한다고 주장한다. 동시에 만일 이러한 투자자들이 상당한 지분을 확보하려 하면, SEC는 이들에게 막대한 서류작업을 요구하고, 불리한 세율을 적용한다. 오직 소수의 법만 기관투자가들이 효과적인 감시의 역할을 수행하는데 편의를 제공하고 있다.

법적 제한이 없는 경우, 기관투자가들에 의한 주주행동주의가 어떨 것인지 이해하려면, 규정의 제약을 받지 않고 대규모 투자자금을

36) Bernard S. Black, "Institutional Investors and Corporate Governance: The Case for Institutional Voice," in *The Revolution in Corporate Finance*, 3rd Edition (Oxford: Blackwell Publishers, 1998).

37) Mark J. Roe, "Political and Legal Restraints on Ownership and Control of Public Companies," *Journal of Financial Economics* 27 (1990): 7-41.

운용하는 해지펀드의 경우를 생각해 볼 수 있다. 2001~2006년에 걸친 최근의 연구에서 대주주인 해지펀드가 전략적, 운영적, 재무적 개선을 위한 제안서를 제출한 경우, 2/3가 성공적이었거나 적어도 부분적으로 성공적이었음을 보고했다.[38)]

국제적 관점

미국과 영국의 상장기업은 세계에서 가장 분산된 소유구조를 가지고 있다. 개인투자가로서, 단지 1%의 상장기업 주식을 보유하기 위해서도 막대한 자금이 소요된다는 관점에서, 이는 놀라운 것이 아니다. 기관투자가들은 충분한 자금을 가지고 있을 수 있지만, 법적 제한으로 인해 한 기업의 중요한 지분을 소유하기 어렵다.

그러나 대주주가 보편적인 많은 다른 나라에서는 소유집중도가 높다. 두 가지 흔한 대주주의 형태로는 가족주주(family-owners)와 정부주주(state-owners)이다. 특히 가족 대주주와 같은 경우, 경영에 적극적으로 참여한다. 예를 들면, 리카싱(Li Ka-Shing) 가족은 홍콩의 몇 개 대기업을 소유하고 경영하고 있다. 월렌버그(Wallenberg) 가족은 스웨덴의 몇 개의 대기업을 소유하고 경영하고 있다.

기업의 소유자가 경영을 한다는 것은, 최적의 지배구조를 가진 것으로 보인다. 소유경영자는 비효율적으로 기업을 운영하지 않을 것이며, 따라서 소액주주도 그 혜택을 누릴 수 있을 것이다. 그러나 이러한 소유경영자 구조는 소유자들의 적극적인 경영참여가 전제되어야

38) Alon Brav, Wei Jang, Frank Partnoy, and Randall Thomas, "Hedge Fund Activism, Corporate Governance, and Firm Performance," *Journal of Finance*, 63 (2003): 1729-1775.

하며, 이들이 다양한 포트폴리오를 가지는 것을 포기함으로써 대주주들에게 큰 비용을 초래할 수도 있다. 더구나 가족소유자들은 소액주주의 비용으로 개인적 혜택(가령, 각종 특전과 막대한 급여 등)을 누릴 가능성도 있다. 즉 누군가는 가족소유자를 감시해야만 할지도 모른다.

최근에는 주주행동주의 단체들이 가족소유가 지배적인 국가에서 나타나기 시작했다. 예를 들면, 한국의 PSPD(People' s Solidarity of Participatory Democracy: 주요 주주행동주의 단체로 1990년대 후반에 활동을 시작했음)는 특히 재벌로 알려진 가족소유기업들의 개혁을 목표로 활동하고 있다. 이러한 주주행동주의 단체들의 행동이 성공적일지는 지속적인 관찰이 필요하다.

마지막으로, 취약한 기업지배구조가 가족소유를 보편적으로 만드는데 공헌했을 수도 있다. 어떤 나라에서는 강력한 주주보호를 제공하지 않을 수도 있다. 취약한 지배구조환경 하에서 투자자들은 자신의 부를 집중시키고 통제를 유지할 수밖에 없다고 느낄지도 모른다. 따라서 가족소유자들이 그들의 지배를 위임하고 부를 분산시키도록 하기 위해서는 소액주주의 권리를 보호할 수 있는 상당한 지배구조의 개혁이 선행되어야 할지도 모른다.

요 약

주주들은 경영자들이 기회주의적으로 행동하고 주주의 가치를 손상시킬 때 몇 가지 행동을 취할 수 있다. 물론 한 가지 대안은 주식을 팔아 버리는 것이다. 그러나 만일 주주들이 주주의 지위를 유지하고, 회사의 지배구조를 개선하기를 원한다면, 그들의 대안은 제안서 제출, 위임장대결 그리고 소송이 될 것이다. 각각의 대안이 유용할 수 있지만, 이 대안들은 성공확률이 낮으며, 성공한다 할지라도 대부분의 소액주주들은 주주행동주의의 비용을 정당화할 정도로 충분한 이익을 얻을 수 없을 것이다. 반면에 기관투자가들은 대주주임으로 주주행동주의를 통해 효과적으로 감시를 할 수 있을지도 모른다. 실제로 연금기금과 같은 기관투자가들은 가입자들의 이익을 위해 투자를 하게 되며, 따라서 이들은 주주행동주의자이어야만 한다.

몇몇 기관투자가들은 주주행동주의에 진지하게 참여한다. 그러나 대부분의 경우, 기관투자가들은 적극적인 주주들이 아니다. 이러한 상황은 기관투자가들이 유인문제, 이해의 상충 딜레마, 그리고 규정에 의한 제한에 봉착하기 때문에 발생한다. 기관투자가들에게 더 많은 권한을 주어야 할까? 상장기업에 대한 지나친 소유권과 권한의 부여에는 어떤 부정적인 측면이 있는가?

주주행동주의에 관련된 웹 정보

CalPERS Shareholder Forum
www.calpers-governance.org/forumbome.asp

Teachers Insurance and Annuity Association College

Retirement Equities Fund (TIAA-CREF)
http://www.tiaa-cref.org/about/governance/index.html

Council of Institutional Investors (CII)
www.cii.org

복습문제

01 주주행동주의에 참여하는 다른 형태의 주주들의 능력에 대해 비교·대조하라.

02 투자자들은 기업을 감시하고 기업의 행태에 영향을 주기 위해 무엇을 할 수 있는가?

03 주주행동주의는 얼마나 성공적인가?

04 효과적인 주주행동주의에 대한 제약들을 논의하라.

토론문제

01 본문은, 어떤 기업은 대주주가 필요한 경우도 있으며, 아닌 경우도 있다고 언급한다. 어떤 종류의 기업이 각 범주에 들어가는가? 이러한 경우는 다른 형태의 감시에도 적용되는가? 그렇다면 어떻게 적용되는지 논의하라.

02 당신은 기관투자가들이 한 기업의 대주주가 되는 것을 허용해야 한다고 생각하는가? 그렇다면(그렇지 않다면), 왜 그렇게 생각하는가?

03 당신은 주주행동주의의 어떤 접근이, 경영자를 감시하고 기업지배구조를 개선하는데 더 효과적이라고 생각하는가? 기업행동주의를 더 효과적으로 만들기 위해 당신이 생각하고 있는 변화를 논의하라.

04 주주행동주의가 효과가 있다고 생각하는가? 그렇다면(그렇지 않다면) 그 이유는 무엇인가?

연|습|문|제

01 주주제안서를 제출하는데 어떠한 절차와 내용이 필요한지를 조사해서 기술하라.

02 행동주의자 기관투자가인 CalPERS(또는 TIAA-CREF)의 기업지배구조의 목적을 기술하라.

03 기관투자가 협회의 웹페이지를 보고, 그들이 어떤 주주 발의권(initiatives)을 가지고 있는가를 기술하라.

04 같은 산업 내의 두 기업을 선택해서 그들의 대주주들을 열거하라. 만일 그들의 소유구조가 유사하거나 다르다면, 왜 그러한 현상이 나타나는지를 기술하라. 다른 산업에 속한 두 기업을 선택해서 그들의 대주주들을 열거하라. 만일 그들의 소유구조가 유사하거나 다르다면, 왜 그러한 현상이 나타나는지를 기술하라.

05 본문에서 논의한 두 가지 형태의 주주소송을 찾아서 기술하라. 각각에서 누가 소송을 제기했는지 경영진 또는 이사진에 대한 주장은 무엇인지, 주주들이 요구하는 것은 무엇인지를 논의하라.

06 뮤추얼펀드와 연금기금이 지켜야만 하는 현재의 규정을 조사해서 기술하라. 특히 그들이 활동적인 주주가 되는데 방해가 되는 규정들을 논의하라.

연|습|문|제(국제적 관점)

01 우리 나라에서 대주주들은 누구인가? 그들은 소유하고 있는 기업을 어떻게 통제하는가? 당신은 이렇게 대주주를 가지는 것이 소액주주들에게 유리하다고 (또는 불리하다고) 생각하는가? 설명하라.

02 우리 나라에서 소액투자가들은 상당한 힘을 가지고 있는가? 왜 그렇다고 생각하는가? 만일 그렇지 않다면, 가까운 미래에 개선될 것이라고 예측되는가? 왜 그렇다고 생각하는가?

03 연금기금(pension funds)과 뮤추얼펀드(mutual funds)는 우리 나라에서 중요한 주주들인가? 그 이유를 설명하라.

04 우리 나라에서 이사들을 교체하는 것이 쉬운가? 소액주주들이 이사후보를 추천하고 이를 주주총회에서 투표에 부치는 것이 가능한가?

CHAPTER 8

기업 인수합병: 지배구조 역할

(Corporate Takeovers: A Governance Mechanism?)

인수합병(M&A)은 중요하고 극적인 사건이다. 인수합병은 다른 나라에서보다는 미국에서 상대적으로 더 많이 있어 왔는데, 최근에 미국에서는 역사상 가장 큰 인수합병들이 있었다. 예를 들면, 화이자(Pfizer)는 Wyeth를 2009에 인수했고, America Online(AOL)은 2001년에 Time Warner을 인수했다. 1999년에 Exxon과 Mobil의 합병이 있었으며, SBC Communication과 Ameritech도 1999년에 합병했다. 이러한 합병들의 결과, 해당 산업 내에서 가장 규모가 큰 기업들이 만들어졌다. 1990년대와 2000년대 동안에, 영국에서도 많은 기업합병들이 있었는데, 최근의 대형 합병 중 몇 개를 들면, 가령 Vodafone's(영국)와 AirTouch(미국)의 국경을 넘는(cross-border) 합병과, 그 후 일년이 채 지나지 않아서 있었던 Vodafone AirTouch에 의한 Mannesmann(독일)의 인수이다. 네덜란드(Netherlands)의 InBev와 같은 유럽기업들도 종종 다른 기업들을 인수했다. 2008년에 있었던

그림 8.1 미국 내 및 미국과 타국가 간의 인수합병 거래

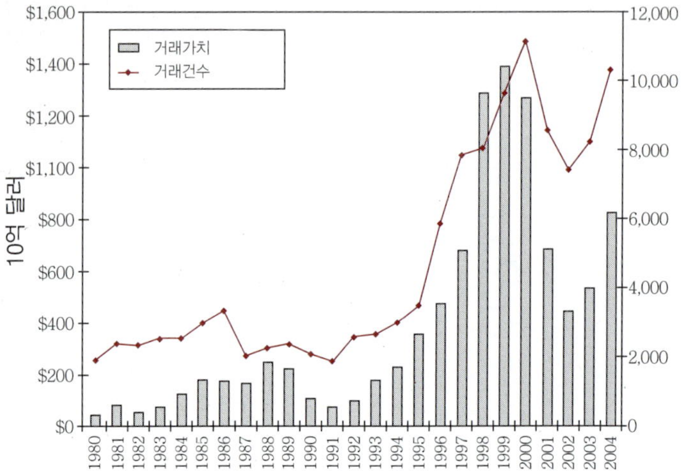

출처: *Mergerstat*

잘 알려진 거래는 InBev가 앤하우저-부시(Anheuser-Busch)를 인수함으로써 세계에서 가장 큰 맥주회사가 탄생하게 되었다.

1980년에서 2008년 동안, 미국에서 발생했던 연도별 인수합병거래의 수와 그 가치가 그림 8.1에 제시되어 있다. 인수숫자의 정점은 기업인수를 위한 자금조달을 위해 정크부채(junk debt)가 널리 이용됐던 1980년대 중반이었다. 그림은 인수합병활동의 극적인 증가가 1990년대이었고, 2000년대 초의 경기침체기간 동안에는 활동이 감소했음을 보여 준다. 그 이후에도, 인수합병활동은 전체적으로 그 건수나 금액에서 증가해 왔다.

인수합병은 다음과 같은 특성별로 구분될 수 있다.

- 형태(type)
- 관련된 기업의 가치(valuation of the firms involved)
- 지급액(payment)
- 신설기업의 구조(new corporate structure)
- 법적 쟁점사항(legal issues)

합병(merger)의 법적 효과는 두 기업이 결합하여 하나의 기업으로 되는 것이다. 합병의 형태는 동일 또는 이종산업 간의 합병, 한 기업이 공급자를 합병하는 수직적 합병 등을 생각해 볼 수 있다. 다른 기업을 매수하는 기업은 인수기업(acquirer)이라 불리고, 합병의 대상 기업은 목표기업(target)이라고 불린다. 인수기업과 목표기업의 경영진과 이사회가 동의한 거래는 우호적인 합병(friendly mergers)이라고 불린다. 만일 목표기업의 경영진과 이사진이 인수에 반대하면 인수기업에 의한 목표기업(target)의 지배권을 획득하기 위한 시도는 적대적 인수합병(hostile takeover)이라고 불린다.

우호적 합병에서, 두 기업의 경영진과 이사회는 어떤 것이 공정한 가격인지를 협상하며, 두 기업의 주주들이 이 거래를 승인해야만 합병이 완료된다. 적대적 인수합병에서, 인수기업은 목표기업의 주식에 대해 매력적인 가격을 제시함으로써 목표기업의 주주들이 보유하고 있는 모든 주식의 구매를 시도한다. 일단 통제력을 행사할 수 있는 분량의 주식을 확보하게 되면, 인수기업은 합병을 승인받기 위해서 확보한 투표권을 행사한다. 많은 경우 인수합병은 적대적으로 시작되나 우호적으로 종료된다. 만일 목표기업이 협상을 거부하면, 인수기업은 목표기업의 주주들을 통해 목표기업의 경영자에게 압박을 주기 위한 제안을 한다. 인수 대금은 현금, 차입한 돈(종종 leveraged buyouts [LBO]으로 알려진), 그리고 새로 발행된 인수기업의 주식으로 지급된다.

새로운 기업의 구조는 어떻게 될 것인가? 누가 기업을 이끌 것이며, 어느 경영자 또는 사업부서가 남을 것인가? 만일 특정 합병이 산업 내의 경쟁을 상당히 낮춘다면, 정부에 의해서 불법으로 간주되어 제재를 당할 수 있다. 인수합병은 기업들과 사회에 비용과 이익을 가져다 주며, 많은 경영대학에서는 인수합병을 별도의 과목으로 개설하고 있다.

이 시점에서 경영학 전공학생으로써, 왜 지배구조와 관련된 책이 인수합병을 논의하는가를 문의할 수 있다. 1980년대 동안에, 좋지 않은 기업들은 다른 기업이나 개인투자자들에게 인수되었고, 인수자들은 인수한 기업의 수익성을 개선하기 위해서 목표기업(target)의 최고경영진을 해임하는 등, 극적인 변화를 시도했다. 이러한 종류의 기업인수는 종종 인수 당한 후의 해임을 두려워하는 목표기업의 경영진으로부터의 저항에 직면한다. 이런 종류의 적대적 인수합병은 합병 후에, 부적절한 경영자 또는 운영절차가 제거된다는 관점에서 "규율적 인수합병(disciplinary takeovers)"으로 알려져 있다. 다른 말로, 만일 기업이 비효율적으로 운영되고 있으면, 해당기업의 주식을 모두 사서 의결권을 행사하여 이사회와 경영진을 교체함으로써 조직을 효율적으로 변화시키는 것이다.

본 장에서는 먼저 인수합병을 개괄적으로 살펴본 후, 적대적 인수합병에 대해 좀더 상세하게 논의하며, 규율적 인수합병의 성격에 대해서 논의할 것이다. 또한, 기업과 경영자들이 원하지 않는 인수합병에서 어떻게 자신들을 방어할 수 있는지를 논의한다. 하지만, 본 장이 인수합병 그 자체에 대한 내용은 아니므로, 인수합병에 관심이 있는 학생은 기업재무에 관련된 교재를 읽어 보기를 권한다. 우리는 지난 20년 동안, 인수합병에 대한 저항들(기업-수준 또는 정부-수준)이 규율적 인수합병 시장을 심각하게 위축시켰다고 생각하여 관련된 내용을 살펴볼 것이며, 마지막으로 인수합병의 국제적 관점을 기술한다.

기업 인수합병(M&A)의 개관

인수합병은 다양한 이유로 일어난다. 기업들은 운영과 재무적 시너지효과(synergies)라는 전략적 이유로 합병할 수 있다. 가령, 1999년 Exxon과 Mobil의 합병은 원유시추비용의 감소를 가져왔다. 또한, 기업들은 새로운 사업으로 다각화(diversify)하기 위해 합병할 수 있다. AOL과 Time Warner의 합병은 신 · 구 대중매체들(즉, AOL의 인터넷 서비스와 Time Warner의 케이블[CNN, HBO] 및 출판[Time, People, Sports Illustrated])을 결합시켰다.

합병의 이유는 시너지효과와 다각화 모두 일 수도 있다. 가령, Morgan Stanley와 Dean Witter 간의 합병은 인수업무를 하는 투자은행과 증권매매를 중개하는 중개기관을 하나로 결합함으로써 두 가지 목적을 동시에 달성할 수 있었다. 다각화 목적의 합병은 매우 다른 두 기업이 합쳐진다는 면에서 합병의 극단적인 형태이다. 1980년대 General Electric가 NBC를 인수한 것은 이러한 합병의 전형적인 사례이다. 기업의 다각화는 결합된 기업의 이익을 더욱 안정적으로 만들 수 있으나, 다각화 목적의 합병이 주주들을 위해서도 유익한 것인지에 대해서는 논란이 있다.[1)]

최근에 있었던 대부분의 합병들은 성장과 시장지배력의 강화를 위

---

1) 복수의 다양한 사업을 운영하는 기업의 형태는 다각적 통합(conglomerates)으로 알려져 있다. 다각화된 기업의 경제적 원가에 관련된 학술논문으로는: Phil Berger and Eli Ofek, "Diversification' s Effect on Firm Value," *Journal of Financial Economics* 37 (1995): 39-65. 다각화된 기업의 원가와 효익에 대한 좋은 학술논문으

해서 일어났다. Oracle과 PeopleSoft 사이의 합병, Hewlett-Packard (HP)와 Compaq, NationsBank와 BankAmerica 사이의 합병들이 시장지배력 강화의 목적으로 인한 합병의 사례이다. 이런 종류의 합병은 보편적으로 은행들, 정유회사 및 정보통신기업들 사이에서 일어난다. 포괄적인 관점에서, 이러한 합병들은 특성상 원가와 위험을 줄이고, 규모의 경제를 달성하려는 "시너지효과(synergistic)"라는 범주로 분류될 수 있다.

인수(acquisitions)와 합병(mergers)은 다소 다른 것이긴 하지만(합병은 두 기업의 결합이며, 인수는 한 기업이 다른 기업을 매수하는 것), 두 기업이 결합할 때 명백한 매수자와 판매자가 있다는 관점에서, 거의 모든 합병은 본질적으로는 인수이다. ExxonMobil은 두 기업이 동등하게 결합됐다는 관점에서 종종 합병으로 생각되지만, 실질적으로는 Exxon이 Mobil을 매수한 것이다. 다른 말로는 Exxon이 Mobil을 인수한 것이다. AOL은 Time Water를 매수했고, Daimler는 Chrysler를 매수했다.[2)]

모든 인수합병이 주주들에게 유익한 것일까? 제1장에서, Hewlett-Packard의 Compaq에 대한 인수는 HP의 주주들에게나 자본 시장에

로는 Amar Bhide, "Reversing Corporate Diversification," in Donald H. Chew (ed.), *The New Corporate Finance*, 2nd edition (Irwin McGraw Hill, 1999, New York, New York).

2) 두 기업이 하나로 결합될 때, 이는 종종 대등한 개체들 간의 합병으로 불린다. 다임러와 크라이슬러(Daimler-Chrysler)의 합병은 흥미로운 케이스다. 이 경우 대등한 개체들 간의 합병으로 잘 알려져 있으나, 실상은 다임러가 크라이슬러를 매수한 것이다. 합병 후에, 다임러의 CEO인 저겐 쉬렘프(Juergen Schrempp) 자신도 이 합병을 매수로 간주했다고 언급했다. 합병 전 크라이슬러의 최대주주였던 커크 커코리안(Kirk Kerkorian)은 이 합병이 대등한 개체들 간의 합병으로 생각했었다고 주장하며 Daimler-Chrysler를 제소했으나 커코리안은 2005년 이 소송에서 패소했다. More background details of the story can be found at *http://www.nytimes.com/2006/09/27/automobiles/27daimler.html?_r=1&dlbk*.

서 긍정적으로 평가받지 못했다고 언급했다. 이에 따라, HP가 Compaq를 인수한다는 계획을 발표했을 때, HP의 주가는 즉각적으로 하락했다. 작은 규모의 기업들이 대기업들에 비해 이익을 창출하는 능력에 있어서 더 민활하다는 일반적인 관점이 있으며, 어떤 경영자는 단순히 자신의 제국(empire)을 건설하기 위해 다른 기업들을 인수할 수도 있다. 만일 이 두 관점들이 사실이라면, 인수합병은 인수기업(acquirer)의 주주들에게는 좋지 않을 것이다. HP-Compaq의 합병이 이 두 관점에 비추어 바람직하지 않았다고 믿는 사람들이 있었으며, 아마도 그에 따라 합병 당시 CEO이었던, 칼리 피오리나(Carly Fiorina)가 해임됐을 수도 있다.

대상기업

대부분의 경우 인수대상인 목표기업(target firm)은 인수시도가 시장에 알려질 때 주가의 상승을 경험하게 된다. 왜 이런 현상이 나타날까? 투자자들은 기업의 인수소식에 관심을 가지는데, 이는 해당 기업이 자신의 잠재력을 충분히 발휘하지 못하고 있으며, 다른 사람의 지배하에서 더 잘 운영될 것이라고 기대하기 때문이다. 이러한 상황에서 목표기업을 취득한 인수자(acquirer)의 목표는 불필요한 비용을 제거하고, 인수기업과의 재무적 시너지를 통해 고정비와 변동비를 절감함으로 수익성을 높이고, 운영의 효율성을 높이며, 목표기업의 무능력한 경영자들을 해임하는 것이다.

재무학 배경지식이 없는 학생들은 성공적인 기업이 그렇지 못한 기업을 인수하는 것에 대해 의아하게 생각할 수도 있으나 논리는 단순하다. 만일 한 기업 또는 개인이 성공적으로 기업을 인수하기 위해서는 많은 금액을 지급해야 할 것이며, 이에 따라, 인수 후의 순이익은 제한될 것이다. 그러나 만일 한 기업 또는 개인이 좋지 않은 기업을 인수한다면, 그들은 상대적으로 적은 금액을 지급할 것이며, 인수 후 이 기업을 성공적으로 전환시킬수만 있다면, 순이익이 막대할 것이다. 그러나 불행히도, 주식시장에 인수의 소식이 전해지면, 주가가 즉시 오르기 때문에 인수자들의 이익은 제한될 수 있다. 이는 목표기업이 인수된 후에 더 좋은 기업으로 변환될 수 있다고 투자자들이 기대하기 때문이다. 인수자들은 거의 대부분의 경우 목표기업에 대해 상당한 프리미엄(premium)을 지급하게 되며, 이러한 프리미엄은 목표기업의 주주들에게 돌아가게 된다. 한 극단적인 사례는 2007년 5월, News Corporation이 Dow Jones를 인수하기 위해, 당시 주당 37.12달러 상황에서, 주당 60달러를 지급한 것이다.[3] 학자들과 재무전문가들 사이의 흥미 있는 논란은 목표기업에 지급한 프리미엄이 인수 후에 충분히 회수되는가에 관련된 것이다. 즉, 특정기업의 인수가 인수자(acquirer)에게 정의 순현재가치를 가져다 주는가의 의문이다.

인수기업은 종종 목표기업에 프리미엄을 지급하기 때문에, 목표기업의 주주들은 그들이 투자한 기업이 타기업에 의해서 인수되는 것을 선호할 수 도 있다. 그러나 목표기업의 경영진과 이사진은 인수에 반대할 수 있다. 일단 기업이 인수되면, 목표기업의 경영자들은 대부분은 해임될 것이며, 인수자는 자신이 선임한 경영진으로 인수한 기업의 경영진을 교체할 것이다. 이사들도 종종 교체된다. 예상할 수 있듯이, 기업의 CEO나 사장들은 해임되기를 원치 않는다. 목표기업의 경영진과 이사회가 인수합병에 동의하지 않을 때, 인수자는 적대적 인수합병의 일환으로 목표기업의 주주들과 직접 접촉할 수 있다. 그러나 인수합병이 적대적인지는 관찰자의 관점에 따라 다르게 해석될

3) *http://money.cnn.com/2007/05/01/news/companies/newspapers/index.htm.*

수 있다. 많은 경우 적대적 인수합병은 결국 목표기업에 의해서 승인된다. 또한 어떤 기업들은 적대적 인수를 우려하여, 잠재적인 타인수자와의 우호적 거래를 시도할 수도 있다. 이 두 가지 경우에, 기업들은 자신들의 합병이 우호적이었다고 발표할 수 있다.

사례 8.1 마이크로소프트(Microsoft)는 야후!에 대한 적대적 인수합병시도에서 실패했다. 하지만 누가 진정한 실패자일까?

2007년 동안에, 야후!는 구글과의 인터넷 검색광고시장의 경쟁에서 뒤처지고 있었다. 부진한 주가를 되살리기 위해, 야후!는 2007년 6월 CEO를 설립자인 Jerry Yang으로 교체했다. 그러나 새로운 CEO의 지도 하에서 전략의 수정은 성공적이 못했다. Microsoft는 야후!에 대해 인수제안을 했다. 이러한 인수의 효익은 야후!로 하여금 마이크로소프트의 막대한 자원에 접근할 수 있도록 하며, 수익성을 높이기 위해 야후!의 구조조정을 가능하게 하는 것이었다. 다른 말로, 이러한 합병은 전략(strategic)적 및 규율(disciplinary)적인 인수합병일 수 있었다. Jerry Yang의 지도 하에, 야후!의 이사회가 마이크로소프트의 인수제안을 거절한 후, 2008년 1월에는, 야후!의 실적이 더욱 하락했고, 1,000명의 직원들을 해고해야만 했다. 주가는 과거 수 년 동안에 최저가인 20달러 이하로 하락하였다.[4)]

2008년 2월, 마이크로소프트는 야후!의 인수를 다시 시도했다. 그러나 이 때에는 야후!의 이사회를 우회하여 주주들에게 직접 주당 31달러를 제시했다. 이 금액은 주당 19.18달러인의 전일 주가에 비교했을 때, 62%의 프리미엄을 의미한다.[5)] 이러한 제시를 통해, 마이크로소프트는 야후!의 이사회와 경영진에게 거래에 대한 협상을 하도록 압력을 가했다.[6)] 그러나 야후!의 이사회는 이 금액이 야후!를 저평가한 것이라고 주장하면서, 마이크로소프트의 제안을 거절했다. 계속된 협상에서, 마이크로소프트는 제안가(offer)를 33달러로 올렸지만, 야후!의 이사회는 최소 37달러의 가격을 요구했다. 더구나, 야후!는 거래를 더욱 어렵게 만들기 위해, 인수로 인해 불리한 영향을 받게 되는 종업원들에게 지급되는 해직수당과 관련된, 10

---

4) *http://en.wikipedia.org/wiki/Yahoo!*

5) *www.microsoft.com/presspass/press/2008/feb08/02-01CorpNewsPR.mspx.*

6) *http://yhoo.client.shareholder.com/press/ releasedetail.cfm?ReleaseID=293129.*

억 달러 이상이 소요되는 독소조항(poison pill)을 도입했다. 이로 인해 인수에 소요되는 비용을 효과적으로 증가시켰다.

제안된 인수에 대한 이사회의 저항과 독소조항의 결합은 마이크로소프트가 이 거래를 더 이상 추진하지 못하도록 유도했다. 야후!의 이사회는 자신들이 주주들을 위해 더 유리한 조건을 끌어 내기 위해 노력했고, 인수로 인해 피해를 볼 수도 있는 종업원들을 보호하려 했다고 주장했지만, 수많은 소송이 이사회와 경영진이 자신들의 지위를 유지하기 위해 주주들을 희생시켰다고 주장하면서 제기되었다. 실제로도, Microsoft-Yahoo! 인수시도의 실패는 야후! 주주들에게 큰 손실을 의미했다. 마이크로소프트가 거래를 철회하겠다고 선언한 날, 주가는 23달러로 하락했고, 그 후 몇 달 만에 20달러 아래로 하락했다. 인수에서 제시된 주당 30달러 이상의 가격과 비교할 때, 야후!의 주주들을 그들의 투자에서 적어도 1/3 이상의 가치를 잃게 된 것이다. 마이크로소프트의 제안을 거절한 이사들을 해임시키기 위해 칼 아이칸(Carl Icahn)은 위임장쟁탈전을 벌였으며, 그 이후, 야후!는 자신을 변화시키기 위해서 어쩔 수 없이 추가적인 외부이사들을 영입해야 했으며, 2009년 1월에는 CEO을 교체해야만 했다.[7] 그럼에도 불구하고, 2009년 3월의 야후!의 주가는 마이크로소프트가 제안했던 가격의 절반 이하인 15달러 아래에 머물렀다.

규율적 인수의 개념

한 기업이 다른 기업을 인수하는 대부분의 경우가 규율적인 인수합병(disciplinary takeover)이라고 생각되지는 않는다. 수익성이 높은 기업들도 인수될 수 있다. Time Warner는 50억 달러보다 적은 매출수익을 올리고 있었던 AOL에 의해서 인수 당할 때, 약 270억 달러의 매출수익을 올리고 있었다(비록 합병기업은 2001년 합병 이래 어려움을 겪었으며, 2002년에 AOL은 990억 달러에 달하는 가치하락을 경험했다.)[8] 적대적인 인수합병도 항상 규율적 인수합병(disciplinary takeovers)은 아니다. 2003년 여름, Oracle이 PeopleSoft에 대한 인수제안을 했을

7) *http://hyoo.client.shareholder.com/press/ releasedetail.cfm?ReleaseID=359016*.

8) Information on the aftermath of the merger is summarized at *http://en.wikipedia.org/wiki/Time-Warner*.

때, PeopleSoft는 J.D. Edwards를 인수하는 과정에서 수익성이 좋은 기업이었다(두 기업의 연매출액을 합치면 약 30억 달러($3 billion)에 달할 것으로 기대됐다).[9)]

그러나 인수 당한 어떤 기업은 적절하게 운영되지 못한 기업이었기 때문에, 많은 사람들(가령 학자들)은 인수합병을 중요한 지배구조의 장치(governance mechanism)로 본다. 만일 경영자가 무능하거나 또는 재량권을 남용하여(권한을 자신의 이익을 위해 사용) 기업의 운영을 효과적이고 적절하게 하지 못하면, 그 기업은 인수 당할 것이며 경영자는 결과적으로 해임될 것이다. 이러한 관점에서, 잠재적인 인수합병에 대한 우려는 강력한 규율장치로 작용하여, 경영자들이 최선의 노력을 다하게 하며, 경영자의 재량권이 통제된다.[10)] 1958-1984년 동안에 발생했던 250개의 인수합병 사례에 대한 연구에서, 저자들은 50% 이상의 목표기업(target firm)의 최고경영자(통상 CEO 또는 president)는 인수 후 2년 이내에 해임되었다. 이러한 통계는 오늘날의 인수합병을 조망하는데 참고가 된다. Oracle의 PeopleSoft에 대한 인수가 비록 규율적인 인수합병으로 시작되지는 않았지만, PeopleSoft의 경영자들 중 많은 사람들은 결국 Oracle의 인수 후에 해임되었다. PeopleSoft의 이사회는 CEO인 크레이그 콘웨이(Craig Conway)가 20억 달러의 주가하락에 대한 책임이 있다고 생각하여, 심지어 인수가 완성되기 바로 직전에 해임하였다.[11)] CEO로서의 콘웨이의 능력에 대해서는 논란이 있지만, 인수는 주주들을 위해 최선을 다하지 않은

---

9) 세 기업 간의 법적분쟁에 관한 정보는 다음에 요약되어 있다. *www.internetnews.com/bus-news/article.php/2220981*.

10) 1980년대 규율적 인수(disciplinary takeovers)에 관한 개관은 다음을 보라. Michael Jensen, "The Modern Industrial Revolution, Exit, and the Failure of Internal Control Systems," *Journal of Finance* 48 (1993): 831-880.

11) *www.eweek.com/article2/0,1985,1665096,00.asp*.

경영자를 해임하는 강력한 수단이다.

그러나 인수합병이 지배구조 장치로서 간주될 수는 있지만, 그것이 효과적인지는 명확하지 않다. 즉, 우리는 인수합병을 기업지배구조 장치의 효과적인 수단으로 의존할 수 없을 수도 있다. 첫째, 위에서 언급했듯이, 인수자는 목표기업에 너무 많은 대가를 지급해야 할 수도 있다. 둘째, 인수합병은 다른 이유(제국건설(empire building) 또는 기업다각화(corporate diversification))로 발생할 수 있다. 셋째, 비록 인수자는 목표기업에게 공정한 가격을 지급할 수 있을지 모르나, 그 금액은 여전히 매우 크다.

지배구조의 수단으로서 규율적 인수합병의 개념이 어떤 사람에게는 새로운 것이나, 1980년대 기업사냥꾼(corporate raiders)을 기억하는 사람들에게는 좀더 익숙한 개념일 것이다. 칼 아이칸(Carl Icahn)이나 T. Boone Pickens과 같은 기업사냥꾼은 비용을 효과적으로 통제하지 못하는 기업을 잘 찾아 내는 것으로 알려져 있다. 예를 들면, Carl Icahn은 1985년에 TWA를 인수한 후, 원가를 극적으로 절감시켰다. 기업사냥꾼들은 상승효과(synergistic-type)를 위한 기업인수를 추구하지는 않으며, 그들의 인수는 명백히 규율형이다. 이러한 규율형 인수합병은 목표기업의 주주들에게 이익을 가져다 준다. 이러한 인수합병은 부적절한 경영자를 해임시키고 그 과정에서 가치를 창출한다. 그러나 전반적인 관점에서는, 이런 기업사냥꾼들은 부정적인 이미지를 가지고 있다. 기업사냥꾼들은 비용절감을 위해 일자리를 없애기 때문에, 많은 사람들은 사냥꾼들이 감정이 없으며 이익을 올리는 데에만 관심이 있는 비용 삭감자(cost-cutter)로 간주한다.

기업사냥꾼들이 일단 목표기업의 충분한 주식을 확보하면, 그들은 해당 기업의 경영자들로 하여금 정책 등을 바꾸도록 압력을 행사한다. 커크 커코리안(Kirk Kerkorian)은 여러 해 동안 크라이슬러

(Chrysler)의 대주주였으며, 주주활동주의자였다. 예를 들면, 1996년에, 그는 크라이슬러가 보유하고 있는 막대한 현금을 주식을 재취득하기 위해 사용하도록 압력을 행사했다. 2005년 봄, 커코리안이 General Motors(GM)의 주식을 대량 구매했을 때, 많은 분석가들은 미래에 GM의 이익이 증가할 것으로 예측했다. 그러나 2006년 말까지, 커코리안은 보유한 모든 GM 주식을 매각했으며, GM의 주주들은 경영진에 대한 중요한 감시자인 주주행동주의자를 잃었다. GM의 주식은 주당 약 30달러로부터 2009년 GM의 부도 시 가치가 거의 없게 될 때까지 서서히 하락했다. 변화를 강요한 기업사냥꾼의 또 다른 사례는 제7장에서 논의된 바 있다. 칼 아이칸(Carl Icahn)은 야후!의 주식을 대량 취득했고 위임장쟁탈전을 통해 이사회가 방침을 바꾸도록 압력을 가했다.

만일 규율적인 인수합병이 그 자체로서 높은 수익성을 가져다 주고(비록 시너지효과 동기가 없더라도), 그것이 효과적인 지배구조장치라면, 왜 1980년대에 일어난 것과 같이 1990년대와 2000년대 동안에도 이러한 인수합병이 더 자주 일어나지 않았을까? 최근의 불량기업들에 대한 인수 사례에서는 순수한 투자-지향적인 이유보다는 상승효과-지향적인 이유가 많이 언급되었는데, 이에는 몇 가지 가능한 이유가 있다. 첫째, 가령 분식회계(cooking the books)와 같은 경영자의 기회주의적이고 의심스러운 행동은 일시적이고 인위적인 높은 주가를 초래할 수 있다. 누구도 기업을 인수하는데 있어서, 인위적으로 부풀려진 주식에 대해 높은 가격을 지급하고, 후에 낮은 가격으로 가치가 수정되는 것을 원하지 않는다. 둘째, 이전에 언급했듯이, 한 기업을 사기 위해서는 많은 자금이 필요하다. 1980년에, 정크부채(junk debt)는 기업인수를 위한 인기 있는 자금조달의 수단이었다. 그러나 이러한 형태의 자금조달은 더 이상 이용 가능하지 않다. 세 번째, 아마도 가장 중요한 이유는 인수합병에 대한 너무나 많은 방어수단이 있다는 것이다. 즉, 기업들은 인수합병을 효과적으로 무력화시킬 수 있는 다양한 방어수단들을 고려할 수 있다. 이러한 인수합병 방어수단들은 다음에 논의된다.

인수합병 방어수단들

미국의 경우, 인수에 대한 방어수단들을 개별 기업-수준(firm-level)과 주정부-수준(state-level)의 두 개의 범주로 분류할 수 있다. 기업-수준의 방어들은 선제적인 방어(pre-emptive defenses)와 인수의 시도가 시작한 이후에 이에 대한 대응으로 시행되는 대응적인 방어(reactionary defenses)로 분류될 수 있다. 정부-수준의 방어수단으로는 인수합병을 제한하는 법규들이 있다. 기업들은 이러한 법규들을 도입하기 위해 정부에 대해 로비를 한다. 다음에서 기업-수준의 인수에 대한 방어수단들을 먼저 논의한다.

기업-수준에서의 선제적 경영권방어

독소조항(poison pill)은 목표기업(target firms)을 인수하는 것을 덜 매력적으로 만드는 전략이다. 대부분의 독소조항들은 주주들에게 부여되는 유리한 권리와 관련되어 있다. 한 가지 인기 있는 독소조항으로는, 목표기업(target firm)의 주주들이 인수기업의 주식(acquirer's stock)을 크게 할인된 가격으로 취득할 수 있는 권리를 주는 것이다. 예를 들면, 2004년 11월, News Corp.은 특정 주주가 주식의 15% 이상을 취득할 때, 모든 다른 주주들도 News Corp.의 주식을 반값에 살 수 있는 기회를 부여하는 내용을 채택했다.[12] 이 정책의 효과는 잠재적인 인수자의 지분을 희석시킴으로써, 인수를 더욱 어렵게 만드는 것이다. 이는 또한 인수자의 관점에서 인수를 덜 매력적으로 만든다.

또 다른 독소조항으로 우선주 공수표(blank-check preferred)가 있다. 이는 이사회가 어느 때나 특정한 의결권을 가진 우선주를 발행할 수 있는 권리를 가지는 것을 말한다. 이를 통해 이사회가 호의적인 대상에게 최상위의 의결권을 가진 우선주(super-voting preferred stock)를 제공함으로써 인수에 저항할 수 있도록 허용한다. 다른 종류의 독소조항으로는 기업의 부채가 인수 직후에 즉시 만기가 된다든가, 만일 인수 당하면 크게 할인된 가격으로 고정자산(fixed assets)을 즉시 매각하는 내용을 포함한다. S&P 기업의 50% 이상이 이러한 독소조항을 두고 있다.[13]

황금낙하산(golden parachute)은 만일 기업이 인수되면 목표기업의 경영자들에게 자동적으로 막대한 보상이 지급되도록 하는 것이다. 인수자(acquirer)는 결국 이러한 황금낙하산의 비용을 부담하게 됨으로 이 조항의 존재는 인수의 매력을 감소시킨다. 하나의 예로, 2008년 2월 Microsoft가 야후!의 주주들에게 주식 인수제의를 한 이후에, 야후!는 황금낙하산을 채택했다. 야후!의 황금낙하산 조항은 인수시도에 의해서 발효되며, 인수로 인해서 직무의 변화 등 불리한 상황에 처하게 되어 사임하는 종업원에게는 스톡옵션을 즉시 부여하고, 18~24개월분의 월급에 해당되는 퇴직금을 지급하는 내용을 포함한다.[14] 칼

12) The information comes from *http://www.forbes.com/2005/10/13/newscorp-liberty-malone-murdoch-cx_sc_1013intrepid.html*. Interestingly, News Corp. removed its poison pill and staggered board of directors in 2008.

13) *http://207.36.165.114/Toronto/bizjak.pdf*.

14) Yahoo! Inc. Change in Control Employee Severance Plan, filed with the SEC 2/27/2008 as attachment 10.18 to the 10-K (Annual Report).

아이칸(Carl Icahn)에 따르면, 이러한 조항은 약 24억 달러($2.4 billion)의 추가적인 비용을 초래하며, 야후!를 인수하고자 하는 마이크로소프트와 같은 기업에게는 큰 장애요인이다.

이 밖의 인수방어수단들로는 절대다수규정(supermajority rules)과 임기별 이사회(staggered board) 제도를 들 수 있다. 절대다수 규정은 지배권의 이양을 위해서는 2/3 또는 심지어 90%의 주주들에게 동의를 얻도록 요구되는 것이다. 기업들은 또한 선출 시기가 다른 이사들로 구성된 임기별 이사회(staggered board)를 둘 수 있다. 이는 해마다 일정한 수의 복수년 임기를 가진 이사들을 선출하여 인수기업(acquirer)이 어떤 특정연도에 이사회를 장악하기 어렵게 만드는 것이다.

기업-수준(firm-level)에서의 대응적 경영권방어

그린메일(greenmail)은 누군가가 인수를 추진하는 것을 방지하기 위해 지급하는 뇌물과 같다. 예를 들면, 데이빗 머독(David Murdoch)은 1984년에 5%의 Occidental Petroleum 주식을 소유했었는데, Occidental Petroleum은 이 주식을 가진 머독에 의한 적대적 인수를 두려워하여 상당한 프리미엄을 주고 그의 주식을 구입했다.[15)]

원하지 않은 인수시도에 대한 다른 대응적 방어들(reactionary defenses)로써, 기업의 경영진은 제안된 가격이 너무 낮다고 주주들을 확신시키거나, 반독점문제를 제기하거나, 인수 후 경영진을 해임하지 않을 우호적인 다른 인수자를 발견하거나, 인수를 막아 줄만한 충분한 의결권을 살 수 있는 투자자를 발견하는 것이 있다.

15) A good description of this incident is on page 727 in Mark Grinblatt and Sheridan Titman, Financial Markets and Corporate Strategy, 2nd edition (Irwin McGraw Hill Publishers, 2001, New York, New York).

주정부-수준(state-level)의 인수금지법

일반적인 주정부-수준 반인수 법규로 5가지를 생각해 볼 수 있다. 몰아내기(freeze-out)법은 지배권을 확보한 인수자가 목표기업의 자산을 자신의 자산과 결합시키기 전에 일정기간(통상 약 3년)을 기다리도록 명문화한다. 공정가격법(fair price laws)은 인수의 마지막 단계에서 자신의 주식을 매각한 주주들은 인수자들이 그 이전에 다른 주주들에게 지급한 것과 동일한 가격을 받을 수 있도록 하는 규정이다. 개별기업들도 이러한 종류의 조항을 채택할 수 있다. 독소조항승인법(poison pill endorsement laws)은 독소조항을 채택하고자 하는 기업의 권한을 보호한다. 지배주식매수법(control share acquisition law)은 인수자가 자신이 확보한 주식으로 투표권을 행사하기 전 주주총회의 승인을 요구한다. 유권자법(constituency statue)는 경영자들이 인수에 대한 방어를 위해 비주주 이해관계자(가령, 종업원이나 채권자)에 대한 보호조항을 포함시키는 것을 허용한다.

사례 8.2 본문에서 언급된 반인수법규들 중 적어도 4개 이상를 가지고 있는 주정부들[16]

아리조나	플로리다	조지아	아이다호
일리노이	인디아나	켄터키	메사추세츠
메릴랜드	미네소타	미주리	뉴저지
네바다	뉴욕	오하이오	오리건
펜실베니아	로드 아일랜드	사우스 다코타	테네시
버지니아	위스콘신		

16) Grant Gartman, State Antitakeover Laws (Washington, DC: Investor Responsibility Research Center, 2000).

사례 8.3 오라클(Oracle)의 피플소프트(PeopleSoft)에 대한 적대적 인수

2003년 6월 2일, 피플소프트는 경쟁기업인 J.D. Edwards를 인수할 것이라고 선언했다. 이 합병은 결합된 기업을 SAP에 이은 두 번째로 큰 기업용 응용소프트웨어 공급자(enterprise application software vendor)로 만들 수 있었다.[17] 4일 후, 또 다른 기업용 응용소프트웨어 공급자인 오라클은 피플소프트를 주당 16달러에 인수하겠다는 청하지 않은 제안을 했다. 피플소프트의 경영진은 이 제안을 거절했다. 12일 후, 오라클은 제안가격을 주당 19.50달러로 올렸고 그 다음 일 년 반 동안에, 수많은 사건들이 있었다. 그들 중 한 가지로서 법무부(DOJ)는 합병이 산업 내의 경쟁을 심각하게 낮출 것이라는 반독점문제를 들어 오라클을 제소했다. 오라클은 법무부의 제소에 대응함과 동시에, 피플소프트에 대한 인수전의 일환으로 로비활동을 펼쳤다. 특히, 오라클은 자신이 지명한 후보들을 피플소프트의 이사회에 진출시키기 위해 노력했으며, 후보들은 피플소프트의 독소조항에 반론을 제기했다. 독소조항 중 하나는 만일 피플소프트가 인수되면 수많은 주식이 시장에서 유통되도록 하는 것이었으며, 또 다른 조항은 만일 피플소프트가 인수되면, 피플소프트의 고객들에게 라이선스 수수료의 2배에서 5배에 이르는 금액을 반환해 주는 조항이었다. 피플소프트는 또한 IBM과 같은 기업을 자신을 돕는 백기사(white knight)로서 고려했다. 이러한 일련의 사건들로 인해 피플소프트의 주가가 요동침에 따라, CEO인 Craig Conway가 해임되었다. 2004년 말, 피플소프트의 이사회는 주당 26.50달러에 오라클과의 인수계약을 승인하였다.

세 개의 주정부는 극단적인 반인수규정을 가지고 있다. 팬실베니아(Pennsylvania)와 오하이오(Ohio)는 목표기업(target firms)이 인수기업(acquirer firms)의 단기이익에 대한 권한을 주장할 수 있도록 허용하고 있으며, 매사추세츠(Massachusetts)는 임기별이사회(staggered boards)를 강제화하고 있다.

---

17) This information comes from various news clips from *http://news.cnet.com/2030-1012-1018823.html*.

또한 원하기 않은 인수로부터 기업을 보호하기 위한 것이라기보다는 경쟁을 감소시킬 수 있는 합병을 제한하여, 경쟁적 환경을 확보하기 위해 도입된 연방법들(가령, Sharman Act, Clayton Act)이 있다. 이러한 법규와 관련된 업무는 연방거래위원회(Federal Trade Commission (FTC))의 경쟁사무국(Bureau of Competition)과 법무부(Department of Justice (DOJ))의 반독점부(Antitrust Division)가 담당한다. 이 두 정부기관들은 반독점 정책의 실행을 담당하며, 경쟁적 산업환경의 확보를 위해 합병 등 반경쟁 사업관행과 관련된 감독 업무를 수행한다.

경영권방어에 대한 평가

경영권방어들은 지배구조제도의 관점에서 나쁜 것인가?

이러한 인수합병의 방어수단들 만이 규율인수의 장애물인지는 결론내릴 수는 없다. 이러한 인수합병과 관련된 대부분의 기업-수준 및 정부-수준의 반인수법들(antitakeover laws)은 1980년대 중 · 후반 동안에 있었던 수많은 적대적 인수들로 인해 도입되었고 실행되었다. 따라서, 우리는 인수합병에 대한 방어수단들이 규율적인 인수(disciplinary takeovers) 사례들이 줄어드는데 일정부분 공헌했다고 추측한다. 만일 인수에 대한 방어수단들이 규율적인 인수를 방해했다면, 그들의 존재로 인해 지배구조제도에 있어서 이용가능한 한 가지 수단이 줄어든 것이다. 선행연구들은 한 기업이 반인수 조항을 도입했을 때, 기업의 주가가 하락한다는 것을 보고했다.[18] 그렇다고 우리

18) A good example of such a study is Gregg Jarrell and Annette Poulsen, "Shark Repellents and Stock Prices: The Effects of Antitakeover Amendments since

가 반인수 조항을 없애자고 주장하는 것은 아니며, 문제점이 무엇인지는 명확하지 않다. 기업사냥꾼들(corporate raiders)은 항상 신속한 이익의 실현을 원하나, 우리는 일반적으로 경영자와 투자자들에게 장기적인 관점을 가지도록 권유한다. 더구나, 1980년대의 기업사냥꾼을 잔혹한 악한으로 보는 관점에 동의한다.

최소한으로는, 오늘날 일어나는 기업지배구조의 재평가에 비추어 반인수 합병 방어수단들에 대한 지지와 반대의견을 지속적으로 평가해야 한다. 아마도 도달 가능한 타협점이 있을 것이다. 어떤 반인수 조항들은 오직 경영자들만을 이롭게 하는 것처럼 보인다. 예를 들면, 황금낙하산(golden parachutes)은 사임하는 경영자들에게만 직접적인 이익을 준다. 또한 팬실베니아, 오하이오, 매사츄세츠의 극단적인 반인수 법률들은 기업의 가치를 훼손하고 주주들에게 손실을 준다는 많은 증거들이 있다.[19)]

반면에, 인수가가 최초의 제안가보다 매우 높을 때, 인수에 대한 방어수단을 가진 많은 기업들은 결국 인수에 동의한다. 따라서, 인수합병에 대항하는 싸움은 제안가격의 상승을 초래하고, 목표기업(target firm)의 주주들의 부를 증가시킨다. 예를 들면, 실패한 마이크로소프트와 야후!의 인수에서, 마이크로소프트는 제안가격을 주당 31달러에서 33달러로 올렸으나, 야후!의 경영진과 이사회에 의해 여전히 거절되었다.[20)] 주주들에 의해 제기된 여러 소송에서, 야후!의 경영

1980, *Journal of Financial Economics* 19 (1987): 127-168.

19) Sam Szewczyk and George Tsetsekos, "State Intervention in the Market for Corporate Control: The Case of Pennsylvania Senate Bill 1310," Journal of Financial Economics 31(1992): 3-23; Michael Ryngaert and Jeff Netter, "Shareholder Wealth Effects of the 1986 Ohio Antitakeover Law Revisited, Its Real Effects, *Journal of Law Economics and Organization* 6(1990): 253-262; and Robert Daines, "Do Staggered Boards Affect Firm Value Massachusetts and the Market for Corporate Control," New York Law School working paper (2001).

20) *http://money.cnn.com/2008/05/03/technology/microsoft_yahoo/?postversion=*

진과 이사회는 그 제안을 거절하는데 있어서, 자신들이 협상에 최선을 다해 임했으므로 자신들은 주주들의 최상의 이익을 위해서 일했다고 주장했다.

국제적 관점

영국은 1990년대 초 이래로 합병의 파고를 경험했다. 사실상, Vodafone(영국)의 Mannesmann(독일)에 대한 최근의 인수는 가장 큰 적대적 인수였다. 미국과 영국은 아마도 대부분의 반인수 규정들을 가지고 있으며, 전세계에서 일어난 대부분의 인수합병 활동은 이 곳에서 발생했을 것이다. 그림 8.2는 2004년에 일어난 전세계의 모든 인수합병활동들을 국가별로 보여 주는데, 미국과 영국의 비중이 발생한 모든 인수합병의 60%을 차지하고 있다.

은행 중심의 금융제도 하에서는, 미국의 자본시장제도와는 달리 은행들이 어느 기업을 인수합병할지에 대한 의사결정에서 중요한 역할을 하는 것처럼 보인다. 예를 들면, 한 연구는 은행들이 독일에서 일어난 합병에서 중요한 영향력을 행사한다는 것을 발견했다.[21] 일본도 은행에 기초한 금융제도를 가지고 있으며, 이러한 제도는 외국인에 의한 적대적인 인수로부터 기업들을 보호하는 것으로 믿어지고 있다.[22] 그러나 일본은 1990년대 자본시장의 붕괴 이후, 장기간에 걸친

2008050412.

21) Julian Franks Franks and Colin Mayer, "Bank Control, Takeovers, and Corporate Governance in Germany, *Journal of Banking and Finance* 22 (1998): 1385-1430.

22) A good illustration of Japanese firms' resistance to foreign hostile takeovers is Koito Manufacturing preventing T. Boone Pickens from getting on its board. The account can be found in Kenichi Miyashita and David Russell, *Keiretsu: Inside the Hidden Japanese Conglomerates* (McGraw-Hill, 1994, New York).

그림 8.2 **2004년 목표기업의 위치에 따른 국가별 인수거래의 비율**

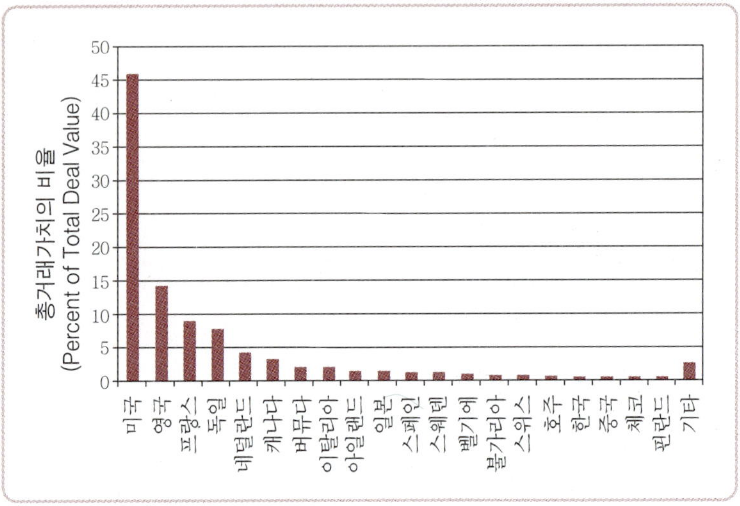

출처: Bureau van Dijk Electronic Publishing에 의해 출간된 ZEPHYR

불황으로 인해 고통받아 왔기 때문에 적대적 인수를 어렵게 만든 그들의 제도가 주주들에게 유리하다는 주장은 받아들이기 힘들다(물론, 인수합병이 일본의 경제문제를 치료할 수 있다는 말은 아니다).

1997~1998년의 아시아의 금융위기 이후에, 많은 아시아 국가들은 외국인에 의한 자국 기업의 주식취득에 대한 제한을 완화했다. 이러한 조치는 외국자본을 유치하고, 동시에 대규모 외부투자자의 존재를 통해 기업-수준 지배구조의 개선을 가져올 수도 있다. 그러나 외부투자자의 존재가 더 나은 지배구조를 가져오는지는 추가적인 관찰이 필요하다.

아시아와 세계의 각 국가들은 인수합병을 어렵게 만드는 자신들만의 고유한 환경이 있을 수 있다. 예를 들면, 일본에서는 여러 기업들이 주식을 상호보유하고 있으며, 한국에서는 많은 기업에 있어서, 가족들이 기업을 강력하게 통제하는 주주들이다. 두 경우 모두, 주주들 간의 견고한 유대관계가 외부의 인수인이 한 기업을 인수하는 것을 어렵게 만든다. 일본의 상호보유의 정도는 최근에 약화되었으며, 한국의 가족경영기업들은 복수의 기업집단(business conglomerates)으로 해체되도록 큰 압력을 받아 왔다. 미래에는 각 국가에서 더 많은 적대적 인수합병들이 일어날 것이다. 그러나 그들이 기업지배구조 체계의 중요한 일부로서 간주될 수 있을지에 대해서는 추가적인 연구가 필요하다.

사례 8.4 가장 큰 적대적 인수는 미국에서 일어나지 않았다.

1999년 10월 말, 독일의 통신과 엔지니어링관련 대기업인 Mannesmann은 영국의 통신회사인 Orange에 대한 인수를 시도했다.[23] 영국의 가장 큰 통신회사인 Vodafone은 아마도 새로운 경쟁자가 자신의 뒤뜰에 있게 되는 상황을 두려워해서, Mannesmann에 인수제안을 했다. Vodafone의 크리스 갠트(Chris Gent)는 Mannesmann의 클라우스 에서(Klaus Esser)에게 찾아가서 우호적인 합병제안을 했으나, 에서는 그 것을 거절했다. 따라서 갠트는 Mannesmann의 주주들에게 직접 그 제안을 했으며 이어서 공식적인 인수전이 시작되었다. 각 기업은 Mannesmann의 주주들을 확신시키기 위해서 전면광고를 펼쳤다. 2000년 2월, 두 기업은 합병조건들에 최종적으로 합의했고, 1,730억 달러에 달하는 세계에서 가장 큰 적대적 인수가 완결되었다.

요 약

미국에서 인수합병은 1980년대 이후 증가해 왔다. 목표기업의 경영진과 이사회가 인수합병 당하기를 원하지 않기 때문에, 초반기에는

23) *www.businessweek.com/1999/99_48/b3657017.htm.*

이들 중 많은 수가 적대적 인수합병으로 분류된다. 인수 사례들 중 많은 경우는 인수기업이 실적이 좋지 못한 기업을 인수해서 수익성이 높은 기업으로 변환시킨다. 이런 이유로 인해 인수합병은 기업지배구조의 수단으로 간주된다. 따라서, 적대적 인수합병의 경우 규율적 인수합병(disciplinary takeovers)으로 간주된다. 그러나 우리가 보아온 최근의 합병들은 단순히 시장지배력을 높이기 위한 것처럼 보인다. 규율적인 인수합병에서는 어떤 일이 일어났을까? 1980년대의 적대적 인수합병에 대응하여, 많은 기업들과 정부들은 반인수합병 수단들을 도입했다. 이에 따라 인수합병이라는 강력한 기업지배구조의 수단을 약화시켰다. 미국 이외에 영국에서도 인수활동은 활발히 일어나고 있다. 기업지배구조의 국제적인 붕괴를 경험한 현상황으로 인해 가까운 미래에 인수합병활동이 전세계적으로 증가될 수 있을지도 모른다.

인수합병에 관련된 웹 정보

Mergerstat
www.mergerstat.com

Bureau of Competition, Federal Trade Commission
www.ftc.gov/bc/index.shtml

Zephyr
www.bvdep.com/ZEPHYR.html

Antitrust Division, Department of Justice
www.usdoj.gov/atr/

복습문제

01 인수합병에 대한 두 가지 이론적 설명(rationales)은 어떠한 것이 있는가?

02 인수합병이 어떻게 기업지배구조 체계로 간주될 수 있는지 논의하라.

03 다양한 인수합병의 방어수단을 열거하고 기술하라.

04 인수합병에 대항하는 방어들이 주주들을 위해서는 왜/어떻게 나쁠 수 있는지 논의하라.

토론문제

01 당신의 의견에 기업들이 인수합병의 방어수단을 가지고 있을 때 누가 이익을 본다고 생각하는가? 동일한 경우 누가 손실을 본다고 생각하는가? 인수합병의 방어수단으로 인한, 비용과 효익 중 어느 것이 더 큰가?

02 당신은 인수합병이 기업지배구조 제도에 효과적으로 공헌한다고 믿는가? 왜 그렇다고/그렇지 않다고 생각하는가?

연습문제

01 다임러 벤즈(Daimler Benz)는 크라이슬러(Chrysler)에 대한 자신의 인수에 대해서 대등한 관계에서의 합병이라고 강력하게 주장했다. 다임러의 관점에서, 왜 크라이슬러의 주주들이 이렇게 믿는 것이 중요

한지 관련내용을 조사해서 기술하라.

02 본 장에서 언급되지 않은 최근의 적대적 인수합병의 예를 찾아보라. 그것이 성공적이었는지, 그것이 결국 어떻게 종결되었는지를 기술하라. 결과와 관계없이 목표기업이 지금은 더욱 좋아졌다고 생각하는지 논의하라.

03 정부의 반인수합병 법규(antitakeover laws)의 비용과 효익에 대해서 논의하라. 특히, 이러한 법규를 가진 정부에 어떤 효익이 있을지를 논의하라.

04 독소조항(poison pill)을 가지고 있는 기업을 찾아서 기술하라. 같은 산업에서 독소조항이 없는 기업을 찾아서 왜 한 기업은 독소조항이 있는 반면, 다른 기업은 독소조항이 없을지 이유를 논의하라.

05 본 장은 적대적 인수합병은 기업을 위해 좋을 수 있다고 제안한다. 적대적 인수합병이 기업에 해로울 수도 있다는 관점을 지지하는 논리를 개발해서 제시하라.

연습문제(국제적 관점)

01 미국의 인수합병시장과 우리 나라의 인수합병시장에 대해 비교 분석하라. 또한 두 나라 간의 차이를 초래한 요소에 대해 논의하라(가령, 인수합병이 우리 나라에서 활발하지 않다면 그 이유가 무엇인지, 역사적, 경제적, 사회적, 정치적, 소유구조 등과 관련된 이유가 있는지 논의).

02 본 장은 외국기업에 의한 인수에 대해 구체적으로 논의하지 않았다. 우리 나라에서 외국인에 대한 주식취득제한 규정으로 어떤 것이 있는지 조사해서 기술하라. 더욱 활발한 국제적인 인수시장의 존재가 우리 나라의 지배구조환경을 개선할 것이라고 생각하는가?

03 향후 우리 나라에서 적대적 인수가 더욱 빈번하게 일어나리라고 생각하는가? 당신의 생각에 더 많은 경우의 적대적 인수가 있어야 한다고 생각하는가? 당신의 주장에 대한 논리를 전개하라.

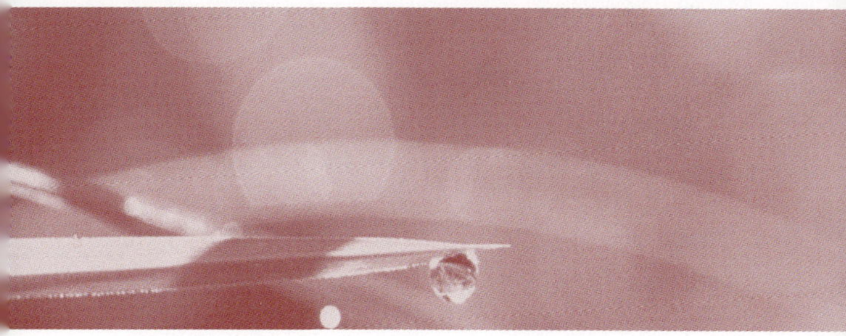

CHAPTER 9

SEC와 사베인스-옥슬리법
(The Securities and Exchange Commission and the Sarbanes-Oxley Act)

과거, 경기상승 기간 동안에 기업들은 급격히 성장했고, 모든 사람들은 높은 주식수익률을 즐겼다. 투자자들은 주식시장이 계속 상승할 것이라고 추정하는 낙관주의가 팽배했으며, 어떤 사람들은 높은 주식투자수익률로 인해 조기은퇴까지 고려했었다. 그러다 갑자기, 모든 것이 극적으로 바뀌었다. 대기업들은 파산하였고 기업의 경영자들이 투자대중을 속이고 있었음이 드러났다. 이에 따라, 임원들은 법정싸움에 연루되었고, 이러한 내용은 대중매체에 오르내리게 되었다. 이러한 일련의 사건들은 투자자들의 기업에 대한 신뢰를 무너뜨렸고 결과적으로, 주식시장은 폭락했다.

위의 내용은 1990년 말과 2000년 초에 있었던 일들을 기술하는 것처럼 보이나, 유사한 사건들이 1920년대 후반과 1930년대 초에도 일어났었다. 이러한 기간 동안에는 기업 임원들, 재무분석가들, 대주주 및 신문기자들이 자신이 보유하고 있는 기업의 주식을 과대 포장하는 등 수많은 비윤리적인 행위가 저질러졌다. 미국정부는 1930년대 초에, 투자자들의 잃어버린 신뢰를 회복하기 위해 주식시장을 규제하고 증권시장 감독기관인 SEC(Securities Exchange Commission)를 만드는 등 적극적인 조치를 취했었다. SEC는 투자자가 피투자 기업으로부터 자신의 이익을 보호할 수 있도록 제도적인 뒷받침을 해 줌으로써 투자자에 대한 보호자로서의 역할을 수행했다. 프랭클린 루즈벨트(Franklin D. Roosevelt) 대통령이 1933년 증권법(Securities Act of 1933)에 서명하면서, "이 법은 기업이 투자자의 재산을 사취하는지 명백히 드러내고, 잘못된 행위를 바로잡으려는 의도로 도입했다"고 언급했다.[1)]

이 후 70년이 지난 후, 미국은 투자자의 자본시장에 대한 신뢰상실이라는 동일한 위기에 처하게 되었다. 이에 대한 조치로, 미국정부는 다시 사베인스-옥슬리법으로 알려진 포괄적인 증권법을 통과시켰다. 조지 부시(George W. Bush) 대통령은 2002년에 이 법에 서명을 하면서 "기업의 부패는 투자자의 신뢰를 추락시키고 국가적 손실까지 초래합니다. 이 법에 서명함으로써, 우리는 프랭클린 루즈벨트 대통령 이후 가장 포괄적인 개혁을 하게 됩니다. 미국 경제는 공정과 정직에 의존하며, 대다수의 기업체들은 이러한 가치들을 지지합니다. 우리는 부정과 범죄로부터 자유경제제도를 지키기 위해 새로운 도구를 적극적으로 사용할 것입니다"라고 연설했다.[2)]

미국의 기업들은 지방정부와 중앙정부 수준의 여러 감독기관에 의

1) Joel Seligman, *The Transformation of Wall Street* (Boston, MA: Northeastern University Press, 1995).

2) *www.whitehouse.gov/news/releases/2002/07/20020730.html*.

해 규제받고 있고, 기업을 감독하는 주요 법으로, 1930년대에 도입한 증권법들과 사베인스-옥슬리법이 있다. 본 장에서는 이러한 법들이 어떻게 기업경영자의 부정을 막고 상장기업들에 대한 감시기능을 수행하는가를 논의한다.

미국 증권법(The Securities Acts)

7개의 주요 법들이, SEC가 감독하는 증권산업을 규제하고 있다. 첫 번째로는 **1933년 증권법(Securities Act of 1933)**을 들 수 있다. 이 법은 기업이 증권을 발행할 때, 일반투자자들에게 판매하고자 하는 증권을 등록하도록 요구한다. 가장 일반적인 등록서류는 **Form S-1**으로, 기업은 이 서류에 매도하고자 하는 증권에 대해서 설명하고, 판매대금의 사용목적과 추정치를 제시하며, 계약사항을 기술해야 한다. 또한, 기업은 사업의 특성, 재무상태표와 손익계산서, 경영진과 경영자 보상에 관한 구체적인 내용을 서류상에 제시해야 한다. 어떠한 정보도 사기성이 있거나 다른 사람을 기만하면 안 되며, 주가에 영향을 미치는 모든 중요한 내용은 투자자들에게 공개함으로써, 등록서류의 내용은 잠재적인 투자자들의 의사결정에 도움을 주어야 한다.

1934년의 증권거래법(Securities Exchange Act of 1934)은 SEC를 발족시켰고, SEC에 증권산업과 대주주(발행주식수의 5% 이상을 보유한 주주), 증권회사, 증권중개인, 증권거래소를 감독할 수 있는 권한을 주었다. 이 1934년 법은 1933년 법보다 더 넓은 범위를 규제한다. 1934년 법의 요구사항으로, 증권중개인, 증권회사와 증권거래소들은 SEC에 등록해야 하고, 정기적으로 보고서를 제출해야 한다. 동시에, 상장기업들은 10-K로 알려진 연차보고서와 10-Q로 알려진 분기보고서를 정기적으로 제출해야 한다. 1996년 이래로, 상장기업들은 그들의 10-K와 10-Q를 EDGAR(Electronic Data Gathering, Analysis, and Retrieval)시스템을 이용하여 전자공시를 해야 한다. 이러한 보고서들은 SEC의 웹사이트인 *www.sec.gov*에서 누구에게나 이용가능하다. 최근에 SEC는 EDGAR시스템을 대체할 의도로 상호작용이 가능한 IDEA(Interactive Data Electronic Application)시스템을 도입했다.[3)]

주기적인 보고서의 제출에 추가해서, 만일 제출한 이후, 내용에 중요한 변화가 있었다면 기업은 해당 내용을 수정하여 8-K 보고서를 파일의 형태로 제출해야 한다. 보고서 내용의 중요한 변화의 예로써 중요한 사업계약의 체결 또는 해지, 새로운 채무의 발생, 증권상장 상태의 변화, 등록하지 않은 증권의 판매 등을 들 수 있다. 만일 한 기업이 보고서제출 이후에, 현금을 지급함으로써 진행중인 소송을 해결하기로 합의했다면, 그 기업은 이 사건의 성격과 금액, 지급을 위한 자금의 원천을 기술한 8-K을 제출해야 한다. 1934년 증권거래법(Securities Exchange Act)은 기업에서 이사선임이나 의사결정과 관련된 주주의 의결이 필요할 때, SEC가 주주의결권 위임절차(proxy process)를 감독하도록 하였다. 이 법은 또한 기업의 임원들과 다른 내부자들 간에 발생하는 내부자거래의 보고를 감독한다.

1939년 신탁증서법(Trust Indenture Act of 1939)은 회사채의 매입자와 발행자 사이의 거래 및 공식적 계약(formal agreement)과 관련되어 있다. 1940년 투자회사법(Investment Company Act of 1940)은 뮤추얼펀드(mutual funds)로 하여금 자신들의 재무상태와 투자정책을 공시하도록 요구하며, 1940년 투자자문사법(Investment Advisors Act of 1940)은 2,500만 달러($25 million) 이상을 관리하거나, 등록된 투자회사에 자문을 제공하는 투자자문사들을 규제한다. 1935년 공익

3) *www.sec.gov/idea/searchidea/what_is_idea.html*.

사업지주회사법(Public Utility Holding Company Act of 1935)은 가스와 전력지주회사들을 규제한다. 마지막으로 사베인스-옥슬리법(SOX)으로 알려진 2002년의 상장기업회계개혁 및 투자자보호법(Public Company Accounting Reform and Investor Protection Act of 2002)은 기업의 외부감사인, 이사회, 임원들에 관한 규정을 확대하였다.

미국 증권법의 요약

1933년 법과 1934년 법은 다음과 같이 요약된다: 기업은 이해관계자의 의사결정에 영향을 미칠 수 있는 재무상태와 경영활동에 대해서 설명해야 하며, 거짓된 내용을 공시하면 안 된다. 이를 통해 투자자들은 정통하고 합리적인 의사결정을 할 수 있게 된다. 이 법들의 기본정신은 투자자들의 이익을 보호하는데 있다. 사베인스-옥슬리법 하에서 기업회계를 감시하고, 기업지배구조에 대한 관리를 책임지는 주요 외부규제기관으로서 SEC의 역할이 확대되었다.

SEC의 조직구조

SEC는 Washington, DC에 본부를 가지고 있으며, 11개의 지역사무소를 가지고 있다. 이 사무소들은 아틀랜타(Atlanta), 보스턴(Boston), 시카고(Chicago), 덴버(Denver), 포트워스(Fort Worth), 로스엔젤스(Los Angeles), 마이애미(Miami), 필라델피아(Philadelphia), 솔트레이크(Salt Lake City), 샌프란시스코(San Francisco), 그리고 뉴욕(New York)에 있다. SEC에는 4개의 부서가 있으며 3,500명 이상의 직원들이 근무하고 있다.

조직도의 가장 상층에는 총재(commissioners)들이 있다. 5명의 총재들은 5년의 임기를 수행한다. 미국 대통령이 이들을 임명하고 상원의 승인을 받는다. 임명은 임기별로 일 년에 한 명씩만 이루어지며, 동일한 정치집단으로부터의 구성원이 3명을 초과하지 못하게 되어 있다. 한 명의 총재가 SEC의 최고임원인 의장으로 일하게 되며, 대통령으로부터 임명된다. 현재의 의장은 메리 샤피로(Mary Schapiro)로 SEC의 조타를 잡고 있다.

그림 9.1은 SEC의 핵심 4개의 부문을 보여 준다. 기업재무부서(Division of Corporation Finance)는 기업의 공시를 감시하고, 일반 투자자들의 투자의사결정에 필요한 모든 정보가 적절히 공시되는지 확인한다. 기업공시는 주주들을 위한 증권발행의 등록서류, 연차보고서 또는 분기보고서, 위임장자료(proxy materials), 사업보고서(annual reports) 등을 포함한다. 기업재무부서가 1933년과 1934년, 2002년 법에서 요구하는 서류들을 검토하기 때문에 많은 사람들은 이 부서가 SEC의 핵심부서라고 생각하는 경향이 있다.

거래와 시장부서(Division of Trading and Markets)는 투자자문사

그림 9.1 SEC의 조직도

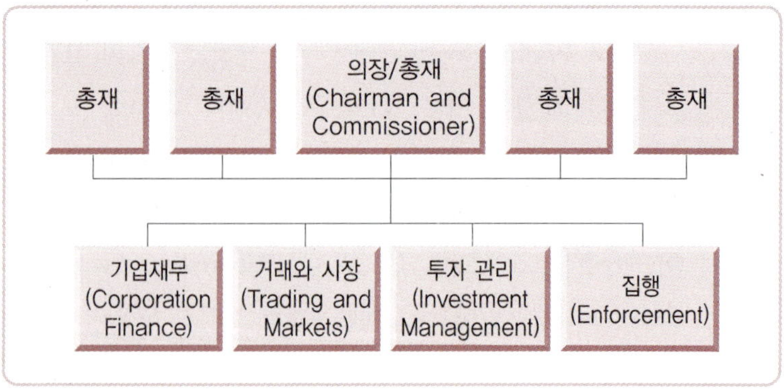

법(Investment Advisors Act of 1940)에 근거해서, 증권시장참여자들, 가령 증권회사 및 그들의 대리인들과 증권시장을 감시한다. 이 부서는 특히, 증권관련 사기행위를 방지하고, 거래소에서의 고품질의 증권거래와 증권중개인들의 적절한 행위를 확보하는 것을 책임지고 있다.

투자관리부서(Division of Investment Management)는 투자회사법(Investment Company Act of 1940) 및 투자자문사법(Investment Advisors Act of 1940), 공익사업지주회사법(Public Utility Holding Company Act of 1935)에 기초해서, 업무를 수행한다. 특히, 투자관리부서는 투자회사에 대한 주요 감독부서이다. 마지막으로 집행부서(Division of Enforcement)는 잠재적인 증권법 위반을 조사한다. SEC는 민법상의 권한만을 가지나, 다른 연방기관들이 심각한 법률 위반행위에 대해서 기업을 기소할 때에 도움을 주는 중요한 역할을 할 수 있다. 매년, SEC는 400~500개 경우의 개인과 기업들의 불법행위(대부분의 기소는 법정 밖에서 해결된다)에 대해 기소한다. 이러한 불법행위는 주로 회계부정(accounting fraud), 내부자거래, 증권과 관련된 사기행위와 관련되어 있다. 최근의 피디아트릭 메디칼 그룹(Pediatrix Medical Group)과 SEC 사이의 소송사례가 사례 9.1에 제시되어 있다.

기타 SEC의 부서들은 주로 SEC 내의 다른 부서나 부서장들을 위한 조언자(가령, 법률자문가 또는 경제연구가)로서의 기능을 수행한다. 이 부서들의 책임은 법규의 준수여부 조사, 투자자교육, 국제관계 등 다양하다. 부서들 중 가장 알려진 것으로, 주로 회계와 관련된 문제에 대한 조언을 하는 수석회계사부(Office of the Chief Accountant)가 있다.

사례 9.1 피디아트릭스 매디컬 그룹(Pediatrix Medical Group, Inc.)과 SEC

소송번호: 20927/ 2009년 3월 5일
SEC 대 피디아트릭스 매디컬 그룹 사례
번호: 09-80366-CIV-RYSKAMP(S.D. Fla.)
패디아트릭스 매디컬 그룹의 스톡옵션 발행일자소급적용(backdating) 문제

SEC는 분식회계와 임원 및 종업원에 대한 스톡옵션 발행일자소급적용의 사유로 피디아트릭스(지금은 매드넥스 서비스Mednax Services Inc.로 알려진)를 고발했다. 피디아트릭스는 플로리다의 선라이스시에 본사를 둔 의료서비스공급업자이다. SEC는 1997년에서 2000년에 걸쳐 피디아트릭스가 전 최고재무책임자(CFO)의 시행으로, 시장가격 이하로 스톡옵션(내가격옵션 in-the-money option)을 발행했다고 소송을 제기했다. 피디아트릭스는 혐의를 시인도 부인도 하지 않은 채 SEC의 제소를 해결하는데 동의했다.

마이애미 연방법정에 제출한 SEC의 소장은 여러 번에 걸쳐서 피디아트릭스가 옵션부여의 재무적 영향에 대한 정확한 보고를 하지 않고, 종업원과 임원들에게 유리한 행사가격을 가진 스톡옵션을 발행했다고 주장했다. 기업회계기준에 따르면, 피디아트릭스는 내가격옵션(in-the-money option)에 대해서 비용을 보고해야만 했다. 피다이트릭스는 스톡옵션이 주가가 낮은 과거 날짜에 발행된 것처럼 소급해서 발행함으로써 이러한 비용처리를 회피했다.

SEC의 고발에 따르면, 피디아트릭스의 스톡옵션에 대한 고의적인 발행일자소급적용은 회사가 SEC에 제출한 10-Q와 10-K 및 위임장 보고서(proxy statement)에 중대한 오류와 누락을 초래했다. 더 구체적으로, 소장은 피디아트릭스가 발행일자를 소급적용한 내가격옵션의 가치에 대한 총 880만 달러($8.8 million)의 보상비용을 인식하지 않았으며, 이로 인해 약 6.74%의 세전이익을 과대계상했다고 주장했다. 더구나, 소장에서는 피디아트릭스의 보고서들은 스톡옵션이 어떻게 평가되었는지에 대해서 중대한 허위진술이 포함됐다고 주장했다.

SEC의 주장에 대한 동의나 반박을 하지 않고, 피디아트릭스는 증권법 17(a)조, 증권거래법10(b), 13(a), 13(b)(2)(A), 13(b)(2)(B)와 14(a)조, 그리고 규정 10-b5, 12b-20, 13a-1, 13a-13과 14a-9을 위반하지 않겠다고 언급했다. 이 문제를 해결하는데, SEC는 피디아트릭스가 조사기간 동안 SEC의 직원들에게 협력할 것을 고려했다.

법규와 SEC의 필요성

SEC의 효과성에 대한 의견은 다양하다. 증권산업 등에 속해 있는 기업들은 SEC의 결정에 항상 만족하지는 않는다. SEC 규정을 따르거나, 관련 보고서를 작성하기 위해서는 상당한 비용이 발생한다. 콘고리움사(Congoleum Corporation)의 CEO인 베이론 라다커(Byron C. Radaker)는 1980년대 초에 회사의 기업공개를 자발적으로 포기했다. 이로 인해 회사는 보고비용으로 연 600에서 800만 달러($6~$8 million)를 절약할 수 있었다.[4] 기업들은 SEC의 역할에 대해 달가워하지 않지만, 의문은 SEC 없이 투자자들이 투자를 잘 할 수 있을지이다. 이를 평가하기 위해 증권관련법들의 진화를 생각해 보라.

많은 사람들, 특히 학자들은 주식시장이 효율적이라고 믿는다. 효율적 주식시장의 의미가 무엇인가? 시장효율성의 개념은 현재의 주가는 기업의 내재적 가치를 반영한다는 것이다. 이 개념을 이해하기 위해서, 다음 경우를 생각해 보자: 수많은 사람들이 주식시장에 참여하며, 현재와 과거의 정보에 근거한, 그들의 평균적인 신뢰와 의견은 현재의 주가에 반영될 것이다. 예를 들면, 주식가격이 너무 낮으면, 수많은 사람 중 일부는 이를 인식할 것이며, 주식을 재빨리 사려할 것이다. 이로 인해, 주가는 오를 것이고 장기간 저평가되지는 않을 것이다. 수많은 시장참여자들이 정보를 지속적으로 투자의사결정에 반영할 것이며, 순차적으로 시장을 효율적으로 만들 것이다. 만일 시장이 효율적이라면, SEC가 반드시 필요할까?

시장효율성의 관점에서, 만일 기업들이 사실을 숨기거나 속이면, 수많은 사람들 가령, 주식중개인, 재무분석가, 임원, 종업원, 회계담당자, 채권자, 투자자들과 정부기관 등, 그 일과 연관된 누군가는 그

4) Cited in Eugene F. Brigham and Michael C. Ehrhardt, *Financial Management*, 10th Edition (Orlando), FL: Harcourt Publishers, 2002), p. 759.

사실을 알게 될 것이다. 따라서, 부정행위의 적발은 피할 수 없으며, 주가의 급격한 하락을 초래할 것이다. 게다가, 지속적으로 거짓을 말하고 적발이 되는 기업은 결국 생존할 수 없을 것이다. 소비자들과 투자자들은 대기업에 대해서 항상 의심의 눈을 가지고 있어 왔다.

어떤 재무학자들은 자본시장에서 SEC의 중요성을 실증적으로 평가하려고 시도했다. 1964년 후에 노벨 경제학상을 수상한 조지 스티글러(George Stigler)는, SEC의 존재로 인해 증권시장이 향상되었는지를 평가하기 위해 1920년대와 1950년대에 발행된 신주를 비교한 논문을 발표했다.[5] 그는 차이를 발견할 수 없었고, SEC의 규정은 증권시장의 품질을 가져오지 못했다고 주장했다. 그러나 다른 두 명의 교수들은 SEC의 존재로 인해 증권관련 사기사건이 감소되는 개선이 있었다는, 스티글러의 주장과는 반대되는 증거를 제시했다.[6] 이러한 논쟁은 오늘날까지 계속되고 있다. 1995년에 과도한 규정에 대한 부담과 비용으로 인한 시장참여자들의 불만에 응답하여, SEC는 위원회를 구성하여 상장기업의 주식발행을 기존보다 쉽게 할 수 있게 하는 방안을 연구했다.[7] 1998년에 SEC는 이러한 방안에 대한 제안서를 마련했으나, 이 제안된 방안은 법제화되지는 못했다.

전체적으로 보면, SEC가 증권시장을 개선했는지에 대해서 확실히 결론내릴 수는 없었다. 시장은 SEC 없이도 여전히 효율적일 수도 있다. 그러나 SEC는 시장이 규정에 따라 운영되는지를 확인하며, 이에 따라 시장의 효율성에 공헌할 것이다. 예를 들면, SEC가 공시규정이

---

5) George J. Stigler, "Public Regulation of the Securities Markets," *Journal of Business* 37 (1964): 117-142.

6) Irwin Friend and Edward S. Herman," The SEC Through a Glass Darkly," *Journal of Business* 37 (1964): 382-405.

7) See unpulished paper by Hyun-Han Shin, "The SEC' s Review of the Registration Statement and Stock Price Movements during the Seasoned Equity Issuance Process," (Ph.D. diss., Ohio State University, 1995).

나 증권법을 위반한 상장기업에 대해 조치를 취했다는 소식이 전해졌을 때 해당 기업의 주가는 하락했다. 따라서, SEC는 시장의 규율을 잡기 위한 일정한 역할을 한다고 볼 수 있다.[8)]

SEC의 문제점

보고서

사람들이 의문을 가지고 있는 한 가지 주제는 분기 및 연차보고서의 타당성이다. 만일 이 보고서에 포함된 정보가 유용하다면, 보고서는 더 자주 발표되는 것이 필요하다. 우리는 지속적으로 업데이트되는 최신정보에의 접근을 허용하는 기술을 가진 세계에 살고 있음으로, 이러한 기술을 이용하면 더 최신정보에 접근할 수 있을 것이다. 하지만, 빈번한 보고에 대한 요구는 기업들에게 막대한 보고비용을 초래할 것이다. 이러한 문제를 해결하기 위한 실행 가능한 몇 가지의 방안이 있다. 지속적으로 논의되고 있는 한 가지 방법은 기업에게 보고서를 더 일찍 제출하도록 요구하는 것이다.[9)] 연차보고서의 제출기한을 회계기간 후 90일에서 60일로 단축하고, 분기보고서에 대해서는 45일의 제출기한을 30일로 단축하는 것이다. 이런 방법은 아마도 이상적인 방법은 아닐 수도 있다. 정보의 공개시점은 빨라질 수 있지만, 빈도는 그대로 유지된다는 것을 기억하라. 또한 비즈니스 위크(*Business Week*)지에서 언급했듯이, 이 제안은 단지 보고서 작성을 위한 촉박한 시간과 제출한 보고서의 정확성에 대한 우려를 추가할 뿐

8) Mahmoud M. Nourayi, Stock Price Responses to the SEC's Enforcement Actions, *Journal of Accounting and Public Policy* 13 (1994): 333~347.

9) Judy Mathewson, James L. Tyson, and David Evans, "Harvey Pitt: Odd Man Out on Enron," *Bloomberg Markets*, March 2002: 51~56.

일 수도 있다.[10] 또 다른 방법은 빈도수가 낮은 보고서의 문제를 해결하기 위해 중요한 정보를 투자자들에게 즉시 공개하도록 기업에게 요구하는 것이다.[11] 실제로, 2004년 3월 이후, SEC는 중요한 사건이 발생하면, 과거 5~15일 이내에서 4일 이내로 8-K 보고서의 제출기간을 단축하였다.

■ 처 벌

사람들은 SEC가 형사기소(criminal prosecution)를 할 수 없기 때문에 너무 약하다고 믿는다. SEC는 민사제소(civil charges)만을 할 수 있다는 것을 기억하라. 따라서, 만일 형사기소가 기업범죄를 방지하는 중요한 역할을 할 수 있다면, SEC는 자신의 업무를 수행하는데 필요한 실질적인 집행력이 없다고 볼 수 있다. 단, 증권시장에 심각한 악영향을 미친 경우 등에는 SEC가 미국 법무부(Department of Justice)에 사건을 이첩하여 형사기소되게 할 수 있을 것이다. 하지만, 기업범죄를 형사기소하는 것은 쉽지 않다는 것을 기억하라. 2002년 7월 1일 비즈니스 위크(*Business Week*)지에서[12] 지적되었듯이, 증권관련 법규들은 애매하며, 정교한 재무적 개념들은 이해하기 힘들고, 임원들은 자신들의 형사상 책임을 회피하기 위한 수많은 수단들을 가지고 있다(가령, "회계기록들이 잘못되었는지 몰랐다."). 이 같은 형사기소의 어려움으로 인해, SEC에 형사기소의 추가적인 책임을 지우는 것은 합리적이지 못할 것이다.

---

10) Mike McNamee, "The SEC' s Accounting Reforms Won' t Answer Investor' s Prayers," *Business Week*, June 17, 2002, 28.

11) Judy Mathewson, James L. Tyson, and David Evans, "Harvey Pitt: Odd Man Out on Enron," *Bloomberg Markets*, March 2002: 51~56.

12) Mike France and Dam Carney, "Why Corporate Crooks Are Tough to Nail," *Business Week*, July 1, 2002: 35~38.

민사제소권만 가진다는 것은 SEC가 잘못된 행위를 한 개인 또는 기업들에게 벌금을 부과하는 것이 주요 벌칙수단이라는 것이며, 그 동안 부과된 벌금은 증가되어 왔다. 비판가들은 기업의 임원이 부정행위를 하면 반드시 개인 수준에서 처벌되어야 한다고 주장한다. 그러나 개인이 아니라 회사가 벌금을 지급하는 경우가 더 흔하다. 이러한 벌금은 회사의 자금으로 지불되고 손실 처리되므로, 결과적으로 주주들이 벌금을 지급하게 되는 것이다. 주주들은 임원들의 잘못으로 인한 벌금지급과 부정적인 영향으로 인한 주가의 하락으로 인해, 두 번의 피해를 입게 되는 것이다. 임원들은 종종 회사 돈으로 벌금을 냄으로써 SEC의 조사를 피해 간다.

2002년에 브리스톨-마이어스 스퀴브(Bristol-Myers Squibb)의 회계부정에 대한 SEC의 조사를 생각해 보자. 이 사건은 2003년 순이익의 재작성에 의해 몇 달 동안, 50%의 주가하락(시가로 400억 달러)을 가져왔으며, 재작성 결과 1999년에서 2001년까지의 매출액을 25억 달러($2.5 billion) 감소시켜야 했다. 2년간에 걸친 조사 후인, 2004년 8월에 브리스톨-마이어스는 SEC의 민사제소를 1억 5,000만 달러의 벌금을 내는 것으로 해결(agreed to settle)했다.[13] 주주들은 회계부정으로 인한 400억 달러의 가치손실을 경험한 후에, 또 다른 1억 5,000만 달러의 벌금을 임원들의 부정행위로 인해 잃게 된 것이다.

SEC의 재원

또 다른 문제는 SEC가 재정적인 어려움을 겪어 왔다는 것이다. 재정적으로 부족하다는 것은 두 가지 문제를 야기한다. 첫째로, SEC는 부족한 재정으로 인해 유능한 직원을 채용하고 그들이 계속해서 일하

13) Lewis Krauskopf, "Charged with Accounting, Fraud, Bristol-Myers Squibb Settles for $150 Million," *Knight Ridder Tribune Business News*, August 5, 2004, 1.

사례 9.2 SEC의 500억 달러($50 billion) 폰지사기 적발의 실패

SEC의 투자자문사(investment advisors)에 대한 감시활동은 자문사들이 고객들의 투자자금을 오용하고 있지 않은지를 확인하는 것이다. 한 가지 우려는 폰지사기(ponzi scheme)이다. 투자자문사들이 고객이 맡긴 자금을 실제로는 투자하지 않았지만, 임의로 높은 투자이익을 보고하는 것이다. 일반적으로 이러한 높은 보고이익은 새로운 고객들을 끌어들이고, 새로운 고객으로부터의 투자원금은 기존의 투자자들에게 지급하는데 사용되며, 투자자문사들은 투자자금의 상당한 부분을 횡령한다.

폰지사기는 쉽게 적발될 수 있을 것처럼 보이지만, SEC는 버니 메도프(Bernie Madoff)의 사기행위를 30년 이상 동안 발견하지 못했다.[14] 메도프가 고객들에게 보낸 보고서에 따르면, 2008년에 매도프는 약 500억 달러($50 billion)의 투자자금을 관리했다. 2008년 가을, 주식의 대량매각으로 인한 주가의 급격한 하락기간 동안, 투자자들은 투자원금의 상환을 요구했으며, 매도프는 폰지사기 기법을 사용해 왔음을 인정해야 했다. 하지만 대부분의 투자원금은 이미 사라진 후였다.

투자원금은 어디로 갔을까? SEC는 이에 대한 답을 구하기 위해 조사를 했다. 더 큰 의문은 이렇게 막대한 금액을 장기간에 걸쳐 유용한 사기행위를 SEC가 적발하지 못한 이유가 무엇이었을까에 대한 것이다. SEC가 한 일은 매도프가 투자자들의 투자원금이 투자계정의 금액과 일치하는지를 보여 주도록 요구한 것뿐이었다. 더욱 당황스러운 것은, SEC은 몇 년간에 걸쳐서 매도프가 폰지사기 행각을 벌이고 있다는 많은 정황을 가지고 있었다는 것이다.[15] 이 사건은 SEC의 역사상, SEC가 투자자를 위한 감시자로서의 기능을 적절하게 수행하지 못한 가장 큰 실패이다. SEC가 과거에 NASDAQ 위원장이었던 매도프와의 정치적 연계가 문제이었는지 또는 SEC의 인력부족이 문제이었는지와 관계없이 매도프의 사기를 적발하지 못한 사건은 효과적인 시장감시자로서의 SEC의 신뢰성에 막대한 손실을 입혔다.

---

14) David Voreacos and David Glovin, Madoff Confessed $50 Billion Fraud Before FBI Arrived, *Bloomberg News*, December 12, 2008.

15) *www.boston.com/business/articles/2009/01/08/the_whistleblower*.

도록 하기 힘들게 되었다. 유사한 정부기관과 비교할 때, SEC가 소속 변호사나 조사관들에게 지급하는 보수가 40%나 낮은 것으로 추정된다.[16] 2001년, 의회는 SEC에서 근무하는 변호사들이나 회계사들에게 연방준비은행(Federal Reserve)과 같은 다른 정부 금융관련 기관에서 일하는 직원들과 유사한 수준으로 보수를 올려 줄 수 있도록 승인했다. 2002년의 상장기업회계개혁 및 투자자보호법(Public Company Accounting Reform and Investor Protection Act: 사베인스-옥슬리법)의 통과로 인해, 예산은 이전의 예산보다 3억 달러 이상 증가하게 되었다.

장기간 동안, SEC는 다른 곳에서 일하면 더 많은 보수를 받을 수도 있는 젊고, 야심 찬 유능한 많은 변호사들과 회계사들에게 관련경험을 쌓을 수 있는 디딤돌로서 선호되어 왔다. 이러한 재능 있는 사람들은 SEC에서 경험과 명성을 쌓은 후, 회계법인 또는 SEC와 관련된 고객들을 위해 일하는 법무법인에 고용될 수 있었다. 한 추정치에 따르면, SEC의 직원회전율은 다른 정부기관의 두 배 이상 높다고 보고했다. 유능한 직원의 상실은 SEC의 지식과 주요 직원들의 평균적인 숙련도를 낮추며, 새로운 직원을 훈련시키기 위한 비용과 시간을 증가시킨다.

부족한 재정의 두 번째 문제점은 직원의 부족이다. 1993년 이래로, SEC의 업무부담은 두 배로 증가했으나, 직원의 수는 변하지 않았다.[17] 전 SEC의 총재(commissioner)인 로사 운거(Laura S. Unger)는 100여명의 변호사들이 17,000개 이상의 상장기업 공시자료를 검토하고 있다고 고백했다.[18] 또한 SEC의 수석회계사(chief accountant)는 제출되는 15개의 사업보고서 중 오직 1개만이 검토된다고 언급했다.

16) Joseph Nocera, "System Failure," *Fortune*, June 24, 2002: 62~72.

17) Mike McNamee and Amy Borrus, "The Reluctant Reformer," *Business Week*, March 25, 2002: 72~81.

18) Joseph Nocera, "System Failure," *Fortune*, June 24, 2002: 62~72.

사례 9.3 아서 래빗(Arthur Levitt)의 "내가 그렇게 말했다"

SEC의 위원장으로 1993~2001에 걸쳐 근무했던 아서 래빗은 기업들과 회계법인들로부터 많은 비난을 받았다. 이러한 비난들이 2000년 9월 비즈니스 위크(*Business Week*)가 래빗에게 투자자의 챔피언(Investor's Champion)이라는 별명을 붙여 주게 된 이유일 것이다.[19]

래빗은 엄격한 관료로 알려져 있으며, NASDAQ의 가격담합정책을 징계하고, 이를 해결하기 위해 NASDAQ 중개인들에게 10억 달러 이상을 지급하게 했다. 또 다른 사례는 공정공시규정(Regulation Fair Disclosure)의 채택이다. 이는 기업의 임원들이 특정 재무분석가들에게 비밀정보를 주는 것을 금지하는 규정이다. 그의 임기 말에는 회계산업을 개혁하는데 주력했다. 1998년 9월 28일 뉴욕대학에서 한 연설에서, 래빗은 "숫자게임"의 종말을 선언했다.[20] 래빗은 기업의 경영자, 외부감사인, 재무분석가들이, 이익추정치를 맞추기 위해 충분하고 품질이 높은 정보를 희생하는 이익조정과정에 참여하고 있다고 생각했다. 그는 이러한 게임은 중단되어야만 하며, 회계담당자들은 숫자들을 더 신뢰성 있게 만들어 투자대중에게 신뢰를 주어야만 한다고 주장했다.

래빗은 회계산업을 바로 잡는 한 가지 방안은, 같은 회계법인 내에서 감사인의 기능과 컨설턴트의 기능을 분리시키는 것이라고 믿었다. 래빗은 이 두 가지 기능이 커다란 이해관계의 대립을 초래한다고 생각했다. 물론, 그의 주장은 기업들과 회계산업 양쪽으로부터 커다란 저항에 부딪쳤다. 기업들과 회계법인들은 자문을 제공하는 회계법인이 기업을 감사할 수 있는 최적의 위치에 있다고 주장했고, 회계법인들은 많은 이익을 가져다 주는 업무가 금지되는 것을 원치 않았다. 2년이 채 되지 않아 2000년 6월 27일, SEC는 래빗의 제안을 만장일치로 통과시켰다. 하지만 의회는 이 제안의 승인을 거부했다. 2년 후, 의회는 2002년 사베인스-옥슬리법(SOX)에 포함된 래빗의 제안 중 대부분을 통과시켰다. 2002년 1월 24일, 뉴저지의 로버트 토리셀리(Robert Torricelli) 민주당 상원의원은 래빗에게, "우리는 틀렸고, 당신이 옳다"고 말했다.[21]

---

19) Cover story in *Business Week*, September 25, 2000.

20) Arthur Levitt and Paula Dwyer, *Take on the Street: What Wall Street and Corporate America Don't Want You to Know*, Pantheon Books, New York, 2002.

21) Judy Mathewson, James L. Tyson, and David Evans, "Harvey Pitt: Odd Man Out on Enron," *Bloomberg Markets*, March 2002: 51~56.

SEC가 모든 가능한 위반사항을 철저하게 조사한다는 것은 불가능하겠지만, 보다 많은 직원이 있다면, 좀더 철저한 업무수행이 가능할 것은 명백하다. 2000년대 초의 위기상황으로 인해, SEC에서 수행할 정밀한 조사가 세 배나 늘었으며[22], 현재 직원들의 과도한 업무가 영원히 계속될 수는 없다. 다행히, 사베인스-옥슬리법(SOX)으로 알려진 2002년의 상장기업회계개혁 및 투자자보호법은 SEC가 수백 명의 직원을 추가로 채용할 수 있도록 허용했다.

사베인스-옥슬리법(Sarbanes-Oxley Act of 2002: SOX)

2002년의 상장기업회계개혁 및 투자자보호법(Public Company Accounting Reform and Investor Protection Act)은 민주당 상원의원인 폴 사베인스(Paul Sarbanes)와 공화당 하원의원인 마이클 옥슬리(Michael Oxley)에 의해 작성되었고, 2002년 7월 30일 조지 부시(George W. Bush) 대통령이 서명함으로써 법으로 제정되었다. 이 법으로 인해 감사인을 감독하기 위한 새로운 감시기구가 만들어졌고, 회계정보에 대한 기업의 책임이 법제화됐으며, 화이트칼라범죄에 대한 벌칙이 강화되었다. 이 법의 주요 내용은 다음과 같다:

1. 이 법은 상장기업의 감사를 감독하는 비영리기관인 상장기업회계감독위원회(Public Company Accounting Oversight Board: PCAOB)을 설립시켰고, PCAOB는 SEC의 관할 하에 운영되며 투자자들과 일반대중의 이익를 보호하는 업무를 수행한다.

---

22) Mike McNamee and Amy Borrus, "The Reluctant Reformer," *Business Week*, March 25, 2002: 72~81.

2. 이 법은 외부감사인, 컨설턴트, 피감사 상장기업 간의 상호관계를 단절시킴으로써 투자자들을 보호한다.
3. 이 법은 이사회의 감시능력과 책임을 증가시키고, 이사회가 더욱 독립적이고 감시에 대한 책임을 가지게 함으로써 이사회 업무의 신뢰성을 향상시킨다.
4. 이 법은 부외거래의 공개를 의무화하고, 임원들에 의한 자사주식거래를 SEC에 2일 내로 보고하도록 기간을 단축시킴으로써 임원들의 행동을 주주들에게 더 투명하게 만든다.
5. 이 법은 범죄행위들에 대한 새로운 또는 변경된 정의를 상세히 제공하고, 두 명의 최고경영자들이 재무제표를 보증하도록 하며, 벌칙을 강화함으로써 임원들의 범죄행위에 대해 기소하기 쉽게 만든다.

회계감독에 있어서 SOX 2002년 법의 효과

2002년 PCAOB의 설립과 함께, 기업회계에 대한 SEC의 감독은 크게 강화되었다. 사베인스-옥슬리법 이전에는 재무회계기준위원회(Financial Accounting Standards Board: FASB)와 미국공인회계사회(AICPA)가 회계기준과 회계감사에 대한 감독을 주로 책임져 왔다. 1973년, SEC는 FASB가 회계기준을 제정하도록 하였다. FASB는 비정부기관으로 회계업계와 기업들의 대표 및 회계학자들로 구성되어 있으며, FASB의 기준은 일반적으로 인정된 회계기준(generally accepted accounting principles: GAAP)으로 불리어지고 있다. SEC는 또한 모든 상장기업에 대해 공인회계사(CPA)에 의한 감사를 받도록 요구했다. 공인회계사는 피감사기업이 일반적으로 인정된 회계기준에 따라 재무제표를 작성했는지를 확인한다. 이러한 과정을 감독하기 위해 SEC는 AICPA에게 외부감사인(회계법인)을 감독하고, 감사기준을 제정할 수 있는 권한을 주었다. 그러나 2002년 SOX의 제정 후에는 AICPA의 권한들이 PCAOB로 넘어갔다.

상장기업회계감독위원회(PCAOB)

PCAOB는 비영리기관으로, 운영자금은 SEC에 등록한 기업들과 회계법인들로부터 나온다. 2002년 SOX법 하에서, 모든 상장기업은 PCAOB에 등록해야 하며, PCAOB가 요구하는 기준을 충족시켜야 한다. PCAOB는 또한 회계법인들도 감독한다. PCAOB는 SEC에 의해서 임명된 5명의 위원으로 구성되어 있다. 모든 위원들은 반드시 재무지식을 가지고 있어야 하나, 흥미롭게도, 오직 2명만이 공인회계사이다. 위원회의 업무는 다음을 포함한다:

1. 회계법인의 등록
2. 감사품질의 통제, 직무윤리, 독립성 및 기타 기준들의 제정이나 채택
3. 회계법인에 대한 검사(inspection)
4. 조사(investigation), 징계절차, 회계법인에 대한 제재의 적절성 평가
5. 높은 감사기준(high professional standards)의 증진(promote), 감사품질의 향상
6. PCAOB 규정, 감사기준 및 감사와 관련된 증권관련 법규 준수의 확인
7. PCAOB 예산을 감독하고, 운영을 관리

다섯 명의 위원들은 PCAOB에서 전임직원으로 근무하며, 회계법인으로부터 독립적이어야만 한다.

감사인의 독립성

사베인스-옥슬리법은 감사독립성을 확보하기 위해 다음과 같은 내용을 포함하였다:

1. 회계법인이 피감사기업에 대해 감사와 컨설팅업무 두 가지를 동시에 제공하는 것을 금지함
2. 기업의 감사위원회에 감사업무와 관련된 감독권을 부여함
3. 회계법인의 담당 책임파트너를 적어도 5년에 한번씩 교체하도록 의무화함
4. 만일 상장기업의 최고경영진이 과거에 회계법인에 의해 고용됐을 경우, 해당 회계법인에 의한 감사의 불허함
5. 회계법인 강제교체의 잠재적 효과에 대한 연구의 수행 요구

기업의 책임

사베인스-옥슬리법은 또한 이사회의 감독능력과 책임을 증대시키고, 이사회의 신뢰성을 높이고자 다음과 같은 내용을 포함하였다:

1. 이사회의 감사위원회를 경영진으로부터 더욱 독립적으로 만들고, 외부감사인의 고용과 감독, 회계업무상의 고충처리를 단독으로 책임지도록 함
2. 감사위원회의 모든 이사들은 독립적이며, 감사위원회 위원들 중 적어도 한 명의 이사는 재무전문가이어야 함
3. CEO와 CFO가 SEC에 제출한 재무제표에 대한 적정성을 보증(certify)하게 함
4. 감사인을 잘못된 방향으로 유도(mislead)하거나, 강압(coerce)하거나, 사기적으로 영향(fraudulently influence)을 주는 것을 불

법으로 만듦

5. 재작성이 필요한 잘못 계산된 이익에 근거한 임원들의 상여금 또는 주식매각에서 얻은 이익의 몰수
6. 종업원연금계획(employee pension plan)이 종업원의 주식거래를 금지한 기간 동안에 임원들에 의한 주식거래 금지

강화된 재무공시

사베인스-옥스리법은 임원들의 행위를 주주들에게 더 투명하게 되도록 하기 위해 다음의 내용을 포함하였다:

1. 부외거래(off-balance sheet transactions)의 공시와 외부감사인에 의해 인식된 잘못된 내용의 수정을 의무화
2. 임원들의 주식거래를 SEC에 보고하는 기한을 2일로 단축
3. 상장기업이 임원들에게 주택대출을 제외한 대출을 해 주는 행위의 금지
4. 증가된 내부 재무통제와 이사회에 의한 재무통제 검토 의무화
5. 기업의 고위임원을 위한 윤리체계(code of ethics)의 수립을 권장하고, 이에 대한 변경이나 예외사항을 SEC에 보고

재무분석가의 이해상충

제5장에서 증권분석가의 역할과 기업을 감시하는 역할에 있어서 증권분석가의 실패를 논의했다. 이러한 실패를 인식하여 사베인스-옥슬리법은 재무분석가가가 투자은행의 업무들로부터 분리되도록 하며, 재무분석가들이 가질 수 있는 어떠한 이해의 상충도 공시하도록 하는 규정을 SEC가 제정하도록 하였다.

■ SEC의 재원(resources)과 권위(authority)

SEC가 오랫동안 가지고 있던 한 가지 한계점은 SEC의 규모가 감독하고 있는 산업의 규모에 비추어 볼 때 작다는 것이다. SEC는 수만 개의 상장기업들, 투자은행들, 외부감사인들, 그리고 그 밖의 주식 및 채권시장의 참여자들을 규제한다. SEC의 감시와 조사능력을 확대시키기 위해 사베인스-옥슬리법은 SEC에 더 많은 자금지원을 승인하였으며, 200여명의 추가적인 직원을 채용하도록 허용했다.

■ 횡령(corporate and criminal fraud), 책임(accountability)과 처벌(penalties)

미래에 임원의 범죄행위에 대한 기소를 더 쉽게 하기 위해 SOX는 범죄행위의 새로운 또는 변경된 정의들을 정리했으며, 벌칙들을 더욱 엄격하게 만들었다. 예를 들면, 연방조사 또는 부도 시, 위조 서류의 파괴는 벌금형 또는 10년까지 감옥형을 받을 수 있다. 감사자료의 파괴는 벌금 또는 5년까지 감옥형을 받을 수 있으며, 증권사기의 출소제한법(statute of limitations)은 사실의 발견 후 2년 또는 위반 후 5년으로 변경하였다. 이 법은 또한 기업 또는 임원들로부터 종업원의 내부고발을 보호하고 있다.

화이트칼라범죄에 대한 벌칙은 대부분의 경우, 최대 5년으로부터 20년 감옥형으로 증가되었다. 이러한 변경의 의도는 실제로 평균적인 화이트칼라범죄에 대한 선고의 증가이지, 단지 최대 수감년도의 증가가 아니었다. 또한 회사의 최고경영자인 CEO는 재무제표에 대한 타당성을 보증하도록 요구되었다. 만일 임원들이 공시의 성실성을 위배하면(violate the integrity of the disclosures), 그들은 100만 달러 이하의 벌금과 10년 이하의 감옥형에 처해질 수 있다.

SOX는 유익할 것인가?

사베인스-옥슬리법은 이 책에서 다루는 많은 문제들과 관련되어 있다. 예를 들면, 이 법은 외부감사, 이사회, 임원들의 행태, SEC, 재무분석가와 관련된 문제들을 다룬다. 법학자들, 기업의 임원들, 그리고 더 약하게는 대주주들도 이법에 대해서 비판적이었다. 일반적으로, 법학자들은 이 법은 이미 존재하는 법에 대한 잘못된 배치(misplaced)이거나, 중복(repetitive)이라고 생각하였다.[23)]

예를 들면, 법학자들은 임원에 대한 대출을 해 준 것을 제외하고, 엔론(Enron)이 사베인스-옥슬리법의 지배구조관련법을 준수했다고 주장했다. 그러나 이러한 준수도 엔론을 붕괴시킨 지배구조의 실패를 막을 수는 없었다. 또한, 많은 사람들은 사베인스-옥슬리법의 준수는 과도한 부담과 비용이 들어간다고 주장한다.[24)] 기업들은 이 법을 시행하는데 들어가는 평균비용이 510만 달러에 달하며, 지속적으로 발생하는 비용이 연평균 370만 달러($3.7 million)에 달한다고 보고했다.[25)]

그러나 이 법이 성공적이었는지 또는 실패했는지를 판단하는 데에는 상당한 시간이 걸릴 것이다. 법이 성공적인지를 평가하는데 특히 어려운 점은, 만일 이 법이 통과되지 않았다면, 얼마만큼의 사기행위

---

23) 물론 SOX에 대해 부정적인 결론을 내린 모든 법적 연구를 요약하는 것은 어렵다. 관심 있는 독자는 Roberta Romano, "The Sarbanes-Oxley Act and the Making of Quack Corporate Governance," NYU, Law and Econ Research Paper 04-032: Yale Law & Econ Research Paper 297; Yale ICF Working Paper 04-37; ECGI ? Finance Working Paper 52/2004, September 26, 2004를 참조하라.

24) In a Business Week article, it estimates that compliance to the Act can be as high as $35 million annually for large firms ("Death, Taxes, and Sarbanes-Oxley?" *Business Week*, January 17, 2005).

25) Thirty-first Annual Board of Directors Study, Korn/Ferry International, (Los Angeles, CA, 2004).

가 있었을까를 추정하는 것이 어려우며, 이 법으로 인해 투자자의 신뢰를 얼마나 증가시켰을까를 밝히는 것도 매우 어렵기 때문이다. 특히, 기업들이 법을 따르는데 관련된 가능한 비용은 알 수 있으나, 그 법의 결과로 기업의 가치가 얼마나 증가했나를 신뢰성 있게 측정하기는 매우 어렵다. 이러한 이유 때문에, 이 법은 아마도 당분간 논란의 주제로 남아 있을 것이다.

기타 법적 변화들

2002년에 수많은 회계추문들로 인해 SEC 위원장은 뉴욕증권거래소(NYSE)와 나스닥시장(NASDAQ)에 기업지배구조와 관련된 상장기준을 재검토하도록 요구했다. 증권시장들은 투자자 신뢰의 위기를 극복하기 위해 개선된 상장기준을 개발하고 채택하도록 요구받았다. 증권시장들은 사베인스-옥슬리법이 논의되는 같은 기간 동안 새로운 지배구조기준을 개발했기 때문에, 그들의 새로운 상장규정이 사베인스-옥슬리법에서 요구하는 것과 유사한 것이 놀라운 것은 아니다. 그러나 두 증권시장에 상장한 기업들의 고유한 특성을 반영한 몇 가지 차이점이 있다. SEC는 2003년 11월 NYSE와 NASDAQ의 상장기준의 개정을 승인했다.

뉴욕증권거래소(NYSE)

뉴욕증권거래소는 자신의 시장에 상장된 기업에 대해서만 그들의 규정을 적용할 수 있으며, 비상장사나 외부감사인, 재무분석가 등에 대해서는 영향력을 행사할 수 없다. 아래에서는 NYSE에서 채택했으나, SOX에서는 채택하지 않은 규정을 주로 논의한다.

대부분의 새로운 NYSE 지배구조관련 규정은 구성, 기능, 그리고 이사회의 유인과 관련되어 있다. 특히, NYSE는 기업들이 과반수 이상의 독립적인 이사(independent directors)를 가지도록 요구했다. 이사(또는 직계 가족)가 만일 회사의 임직원으로 일하고 있거나, 과거 5년 동안 회사의 외부감사인 이었으면 독립적이 아니다. 회사의 임원이 아닌 이사들은 경영진의 참석이 없는 상태로 반드시 정기적인 모임을 가져야 한다.

또한 NYSE는 이사회의 특수한 기능을 요구했다. 예를 들면, 이사의 지명위원회는 전원이 독립적인 이사들로 구성되어야 하며, 특정 업무를 수행해야만 한다. 이는 보상위원회에 대해서도 그대로 적용된다. 그렇게 하지 않으면, 이사들의 의사결정은 자신의 보상체계에 따라 영향을 받게 된다. SOX에서와 같이 감사위원회는 반드시 독립적이어야 하며, 감사위원회의 위원들은 회계법인의 선임과 해임을 할 수 있는 증가된 권한과 책임을 가지고 있다. 이렇게 확장된 권한과 책임을 다 하기 위해, 감사위원회 위원들은 재무와 회계분야에 전문성과 경험을 가지고 있어야 한다. 감사위원회 위원들의 독립성을 확보하기 위해, 감사위원들은 정기적으로 받는 이사보수 이외에는 다른 보수, 특히 자문료를 받지 못하게 하였다.

마지막으로, NYSE는 모든 임원에 대한 주식보상계획에 대해서 주주들의 승인을 받도록 의무화했다. 즉, CEO가 일정 숫자의 스톡옵션, 또는 제한부주식(restricted stock)을 받기 위해서는 주주들의 의결을 거쳐야 한다. 이 법은 회사가 주주들에게 임원보상과 관련된 구체적인 내용을 포함한 위임장보고서(proxy statement)를 발송하도록 요구하기 때문에 투명성을 증가시킬 것이다.

NASDAQ 주식시장

NASDAQ 주식시장에 상장한 기업들은 평균적으로, NYSE에 상장한 기업들보다 규모가 작고, 더 많은 수의 기업이 기술집약 산업에 속해 있다. 따라서, NASDAQ은 NYSE에 의해서 채택된 규정과 동일한 정신의 규정을 채택했지만, NASDAQ 시장에 상장된 기업들의 특성에 더 잘 부합되는 다른 규정도 가지고 있다.

예를 들면, 작은 기업들은 종종 적은 수의 이사회 구성원을 가지고 있다. SOX와 새(NYSE)규정들은 독립이사들에게 권한을 부여하고, 많은 책임을 요구한다. 그러나 규정의 실행을 작은 기업의 이사회 내의 적은 수의 독립이사들에게 요구하는 것은 과도한 부담이 될 수도 있다. 단지 7명으로 구성된 이사회를 생각해 보자. 이사의 대다수가 독립적인 이사회를 구성하기 위해 4명의 독립적인 이사들이 필요하다. 그러나 4명의 독립이사가 있는 이사회에서 임원보상위원회, 이사선임위원회, 감사위원회 등 복수의 독립적인 위원회들을 가지기는 쉽지 않다. 따라서, 독립적인 보상위원회가 임원보상을 승인하는 것을 요구하는 것 대신, 독립적인 이사들이 보상을 직접 승인하도록 허용하였다.

NYSE는 모든 주식기준 임원보상계획을 주주들이 승인하도록 의무화한 반면, NASDAQ은 동기부여를 위한 스톡옵션 제공이 기술집약적인 산업의 경우, 새로운 종업원들에게 제공하는 보편적이고 중요한 관행이라는 것을 인식하고 있다. 따라서, NASDAQ은 새로운 종업원들에 대해 스톡옵션을 부여할 때, 적절히 공시된다면, 주주들의 승인 없이도, 과반수 이상의 독립이사들의 승인을 조건으로 허용하고 있다.

국제적 관점

앞에서 언급했듯이 SEC 존재의 효익에 대해서는 확실한 결론을 내릴 수 없다. 증권관련규정의 효과성에 대한 평가를 해 볼 수 있는 한 가지 방법은 강력한 증권규제기관을 가진 나라들과 그렇지 않은 나라들을 비교해 보는 것이다. 만일 강력한 규정이 기업지배구조의 관점에서 더 유익하고 효과적이라면, 이러한 나라들에서 더 많은 성공적인 기업들을 볼 수 있어야 할 것이다. 두 개의 학술연구가 이러한 의문에 대한 답을 구하기 위해 수행되었다.

첫 번째 연구에서, 저자들은 49개국의 증권관련법규의 질을 평가했다.[26] 먼저, 그들은 "공공실행지수(public enforcement index)"를 만들었다. 이 지수는 규제기관의 자율성(정치적인 간섭으로부터 자유로운 정도)을 측정하기 위해, 각국의 증권관련 정부공공기관(가령, SEC)의 권한, 기관들이 주로 주식시장에 중점을 두는지 여부, 이들의 규정을 제정할 수 있는 능력, 잠재적 규정위반을 조사할 수 있는 능력, 규정위반자에 대한 제재를 부과할 수 있는 능력 등을 평가했다. 둘째로, 저자들은 각국의 공시의 품질, 투자설명서에 중대한 정보를 생략함으로 인한 손실에 대해서 회사로부터 배상을 받을 때, 주주들의 입증책임 부담 등을 고려해서 "사적실행지수(private enforcement index)"도 만들었다. 공시의 품질은 신주발생시의 투자설명서의 내용, 보상정보, 소유주 구성정보 등을 고려해서 평가했다. 연구결과 저자들은 공공실행(public enforcement)에 대한 각국의 품질은 주식시장의 발전과 관련이 없다는 것을 발견했다. 이와는 반대로, 각국의 사적실행(private enforcement)의 품질은 주식시장의 발전과 밀접하게 관련이

26) Rafael LaPorta, Florencio Lopez-de Silanes, and Andrei Shleifer, "What Works in Securities Laws?" *Journal of Finance* 61 (2006): 1~32.

있다는 것을 발견했다. 이들의 발견은 증권관련 법들이 중요하기는 하나 대부분이 생각한 만큼 크게 중요하지는 않다는 것이다.

또 다른 연구에서, 저자들은 증권관련 법규의 질을 다른 기준을 이용해서 측정했고, 법규의 품질이 높을 수록, 각국은 더 낮은 자본비용, 더 높은 증권의 유동성, 더 높은 시장의 효율성을 가진다고 보고했다.[27] 즉, 이 연구는 증권법규들이 유익하다는 증거를 제시했다. 유사하게, 서로 다른 국가에 있는 복수의 증권시장에 상장한 기업들을 대상으로 분석한 증거에서도 SEC와 같은 강력한 규제기관의 통제를 받는 것은 기업들에게 유익하다고 제시했다. 종합하면, 미국과 같은 나라에 복수 상장을 한 외국기업의 경우, 향상된 기업지배구조의 결과로 기업가치가 증가할 수 있다는 것이다.[28] 기업추문들이 언론의 첫 페이지를 장식하고, 미국의 의회가 SOX에 대해 논쟁하고 있는 동안, 세계의 다른 나라들에서도 자신들의 기업지배구조관련 정책들을 검토했다. 이러한 움직임은 가령, 네덜란드의 로얄 에이홀드(Royal Ahold), 이태리의 파마렛(Parmalat), 한국의 대우그룹(Daewoo Group), 프랑스의 비벤디 유니버설(Vivendi Universal), 스위스의 아데코(Adecco) 등 그들 자신의 기업추문들에 의해 유발된 것이다. 이러한 추문들에 대응해서, 많은 국가에서는 SOX가 추구하는 방향과 유사한 지배구조관련 제도의 변화를 채택했다. 이러한 규정과 최근의 개정 현황은 유럽기업지배구조협회(European Corporate Governance Institute)의 홈페이지를 참조하라.[29]

---

27) Hazem Daouk, Charles Lee, and David Ng, "Capital Market Governance: How do Security Laws Affect Market Performance?" *Journal of Corporate Finance* 12 (2006): 560-593.

28) 복수 증권시장 상장의 기업지배구조 효과에 대한 선행연구는 다음을 참조: Stephen Ferris, Kenneth Kim and Greg Noronha, "The Effect of Cross-Listing on Corporate Governance: A Review of the International Evidence," *Corporate Governance: An International Review* 17 (2009): 338~352.

29) *www.ecgi.org/codes/all_codes.php*.

요 약

SEC의 주요 기능은 상장기업들이 연방증권법에 따라, 자신들에 대해서 일반대중에게 정직하게 공시하고 있는지를 감시하는 것이다. SEC는 관련법에 따라 제출된 서류들을 검토하고 규정위반이 있는지를 조사한다. SEC는 강력하고 효과적인 감시역할을 하고 있는 것처럼 보이나 몇 개의 문제점을 가지고 있다. SEC는 과도한 업무와 불충분한 재정지원 및 인력부족을 겪고 있다. 또한, SEC는 법규위반자를 처벌하는데 형사권이 아닌, 오직 민사권만을 가지고 있다. 이로 인해 임원들의 사기를 적발한 경우에도 벌금을 부과하는 것에 주안점을 두고 있다. 결국, 주주들은 임원들의 불법행위와 SEC의 처벌 둘 다로 인해 고통을 받고 있다. 2002년 사베인스-옥슬리법은 SEC에게 더 많은 재정과 권한을 허용했으나, 그것이 충분한지는 의문이다. 버니 매도프(Bernie Madoff)의 5,000만 달러($50 million) 폰지사기의 적발 실패와 2008년 급격한 재정위기의 양상은 SEC 감독의 효과성에 아직 문제가 있다는 것을 제시한다.

2000년과 2001년의 기업들과 투자공동체의 추문에 대응해서, 미국 정부는 사베인스-옥슬리법을 제정했다. 이 법은 상장기업에 대한 감사를 감독하기 위해 비영리기관을 설립시켰고, 감사인의 독립성 확보와 이사회의 감독능력과 책임의 증가, 임원들의 행위가 주주들에게 더욱 투명하게 되도록 요구하였다. 이 법은 또한, SEC로 하여금 재무분석가들의 업무를 투자은행의 다른 분야 업무로부터 분리시키고, SEC에 더 많은 재정지원을 하며, 새로운 또는 수정된 범죄행위의 정의와 엄격해진 벌칙에 대해서 상세한 지침을 제공했다. 바람직하지 않은 행태들이 이 법에 의해 방지됐을 수도 있지만, 이 법과 관련된 비용은 법학자, 기업임원, 심지어는 대주주들로부터도 광범위하게 비난받아 왔다. 따라서, 이 법이 유익한지에 대한 결론을 내리는 것은 현시점에서는 어렵다.

SEC와 SOX에 관련된 웹 정보

U.S Securities and Exchange Commission
www.sec.gov

Public Company Accounting Oversight Board
www.pcaobus.org/

SEC Filings & Forms (EDGAR)
www.sec.gov/edgar.shtml

NYSE Corporate Governance Listing Standards
www.nyse.com/regulation/nyse/1101074746736.html

복습문제

01 SEC에서 관리하는 증권산업을 감독하기 위한 법률들을 열거하고 기술하라.

02 SEC의 주요 기능들과 조직구조를 기술하라.

03 SEC가 그들의 직무를 수행할 때 경험하게 되는 주요 문제점들은 무엇인가?

04 사베인스-옥스리법의 주요 구성 내용을 기술하라.

토론문제

01 당신은 더 많은 (또는 적은) 증권관련 규정이 필요하다고 생각하는가? 만일 더 많은 규정이 필요하다면, 추가적인 규정에 대한 좋은 아이디어를 제시하라. 만일 더 적은 규정이 필요하다면, 어떤 규정을 제거할 것인지와 그 이유를 기술하라.

02 당신이 SEC의 위원이라면, 다양한 집단을 규율하는 어떠한 측면의 SEC 활동을 변화시키겠는가? 왜 이러한 변화가 필요하다고 생각하는지 이유를 설명하라.

03 현재와 미래의 주주로서, 당신은 SOX에 대해 만족하는가? 현재와 미래의 종업원으로서는 어떤가? 당신의 동료나 친구 또는 대중매체에서의 SOX에 대한 일반적인 여론은 어떤가?

연습문제

01 SEC의 홈페이지(www.sec.gov)의 EDGAR 시스템을 통해, 미국 대기업의 10-Q를 다운로드하라. 이 공시는 기업의 영업, 경영진, 그리고 재무상태에 관한 어떤 정보를 제공하는가?

02 최근에 SEC의 조사를 받고 있는(또는 최근에 SEC와의 소송이 종결된) 한 기업을 찾은 후, 관련된 쟁점과 내용이 무엇인지 기술하라. 해당 사례에는 법무부(DOJ)나 New York Attorney General's Office 등, 다른 정부기관들이 연관되었는가? 만일 그렇다면, 그들이 어떻게 연관되었는지를 기술하라.

03 임원들이 SOX와 관련해서 어떤 불만들을 가지고 있는지를 조사해서 그 내용을 기술하라. 다른 집단들도 이 법에 관해서 불만을 제기하는

가? 당신은 또한 어떤 생각을 가지고 있는지와 그 이유를 기술하라.

04 ecgi.org는 세계 각국의 지배구조관련 규정을 연결시켜 놓았다. 그 중 3개국의 관련규정을 조사해서, 왜 이들 간에 차이가 있는지 당신의 생각을 제시하라.

05 기업들이 어떠한 새로운 상장규정으로 인해 NYSE에 상장하기를 꺼리는지 조사하라. NYSE에 상장하는 외국기업들은 어떤가? NYSE에서 새로운 규정이 통과된 후 외국기업의 상장이 증가 또는 감소했는가? 어떤 사람들은 그 수가 증가할 것이라고 예상하는데, 당신의 생각에 왜 그들이 그렇게 예상하는지에 대한 이유를 제시하라.

연습문제(국제적 관점)

01 우리 나라의 증권과 관련된 규정을 기술하라. 당신의 의견에, 이 규정으로 인해 관련 분야의 품질이 높아진다고 생각하는가?

02 우리 나라에서 증권감독기관은 법을 효과적으로 집행하고 있다고 생각하는가? 그들이 최근에 증권관련 규정의 위반 사유로 특정인을 기소한 사례를 기술하라.

03 우리 나라에서는 정치적 이해관계가 증권관련 법규의 질에 어떠한 영향을 미쳤다고 생각하는지 기술하라.

04 우리 나라의 지배구조와 관련된 법 조항들을 기술하라. 당신의 생각에, 그들의 강점과 약점이 무엇인지를 논의하고, 강점과 약점을 야기시키는 요인들이 무엇인지 논의하라.

05 우리 나라 법에서 SOX의 규정과 동일한 규정과 SOX에는 있는데 우리 나라에는 없는 규정을 찾아 기술하라. 왜 우리 나라에서는 이런 특정 규정이 있거나 또는 없는지에 대해 그 이유를 논의하라.

CHAPTER 10

도덕적 해이, 체계적 위험과 구제금융

(Moral Hazard, Systemic Risk, and Bailouts)

2007년에서 2009년까지의 금융위기는 정부가 시장실패를 보전해 주는 "강력한 자금원(deep pocket)"으로서의 역할을 할 수 있음을 보여 준다. 왜 정부가 자신이 잘못된 결정에 의해 실패한 기업을 구제해 주어야만 하는가? 본 장에서 조사한 내용은 어떤 기업들이 "너무 거대하여 파산하도록 방치될 수 없다(too big to fail)"는 논리이다. 다른 말로는 Citibank나 General Motors(GM)와 같은 대기업들의 실패는 경제전반에 걸쳐 큰 영향을 미치게 된다. 그들의 파산은 다른 기업의 파산이라는 연쇄반응을 초래하며, 수십만 명이 직업을 잃게 되고, 경제침체의 소용돌이로 이어지게 된다. 경제전반에 연쇄반응을 초래하는 한 기업의 부도가능성은 체계적 위험(systemic risk)이라 불린다. 체계적 위험을 완화하기 위해 미국정부는 대출을 해 주었고, 이전에 세계에서 가장 큰 보험회사였던 AIG의 주식을 1,700억 달러($170 billion) 이상 구매했다. 구매의 목적은 AIG가 세계의 은행들과 금융기관들에게 지급해야 할 수천 조 달러에 이르는 지급불능 사태를 막기 위한 것이었다.[1] AIG 이외에도, 수백 개의 상업은행들과 다른 주요 기업들이 전세계적으로 각국 정부들에 의해서 구제금융을 받았고, 이를 통해 국제경제의 붕괴를 피할 수 있었다.

기업지배구조의 관점에서, 미국 재무성(Department of the Treasury)과 연방준비은행(Federal Reserve)이 어려움을 겪고 있는 대기업들을 도와주는 것은, 이미 문제가 있는 것으로 의심을 받고 있는 기업지배구조제도에 도덕적 해이(moral hazard)라는 또 다른 문제를 추가하는 것이었다. 도덕적 해이는 자신의 잘못된 의사결정으로 인한 나쁜 결과로부터 책임을 회피할 수 있게된 의사결정자가 결과를 모두 책임져야만 할 사람으로서 적절하지 않게 행동하는 상황을 의미한다. 잘못된 결과에 대한 책임을 지지 않는 사람들은 의사결정 시 더 높은 위험을 감수할 것이다. 재정위기 동안에 도덕적 해이가 발생했는데, 이는 대형 금융기관들이 연방정부가 자신들이 체계적 위험으로 인해 파산하도록 방치하지 않을 것이라는 것을 알았기 때문이다. 미국정부의 암묵적 보증은 금융기관의 경영자들로 하여금 과도한 위험을 감수하려는 유인을 가져다 주었다. 만일 이러한 위험의 감수가 성공적이면, 경영자들은 막대한 보상을 받을 수 있을 것이며, 기업가치는 증가할 것이다. 그러나 만일 좋지 않은 결과가 나타나면, 연방준비은행과 재무성이 간섭하여 기업을 부도로부터 구제해 줄 것이다. "앞면이면 내가 이기고, 뒷면이면 당신이 진다(heads I win, tails you lose)"는 도덕적 해이의 사고방식은 비판가들에 의해서 미국 정부의 구제금융접근법이 "이익은 민영화하며, 손실은 국유화하는 것"으로 기술되었다.[2] 다른 말로는, 위험한 전략을 선택함에 따른 이익

1) Michael Gray, "AIG Saves U.S. $1.6 Trillion," *New York Post*, March 22, 2009.

2) *www.washingtonspectator.org/article/20080801GSEs.cfm*.

은 개별기업으로 흘러가고, 비용은 세금을 지급하는 국민이 부담한다는 것이다.

금융시장에서의 이러한 도덕적 해이는 많이 있어 왔다. 이는 기업의 자금을 가지고 과도한 위험을 택하는 경영자의 상황과 같다. 경영자는 자기자신을 위해서 주주들의 돈으로 효과적으로 도박을 하는 것이다. "너무 커서 파산하도록 방치될 수 없다(too big to fail)"는 관점으로 인해 임원들과 주주들 간의 대리인 문제가 악화될 것이며, 결과적으로 대형은행의 임원들이 주주들과 납세자들의 돈을 유용하는 것이다. 만일 추가적인 위험부담으로 인해 결과가 좋으면, 기업은 큰 이익을 실현하게 되고, 이에 따라 임원들은 막대한 업적보상을 받게 된다. 만일 과도한 위험으로 인해 기업이 파산위기에 처하더라도, 임원들은 이전에 받은 보상을 돌려 줄 필요가 없다. 또한 정부가 기업에 구제금융을 제공한 이후에도, 임원들은 자신의 지위를 유지할 가능성이 높다.[3)]

본 장은 과거의 위기기간 동안에 체계적 위험이 어떻게 정부의 구제금융을 촉발시켰는지의 역사에 대해서 우선 살펴본다. 다음, 2007년에서 2009년까지의 재정위기의 원인들과 관련된 구제금융(bailouts)에 대해 검토한다. 마지막으로 체계적 위험과 구제금융에 관련된 국제사회의 반응과 관련 주제들을 논의한다. 사례분석을 통하여, 우리는 기업지배구조의 문제들과 도덕적 해이가 기업의 의사결정에 어떠한 영향을 미쳤는지를 고찰한다.

---

3) As of March 2009, it appears that only six CEOs (Citigroup, Bank of America, AIG, Fannie Mae, Freddie Mac, and GM) were replaced as a condition of receiving a bailout even though hundreds of firms participated.

체계적 위험과 구제금융의 역사

대부분의 구제금융(bailouts)은 1930년대 초 대공황기간(Great Depression) 동안에 수립된 정부의 정책에 기초하여 제공되었다. 대공황의 경제적 효과는 심각했고, 오랜 기간 지속되어, 경제학자들은 어떻게 이러한 가파른 경기침체를 피할 수 있을지에 대해서 해당기간을 주의 깊게 연구해 왔다. 대공황의 도화선은 1929년의 주식시장의 붕괴였지만, 대부분의 경제학자들은 대공황의 또 다른 이유가 은행시스템의 붕괴였다고 결론내렸다. 경기침체 기간 동안 은행들은 뱅크런으로 알려진 연속적인 예금인출 쇄도(bank runs)를 경험했다. 뱅크런은 예금자들이 일시에 은행으로부터 예금을 인출하고자 할 때 발생한다. 은행들은 고객들이 예치한 예금을 대출해 줌으로써 수익을 창출하기 때문에, 뱅크런에 따른 예금자들의 인출요구에 대응할 충분한 현금을 확보하고 있지 못할 수도 있다. 한 은행에 대한 예금인출 쇄도의 소식이 전해지면 다른 은행들의 예금자들에게도 공황상태를 연쇄적으로 일으켜 그들 자신의 은행에게도 예금인출을 요구하게 된다. 예금인출 쇄도 이외에, 경제가 침체상태가 되면 불량대출과 관련된 문제가 발생한다. 통화공급의 관점에서 은행은 대출을 통해 현금의 증식기(multiplier)로서의 중요한 역할을 수행한다. 만일 은행들이 붕괴되거나 대출을 중단하면 통화공급이 감소하며 경제성장을 저해한다. 따라서 은행은 건강한 국가경제를 유지하는데 중요한 역할을 수행한다.

대공황기간 동안에 구제금융은 없었고 단지 제한된 정부의 간섭만이 있었지만, 이러한 간섭들은 또 다른 공황을 피하기 위해 증가된 규정과 큰 노력을 초래했다. 증가된 규정은 은행에 대한 연방정부의 감독, 예금인출 쇄도를 피하기 위해 은행예금의 지급을 보장하는 연방예금보험, 증권법들, SEC의 설립, 기타 연방법들(사기행위, 잘못된 경영자의 행태, 자본시장에서 과도한 위험의 감수와 관련된)을 포함한다. 이러한 규정의 제정 이외에 대공황의 또 다른 효과는 경제학자들이 심각하고 광범위한 은행시스템의 실패를 방지하는 방법을 연구하도록 영향을 주었다. 그 이후, 미국의 연방준비은행(Federal Reserve)은 금융시장을 주의 깊게 감시해 왔고 또 다른 경제침체를 방지하기 위해 필요한 조치를 취해 왔다.

최근의 연구에서 논의하듯이, 경제위기들은 여전히 다양한 이유로 인해 정기적으로 일어나며, 체계적 위험을 완전히 피할 수는 없었다. 수차례에 걸친 경험에 따른 변화로, 이제는 정부들이 경제위기에 적극적으로 대처한다는 것이다. 그 결과, 경기침체는 통상 단기간에 국한되며, 개별국가 수준에 머무른다. 정부기관들에 의한 적극적인 대처수단들은 주로 이자율과 금융시장의 규정(가령 2008년 금융주식의 공매(short selling)를 일시적으로 금지시키는 규정과 같은)을 바꾸는 것이다. 그림 10.1은 대공황 이래로 경험했던 경기침체기간 들을 보여 준다.

그림 10.1 경기침체기간 동안의 달들

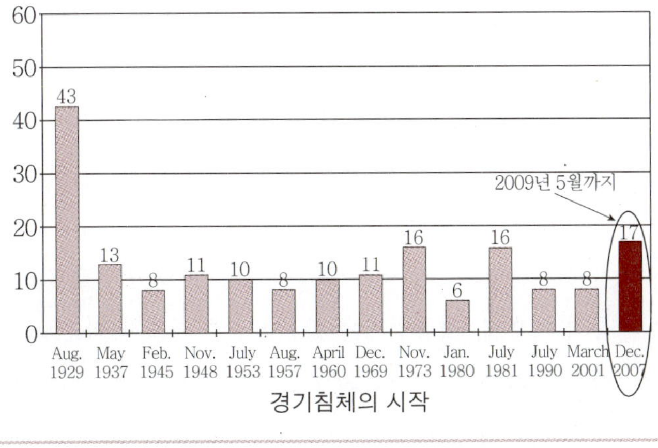

평균적인 지속기간은 1년 미만이며, 이는 정부의 간섭이 성공적이었음을 나타낸다.

그러나 2007년에서 2009년 동안의 재정위기는 2009년 7월까지 이미 19개월이나 지속됐으며, 대공황 이후 가장 심각한 경기침체를 기록했다. 이러한 심각성에 비추어, 관계당국은 또 다른 형태의 붕괴인 구제금융을 피하기 위한 방안을 찾아왔다. 구제금융은 공공의 기금을 사기업을 지원하기 위해 사용하는 것이다. 구제금융에 대한 찬성논리는, 공공의 기금을 경제의 중요한 부분을 안정시키기 위해 사용하는 것이 경제 전반에 걸친 연쇄반응을 가져올 수도 있는 실패를 방치하는 것보다 바람직하다는 것이다. 다른 말로는, 사기업을 위해 공공자금을 사용하는 것이 또 다른 대규모의 경제공황을 피할 수 있기 때문에, 공공을 위한 최선이 될 수 있다는 것이다.

연방정부에 의한 사기업에 대한 구제금융은 여러 해 동안 몇 가지 다른 형태로 제공되어 왔다. 미국의 자동차 제조업자들은 1979년에서 1981년에 걸쳐 일본의 경쟁자들로 인해 어려움을 겪었다. 정부는 모든 투자자들에게 그들이 크라이슬러에 대출해 주는 건에 대한 지급보증을 해 주었다. 이 경우, 정부는 기업에 실제로 돈을 주는 대신 지급보증을 제공한 것이다.[4] 정부는 또한 수입되는 일본자동차의 수를 제한하는 내용을 협상했다. 유사하게, 1998년 헷지펀드인 Long Term Capital Management (LTCM)가 지급불능이 되었을 때, 연방준비은행은 직접 돈을 지급하지는 않았다. 대신에 개인투자자들에 의해 조달된 구제금융을 알선해 주었다. 다른 구제금융들은 사기업에게 공공자금을 직접적으로 지급해 주는 것을 포함했다. 2001년 9월 11일 테러 공격 이후에, 항공업계는 항공여행을 하고자 하는 고객의 수가 심각하게 감소함으로 인해 50억 달러($5 billion)의 공적 자금과 100억 달

4) *www.heritage.org/research/energyandenvironment/EM74.cfm*.

러($10 billion)의 대출에 대한 지급보증을 제공받았다.[5)]

위에서 논의한 구제금융들은, 한 기업의 실패가 더 큰 경제의 붕괴를 초래할 수도 있다는 우려로 인해 주어졌다. 자동차 기업들은 수십만 명의 직원들을 고용하고 있으며, 간접적으로는 공급자, 판매자 들을 포함한 수백만 명의 이해관계자를 가지고 있다. 따라서, 자동차 기업의 실패는 경제전반에 걸친 매우 큰 실업의 증가를 초래할 수 있다. LTCM과 같은 햇지펀드의 실패는 신속한 포지션의 청산(liqvidation of positions)을 유발하여 주가의 하락을 가져오게 되며, 금융산업 전반에 영향을 미치게 된다. 항공산업에 대한 구제금융은 세계무역센터(World Trade Center)에 대한 공격 이후에 초래된 심각한 항공 여행의 감소로 인해 항공산업이 부도상태가 되고, 이로 인해 항공산업의 부재를 가져올 수도 있다는 두려움으로 인해 유발되었다. 이는 전체 경제에 영향을 미칠 것이다.

구제금융의 의도는 좋을 수 있지만, 비평가들은 연방정부가 어느 기업은 구제하고 어느 기업은 부도 처리할 것인지를 결정하는 것이 적절하지 않다고 우려한다. 동일하지 않은 정치력에 기인한 구제금융은 비용을 절감한 효율적 경쟁자들의 비용으로, 비효율적인 대형 기업들을 지원해 줄 수 있다. 소형항공사들은 항공사에 대한 구제금융을 결정하는데 사용한 기준이, 높은 원가로 인해 수익성이 없는 사업모델을 가진 대형 항공사에게 유리하게 되어 있다고 주장했다.[6)] 또한 구제금융은 소비자들을 해롭게 할 수 있다. 예를 들면, 1980년 대에 일본자동차의 수입을 제한함으로써, 미국 자동차 산업의 경쟁력이 감소했고, 이에 따라 소비자가 130억 달러($13 billion)의 비용을 부담해야 했다.[7)]

---

5) *www.businessweek.com/magazine/content/01_41/b3752735.htm*.

6) *www.usatoday.com/money/biztravel/2001-11-26-airbailout.htm*.

7) *www.perc.org/articles/article416.php*.

【최근의 연구】

은행위기가 얼마나 자주 발생하며, 어떤 방법의 간섭(intervention)들이 가장 성공적이었는가? 최근의 한 연구는 1970년에서 2007년에 걸쳐 세계의 체계적 은행위기에 관련된 구체적인 정보를 수집했다. 이 연구의 목적은 각 위기의 성격과 정부의 대처를 살펴보고, 정부에 의한 간섭의 성공여부에 대한 평가를 하는 것이었다. 정부의 간섭이 장기적인 구조개혁에 성공적으로 기여했는지, 위기로부터의 회복을 촉진하고 관련비용을 절약했는지가 관심사항이었다.

이 연구에서, Laeven과 Valencia는 37개국으로부터의 42건의 체계적 은행위기 자료를 수집했다. 저자들은 각국의 기업과 금융부문이 많은 지급불능사태로 인해 고통받았거나, 계약대금을 제때에 지급하는데 어려움을 겪은 사건들을 자료에 포함시켰다. 어떤 사건들은 예금인출쇄도(bank runs)에 의해서 초래되었으며, 다른 사건들은 이자율의 급격한 상승, 자본시장에서의 유동성 악화에 의해 초래되었다. 각 위기는 다소 차이가 있으나, 한 가지 공통점은, 정부는 은행에 보조금을 지원해 주거나 부채를 면제해 줄 것인지, 은행을 인수한 후 새로운 경영진 하에서 다시 시작할 것인지, 또는 이러한 대안들의 결합을 사용할 것인지의 선택에 직면한 것이다. 저자들은 은행이 위기에 직면했을 때, 가장 효과적인 정부의 간섭 전략에 대한 답을 구하기 위해서, 각 위기의 다양한 측면을 조사했다.

전체적으로, 저자들은 너무나 많은 변수가 작용함으로 인해 명확한 결론을 내리지는 못했다. 그럼에도 불구하고, 저자들은 납세자들의 돈을 은행들과 다른 채무자들에게 재분배하는 것은 정부의 보호를 남용하도록 장려하는 잘못된 유인을 초래할 수 있다고 지적했다. 이것이 본 장 전체에 걸쳐 논의하는 도덕적 해이의 문제이다. 그들은 또한 정부의 간섭 방법은 위기의 특성에 따라 달라야 한다고 주장했다. 경제 전반에 대한 붕괴에서는 경영진을 그대로 유지하는 것이 더 나으며, 경영자의 잘못된 의사결정에 기인한 개별기업의 붕괴에서는 경영진을 교체하는 것이 더 바람직하다고 주장했다.

출처: Luc Laeven and Fabian Valencia, "Systemic Banking Crises: A New Database," International Monetary Fund Working Paper, WP/08/224 (2008).

경쟁력이 없는 항공회사를 위해 납세자가 부담한 수십억 달러의 일시적인 지원은 실패로 간주될 수 있다. 항공사에 대한 구제금융 후 5년 동안, 델타항공(Delta Air), 노스웨스트(Northwest), 유에스항공(US Air), 유나이티드항공(United Airlines) 모두가 Chapter 11 부도를 신청했다. 어차피 부도가 날 네 개의 항공사에게 수십억 달러의 구제금융을 제공할 가치가 있었을까? 미국 자동차회사들에 대한 구제금융도 성공적이지 못했다. 자동차회사들은 2008년 또 다른 구제금융을 요청했고, 2009년에는 TRAP기금을 받았으나 2009년 크라이슬러와 GM은 부도를 피할 수 없었다.

구제금융 비용이 경제에 미친 영향에 추가하여, 정부에 의한 구제금융의 역사는 "큰 기업은 망하지 않는다"는 도덕적 해이를 초래했다. 다음에 논의하듯이 자동차기업들과 주요 은행들에 의한 전략적 결정들은 증가된 도덕적 해이에 부분적으로 기인했다. 다른 말로, 만일 당신이 정부가 구제금융을 제공할 것을 알고 있다면 추가적인 위험을 취하지 않을까?

2007-2009년의 금융위기

2008년 말에서부터 2009년 말까지, 미국정부는 대공황 이래로 세계적 불황을 피하기 위해 자본시장에 과감한 간섭(intervention)을 했다. 투자가치에 대한 보증, 직접적인 교부금 제공, 대출과 은행의 우선주 구입 등 다양한 수단을 동원해 미국 재무부(Treasury Department)와 연방준비은행(Federal Reserve)은 연방정부가 은행과 금융기관 및 주요 제조기업들을 돕기 위해 수조 달러 이상을 지급할 수 있도록 지원을 약속했다. 이는 7,000억 달러($700 billion)의

TRAP(Troubled Asset Relief Program), 2,000억 달러($200 billion)의 Freddie Mac과 Mannie Mae에 대한 구제금융, 적어도 AIG에 대한 1,300억 달러($130 billion) 추가적인 보조(400억 달러의 TARP 기금 이외의), 250억 달러($25 billion)의 미국 자동차제조업체에 대한 보조(TRAP으로부터의 약속을 포함하지 않은), 그리고 2,000억 달러($200 billion) 이상의 Citibank에 대한 보조를 포함한다.[8] 정확한 구제금융의 금액은 일정금액이 TRAP으로 유보되어 있고, 자동차제조업체에 대한 구제금융이 모두 다 사용되지 않을 수도 있으며, 다른 구제금융들이 있을 수도 있기 때문에 확실하지 않다. 그럼에도 불구하고, 2007년에서 2009년에 이르는 금융위기에 따른 구제금융은 미국정부에 의한 현재까지 가장 큰 규모의 간섭이었다.[9]

세계에서 가장 큰 구제금융이 초래되기 위해서 어떤 일들이 있었을까? 금융시장의 붕괴는 미국에서 시작된 사건들에 의해서 초래되었으며, 매우 빠르게 세계적으로 퍼졌다. 최초의 시작은 2006년 미국에서 부동산 가격이 수 년간의 기록적인 상승 이후에 하락하기 시작한 부동산 호황의 끝 무렵이었다. 그림 10.2는 1991년 이후 4개 주에 있어서 주택가격의 추세를 보여 준다. 2007년에서 2008년에 걸쳐서 부동산가격은 캘리포니아나 플로리다와 같이 가장 높은 가격상승을 경험했었던 주에서 급격히 하락했다. 가격하락은 저당물의 반환권 상실(foreclosures)과 모지지 대출기관(mortgage lenders)의 파산을 증가시켰다. 금융기관의 상호연계성 (즉, 체계적 위험) 때문에, 미국의 모

---

8) 2008년에서 2009년의 금융위기 기간을 포함한 최근의 구제금융의 규모와 관련된 요약은 다음을 보라: www.propublica.org/special/government-bailouts.

9) Oxfam은 전세계에 걸친 구제금융이, 정부에 의해서 개인기업들에게 제공된 모든 형태의 보조를 포함해서 8조 4,200억 달러($8.42 trillion)에 달할 것으로 추정했다. See *www.oxfam.org/en/pressroom/pressrelease/2009-04-01/bank-bailout-could-end-poverty*.

그림 10.2 주택가격

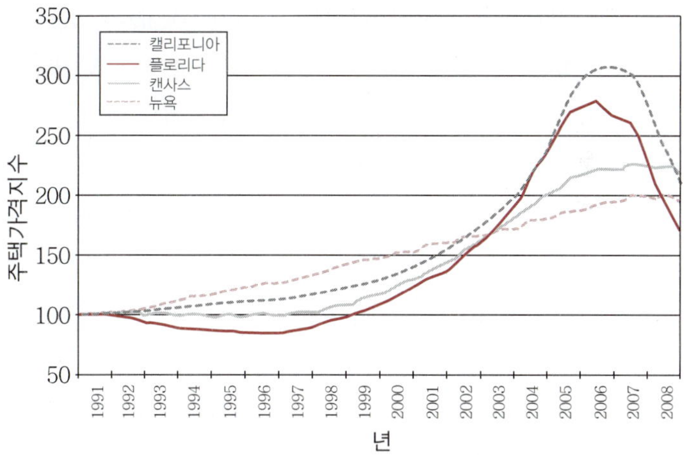

기지 산업에 대규모 투자를 한 모든 기업들이 어려움을 겪게 되었다. 이러한 어려움에 처한 많은 기업들은 자신의 모기지를 가지고 있지는 않았으며, 대신에 모기지에 기초한 파생상품계약을 거래했다. 다른 말로, 국제적인 금융제도의 상호연계성으로 인해 모기지대출의 중대한 하나의 실패가 신용시장의 경색을 가져오고, 국제적인 침체를 초래했다. 어떻게 한 나라 경제의 일부분이 전세계를 체계적 위험 상태로 몰아넣을 수 있을까? 다음에서 우리는 위기를 초래한 모기지산업에서의 일련의 사건들을 논의한다.

모기지산업에서의 재배구조의 실패

2000년대 초, 부동산시장의 호황기 동안, 은행들은 대출기준과 계약일시금요구를 완화해서 누구나 원하는 어떤 집이든 살 수 있었다. 이러한 부동산호황은 모기지산업과 신용거래의 큰 확대를 가져왔다.

파생금융상품의 증가는 금융시장이 모기지나 모기지와 관련된 위험을 쉽게 거래할 수 있게 해 주었다. 제6장에서, 우리는 어떻게 개별 주택담보대출이 부채담보부증권(collateralized debt obligations, CDO)이라는 파생금융상품인 채권으로 포장된 후 신용평가기관들로부터 인위적으로 높은 등급을 받게 되는지에 대해서 논의했다. 부동산호황의 중요한 요인이었던 CDOs는, 국제적으로 금융기관들이 앞을 다투어 CDO를 만들어 내고 거래함에 따라 극적으로 팽창하였다.[10] 모기지 산업에 대한 증가된 노출로 인해 은행과 투자은행들은 부동산시장의 붕괴될 때, 큰 손실에 입기 쉬운 구조가 되었다.

CDO는 저위험 MMF(money-market funds)에 비해 높은 이자율을 지급하나, 여전히 가장 높은 등급인 AAA를 받았기 때문에 CDO에 대한 투자자들의 수요가 증가했다.[11] 모기지에 기초한 CDO에 대한 수요를 충족시키기 위해 은행과 모기지브로커, 다른 금융중개기관들은 주택담보대출에 대한 자격을 완화했다. 서브프라임대출과 Alt-A 대출이 가장 높은 등급인 A대출에 대한 자격이 없는 차입자들에게 제공되었다. 높은 이자율을 지급하는 대가로, 서브프라임대출과 Alt-A 대출을 받은 차입자들은 얼마의 수입이 있는지를 입증하지 않고도 집을 살 수 있게 되었다. 이러한 NINJA 대출(No Income, No Job, No Assets)은 CDO로서 포장되고, 이자와 원금 지급은 "트랑슈(tranches)"[12]라고 불리는 별도의 채권으로 분리되었다. 가장 안전한 트랑슈는 AAA등급을 받았으며, 이를 통해 저품질의 모기지가 투자

---

10) *http://en.wikipedia.org/wiki/Collateralized_debt_obligation*.

11) Roger Lowenstein, "Triple-A Failure," *New York Times*, April 27, 2008.

12) "Tranche란 프랑스어로"분할발행분"을 의미하는 것으로 특정채권의 일부분으로 발행된 채권의 한 종류를 뜻한다. 이를테면, 채권의 원본과 이표가 분리되어 원래는 할인채가 아닌 채권을 할인채로 거래할 수 있도록 함으로써 기관투자가에게 세금감면혜택을 주는 투자대상을 제공하는 것이다. 분리형증권." (자료: http://dic.impact.pe.kr/)

자들이 살 수 있는 가장 매력적인 높은 등급의 채권으로 변환되었다. 모기지담보 CDO인 AAA 트랑슈들은 다른 AAA 투자보다 더 높은 이자율을 지급하기 때문에 투자자들은 기꺼이 이 투자수단을 찾았다. 주택 산업의 호황에 힘입어 CDO 발행은 2004년 1,574억 달러($157.4 billion)에서 2006년 5,206억 달러($520.6 billion)까지 성장했다.

회고해 보면, 모지기 자산을 대상으로 한 CDO(mortgage-backed CDO)는 부동산가격의 갑작스런 붕괴가 있을 경우 매우 큰 위험에 노출된다. 또 다른 문제는 CDO에 대한 수요가 신용완화와 A대출보다 역사적으로 지급불능 가능성이 더 높은 NINJA 대출을 초래했다. 이는 제6장에서 논의한 문제점으로, 신용평가기관이 지급불가능 가능성을 추정하는데 있어서 실수로 역사적 평균을 적용했다. 지급불능의 위험을 증가시키며, 이 기간 동안, 대출자들은 주택지분대출(home equity loan)을 주택가치의 20%까지 해 주고, 동시에 전통적인 모기지를 주택가치의 80%까지 해 주는 것이다.[13] 다른 말로, 구매자들은 자신의 주택에 지분이 없다는 것이다. 비록 CDO가 주택가치의 80%에 해당하는 모기지를 가지고 있다 할지라도, 이는 주택가격의 하락에 대한 완충물로 보이나, 주택소유자의 관점에서는 매우 작은 완충물이다. 주택지분대출을 받은 차입자들은 주택가격의 작은 하락이라도 주택가치 이상의 빚이 있는 상태(underwater)를 의미한다. 따라서, 주택을 포기하는 저당물의 반환권 상실의 위험은 역사적 평균이 제시하는 것보다 더 높았다.

만일 그 위험이 명백했다면, 왜 자신의 생존을 미국의 주택시장이 붕괴되지 않을 것이라는 데에 그렇게 많은 금융기관들이 걸었을까? 임원들이 가장 기본적인 위험관리의 원칙을 무시한 이유는 도덕적 해이와 결합된 지배구조의 실패로 설명될 수 있을 것이다. 배어스턴스

13) *www.fdic.gov/bank/analytical/regional/ro20063q/na/2006_fall01.html*.

사례 10.1 투자은행의 소유구조의 변화는 자신들의 붕괴에 기여했는가?

골드만 삭스(Goldman Sachs)가 1999년에 기업공개를 했을 때, 이는 파트너십 구조로부터 투자은행으로 변경한 마지막 사례였다.[14] 선임파트너들에의 의해 운영되는 파트너십으로 성장한 모든 주요 투자은행들은 1984년에서 1999년까지의 15년 동안에 기업공개를 했다. 기업공개의 이유는 다른 기업을 인수하는데 필요한 자금조달을 위해 투자자들에게 주식을 발행하기 위한 것이었다. 그러나 이러한 움직임에는 부정적인 측면이 있었다. 상장기업의 유인구조(incentive structure)는 소유와 경영의 분리로 인해 파트너십과는 다르다. 제1장에서 논의했듯이, 파트너십에서는 경영자는 동시에 소유주이나, 일단 기업이 공개되면, 경영자의 소유지분은 감소하게 된다. IPO 시점에서는, 발행주식의 일부분만을 외부주주들에게 매각함으로써 경영자들은 기업주식의 상당한 부분을 여전히 보유한다. 그러나 기간의 경과에 따라, 투자 대중에게 신주를 직접 매각하고, 경영자들은 자신의 투자포트폴리오를 다양화하기 위해 보유주식의 일부를 매각함으로, 경영자가 보유한 주식의 수가 줄어들게 된다. 이는 주주들의 비용으로 경영자 자신의 이익을 위해서 일하고자 하는 유인을 초래할 수 있다.

기업공개 전에는 파트너들에 의해 소유되었던 베어스턴즈(Bear Stearns)와 리만 브라더스(Lehman Brothers)의 사례를 생각해 보자. 이임 당시의 서류에서, 임원들과 이사들이, 베어스턴즈의 경우 9.7%, 리만브라더스는 4.4%의 지분을 보유하고 있음을 보여 주었다.[15] 논란의 여지는 있지만, 이는 소유경영자였던 시기와 비교했을 때, 낮아진 지분률로 인해 임원들과 이사들은 다른 의사결정을 할 수 있다. JP Morgan에게 주당 2달러씩(후에 10달러로 올라감) 매각 당하기 전에 베어스턴즈는 서브프라임 CDO 시장의 리더였다. 많은 차입자금을 이용하여, 베어스턴즈는 막대한 주택담보부대출의 위험과 부동산 시장의 하락에 따른 위험에 대한 노출을 증가시켰다.[16] 만일 베어스턴즈의 경영자가 100%의 지분을 가지고 있었다면, 이러한 위험을 감수했을 것인가? 같은 질문을 리만브라더스의 임원들에게도 해 볼 수 있다. 만일 경영자들이 기업의 전체 지분을 소유하고 있었다면 부동산 가격에 회사의 생존을 걸었을까?

---

14) *http://money.cnn.com/megazines/fortune/fortune_archive/1999/05/10/259534/index.htm*.

15) 이러한 수치들은 SEC에 제출한 proxy statements로부터 수집되었다.

16) *www.answers.com/topic/bear-stearns*.

월 스트리트(Wall Street)의 주요 투자은행들의 붕괴와 관련하여 흥미로운 점은 투자은행모델이 아직 사장되지 않았다는 것이다. 대신에 작은 기업들은 대기업의 일부 업무를 인수함으로써 자신의 투자은행 업무를 확장했다.[17] 그리고 TM Capital과 같은 작은 기업들은 최고경영진에 의해서 모두 소유되어 있다.[18] 이는 재정위기가 산업을 소유경영자 형태로 되돌리는 재조정의 효과를 가지고 있었다는 것을 제시한다.

나 리만브라더스같은 투자은행들은 1929년의 주식시장 붕괴와 대공황에서 살아남았으나, 2008년 미국의 주택담보대출산업과 관련된 파생상품계약에 있어서의 손실로 인해 파산했다. 전세계에서 가장 성공적인 은행들 중 하나인 Citigroup은 모기지 대출과 관련된 위험에 과도하게 노출되어 2,000억 달러($200 billion)의 구제금융을 받아야 했으며, 주가가 금융위기 전 50달러에서 1달러로 하락하는 것을 보아야만 했다.

은행과 투자은행의 실패는 부분적으로는 금융기업의 거래자들(traders)을 보상하는 유인문제와 이러한 거래자들이 취하는 위험에 대해서 임원들이 적절한 감시를 하지 못했기 때문에 발생되었다. CDO가 매우 수익성이 좋았던 몇 년간, CDO를 발행하거나 매수하는 것은 수익성이 좋은 사업이었다. 금융기관의 거래자들(traders)은 자신이 수행한 영업활동의 수익성에 따라 보너스를 받게 되기 때문에, 이러한 거래인들은 비록 그들이 추가적인 위험을 감수하게 될지라도 성과를 높이기 위한 기회를 찾게 된다. 성공에 대한 보상은 합리적임으로 위험의 감수 그 자체가 문제는 아니다. 금융기관의 거래자들은 영업활동으로 인한 수익성에 기초해서 보너스를 받기 때문에,

17) *http://news.efinancialcareers.com/newsandviews_item/newsItemId-15234.*
18) *www.tmcapital.com/principals.html.*

이러한 거래자들은 비록 추가적인 위험을 감수하더라도 성과를 높이는 기회를 찾게 된다. 문제는 아무도 기업의 전반적인 위험을 감시하지 않을 때 일어난다. 세계에서 가장 큰 보험회사인 AIG에서, 금융상품부서의 영업활동들이 회사를 매우 큰 위험에 노출시킴에 따라 심각한 지급불능상태가 되었었다.[19] 정부의 간섭과 1,700억 달러($170 billon) 이상의 지원만이 부도로부터 AIG를 구할 수 있었다. 이러한 결과는 가장 작은 부서 중의 하나에서 일하는 소수의 거래자들에 의해 초래되었다.

유사하게, 제5장에서 투자은행들이 CDO를 포장하고, 트랑슈(tranches)를 판매하는 것이 매우 수익성이 높았다고 언급했다. 그러나 투자은행들은 종종 모든 트랑슈를 팔 수는 없었기 때문에, 일정부분은 금융자산으로 보유하고 있었다.[20] 더 많은 CDO들이 발행됨에 따라, 팔리지 않은 트랑슈를 보유해야 했고, 은행들의 모기지산업과 관련된 위험이 증가했다. 부동산가격이 붕괴되고, 저당물의 반환권상실(foreclosures)이 극에 달했을 때, 보유한 트랑슈의 가치가 하락함으로써 은행의 자본을 부실화시켰다. 그렇다고 CDO를 발행하지 않는 것도 지배구조의 실패로 볼 수 있다. 왜냐하면, 이는 투자은행들이 통상적인 사업의 일부로서 제공하는 서비스이기 때문이다. 문제는 기업의 재무상태표에 나타나는 총위험에 대한 감독을 소홀히 했다는 것이다.

우리는 구제금융을 받은 기업에 의해 취해졌던 과도한 위험과 지배구조에서 실패한 부도기업에 대해서 이야기했다. 도덕적 해이가 또 다른 설명이 될 수도 있다. 1998년 LTCM의 구제금융 후에, 금융기관

---

19) Gretchen Morgenson, "Behind insurer' s Crisis, Blind Eye to a Web of Risk," *New York Times*, September 27, 2008.

20) *www.realestatejournal.com/buysell/mortgages/20071228-ng.html*.

들은 자신들이 너무 커서 파산할 수 없음(too big to fail)으로 구제금융을 받을 가능성이 높다는 것을 알고 있었다. 따라서, 결과가 좋은 때는 큰 이익을 실현시킬 수 있고(이익의 사유화), 큰 손실은 정부에 의해서 보호받을(손실의 사회화) 수 있음을 인식했다. 이러한 태도에 대한 동기(motivation)는 임원들의 저조한 결과에 대한 유일한 벌칙이 보너스를 받지 못한다는 것뿐이라는 점이다. 이전에 받은 보너스에 대해서는 다시 돌려 줄 (claw-back으로 알려진 지급에 대한 환수) 필요가 없었다. 한 기업이 정상적인 영업활동에서 1억 달러($100 million)를 벌 수 있으며, 추가적인 위험을 감수함으로써 3억 달러를 벌거나 2억 달러($200 million)를 잃을 수 있는 동일한 확률이 있는 경우를 생각해 보자. 만일 CEO의 보너스가 이익의 1%라면, CEO는 통상 100만 달러($1 million)를 벌 수 있을 것이다. 그러나 추가적인 위험을 취함으로써, CEO는 좋은 결과가 나왔을 때에는 300만 달러를 벌 수 있으며, 결과가 나쁠 경우에는 0달러를 벌게 된다. 전체적으로는 연 150만 달러

사례 10.2 임원보상과 금융위기

CEO에 대한 극단적으로 큰 보상은 경영자와 주주들의 유인을 일치시키기 위한 것으로 설명된다. 주주들이 높은 수익률을 올릴 때, 임원들은 관대하게 보상받는다. 동일한 논리에 근거하여, 임원들은 좋지 않은 성과에 대해서는 벌을 받아야만 한다. 금융위기 후에 기업에서 지급된 보너스를 보면, 실무적으로는, 임원들에게 부과된 벌칙이 그리 크지 않았다는 것을 제시한다. 월스트리트의 최악의 기간 중 하나인 2008년, 월스트리트 기업의 직원들에게 지급된 보상은, 역사상 6번째로 높았던, 총 184억 달러($18.4 billion)로 추정된다.[21] 보너스는 그 전년도보다 44% 하락했는데 이는 저조한 성과에 대한 벌칙이라고 볼 수 있다. 그러나 보너스가 지

21) Ben White, "What Red Ink? Wall Street Paid Hefty Bonuses," *New York Times*, January 28, 2009.

급되었다는 것은 유인보상(incentive compensation)이 주주들이 의도한 데로 작동되지 못했다는 것을 의미한다. 실무적으로, 업적에 대한 보상은 임원들이 실적이 좋은 시기에 많은 보상을 받고, 기업이 거의 파산하거나 구제금융을 받아야 하는 상황이 되면 다소 작은 보너스를 받는다.

또 다른 임원 보상제도에 있어서의 실패는, 몇몇 기업에서 경영자들이 구제금융을 받는 것에 대한 주저(reluctance)가 있었다는 것이다. 이러한 주저는 그 기업이 지불능력이 있어서가 아니라, 정부의 구제금융을 받게 되면 임원보상에 제한을 받게 될 수도 있기 때문이었다. 2008년 9월에서 10월까지 정부의 구제금융의 혜택을 받은 기업들이 보너스를 지급한 것에 대한 투자대중의 항의 후에, 정치적 압력은 구제금융을 받는 조건으로 임원보상의 제한을 초래했다. 구제금융을 받은 비금융기업의 임원들은 총연봉을 500,000달러로 제한하였다(정부가 구제금융을 회수한 이후에 권리가 확정되는 제한부주식(restricted stock)은 제외함).[22] 유사한 규정들이 금융기관들에게 적용되도록 제안되었으나, 제안들은 주주들의 투표에 의해서 폐지될 수 있었다. 이러한 엄격한 지급제한은 많은 기업들로 하여금 정부의 돈을 가능한 빨리 돌려 줄 예정이라고 선언토록 하였다. Chrysler Financial과 같은 다른 기업들은, 새로운 임원보상제약규정이 적용된 후에 정부가 제공하는 구제금융을 받지 않겠다고 결정했다.[23] 다른 말로, 명백하게 부도에 근접한 기업들도 정부의 구제금융을 거절했는데 이는 임원보상이 감소할 수 있기 때문이었다. 임원들은 자신들의 보상이 줄어드는 것보다는 차라리 기업이 파산하는 것을 선호하는 것처럼 보였다.

의 평균보너스를 의미하며, 위험을 택하지 않았을 때와 비교하여 50% 이상 더 큰 금액이다. 따라서, 막대한 손실이 임원들에게 부담되지 않는다는 관점에서 도덕적 해이는 추가적인 위험을 취하도록 유도한다. 사례 10.2는 어떻게 금융위기로부터의 실제적 행태가 임원들이 직면하는 비대칭적인 유인구조와 일관성이 있는지에 대해서 논의한다.

22) "Treasury Announces New Restrictions on Executive Compensation," Release TG-15, U.S. Department of the Treasure, February 4, 2009.

23) David Cho, Peter Whoriskey, and Amit R. Paley, "Pay Rule Led Chrysler to Spurn Loan, Agency Says," *Washington Post*, April 21, 2009.

AIG의 은행에 대한 과도한 의존과 신용불이행스왑

특히 은행들과 AIG와 관련해서, 금융위기에 커다란 역할을 한 다른 금융상품(financial instrument)은 신용불이행스왑(credit default swap (CDS))이었다. CDS는 기본적으로 특정 대출이 지급불능이 될지에 대한 부차적인 내기(side bet)였다. CDS는 일반적인 보험료 지급의 대가로 보험계약(insurance contract)을 사는 것과 같은 효과가 있다. 보험업체는 만일 기저가 되는 대출이 지급불능이 되면 전체금액의 지급을 해 주게 된다.[24] 이런 부차적 내기는 CDS 거래 당사자가 대출자 또는 차입자로서 어떤 이해관계를 가지고 있던 상관없이, 어떤 대출에도 적용될 수 있다. 다른 말로는, 금융기관은 존재하는 대출에 대한 CDS 계약을 사거나 팔 수 있다. 은행들은 통상 재무상태표상의 자산에서의 손실을 보지 않도록 CDS 보호(protection)를 구매하며, AIG는 CDS 보호의 가장 큰 판매자였다. 재정위기 기간 동안, CDS 시장은 규제되지 않았으며, 은행이나 AIG와 같은 다른 금융기관들이 구매할 수 있는 계약의 숫자에 대한 제한이 없었다. CDS 보호의 판매자들이 기저가 되는 대출이 지급불능이 됐을 때 지급을 해 줄 수 있을지에 대한 보장이 없었다.[25]

금융위기와 관련된 구제금융에서, 대출에 대한 보호로서 CDS 계약은 커다란 역할을 했다. 많은 금액의 대출을 하는 은행에서, CDS 계약은 대출에 대한 상환위험을 제거시킬 수 있었다. 만일 은행이 지급불능이 된 대출을 대신 지급해 주는 CDS 계약을 샀다면, 은행은 대출에 대해서 차입자 또는 CDS 계약 판매자로부터 지급받게 된다.

---

24) *http://en.wikipedia.org/wiki/Credit_default_swap.*

25) 2009년 3월, 금융위기에 따른 개혁 중 하나로, 대부분의 CDS 계약들은 교환소(clearinghouse)를 통해서 거래되기 시작했다. 교환서는 지급을 보증하고 거래상대방과 관련된 위험을 제거한다. 가장 큰 CDS 계약의 목록은 다음의 링크에 있다. *www.dtcc.com/products/derivserv.data/index.php.*

위험을 줄이는 이러한 능력은 미불 CDS 계약(CDS contracts outstanding)의 큰 증가를 초래했다.

CDS 계약의 증가에 대한 또 다른 이유는 CDS는 순전히 투기목적으로 사용될 수 있다는 것이다. CDS를 이용해서 투자자들은 미국의 부동산가격의 붕괴에 돈을 걸 수 있다. 위에서 언급한 두 가지 이유 때문에, CDS 시장은 금융위기 전 유효계약이 450억 달러($45 billion)에 달하는 등 호황을 구가했다.

CDS 계약들이 은행에 대한 상환위험(repayment risk)을 줄일 수 있는 반면에, 상응위험(counterparty risk)이라고 불리는 또 다른 위험이 있다. 이는 CDS의 다른 상대방이 채무불이행(default) 이후에 당신에게 지급하지 않을 위험이다. 금융시장의 모든 주요 기업들 사이에 수조 달러(trillions)의 유효한 CDS 계약이 있음으로, 체계적 위험이 극도로 높았다. 하나의 대출이 지급불능이 되면 한 기업이 많은 금액을 상환하도록 요구되며, 이는 그 기업을 지급불능 상태로 내몰아 다른 CDS 계약에 대한 이행을 할 수 없게 만들 수 있다. 이러한 상황은 파산한 기업에 근거해서 발행된 CDS 계약의 상환을 촉발시킬 수 있다. 채무불이행의 도미노효과에 대한 가능성이 왜 AIG가 미국정부로부터 특별한 취급을 받았는가에 대한 이유를 설명을 해 준다. 적어도 세 가지의 경우, AIG는 추가적인 구제금융을 받았고, 수십억 달러의 납세자의 돈을 받았다. 이는 AIG가 1조 6,000억 달러($1.6 trillion)의 CDS 계약을 발행했기 때문일 것이다. 만일 AIG가 주택담보대출의 지급불능(mortgage defaults)의 최고수준 이후에 부담하게 되는 CDS 지급을 할 수 없게 되면, 이는 AIG가 발행한 CDS 계약을 통해 자신의 위험의 회피하려 했던 모든 금융기관에 충격을 주게 된다.

만일 AIG가 부도 처리되고 CDS 의무를 감당할 수 없게 되면, 이러한 지급불능은 AIG의 계약들에 의존한 많은 대형은행들을 재기불능상태로 만들 수 있다. 은행들은 실행대출(loans outstanding)의 10%의 자본을 유지하도록 요구된다. CDS 계약을 통제하는 회계규정에서 은행들이 만일 CDS 보호를 가지고 있으면 자본유지요건계산 시 재무상태표로부터 대출을 제외시킬 수 있도록 허용했다.[26] 이는 은행들이 유지해야 할 자본을 증가시키지 않고 대출금액을 증가시킬 수 있다는 것을 의미한다. 은행들이 CDS 계약에 의존하고 있는 상황하에서 AIG의 부도는 은행들이 자본유지요건계산 시 재무상태표상에 대규모 대출을 포함시키도록 하여 필수 자본유지금액을 증가시킨다. 다른 말로는, AIG의 파산은 CDS 보호의 상실로 인해 즉각적으로 많은 은행들의 파산을 유발한다. 따라서 미국 정부는 AIG를 금융위기의 확산을 막기 위한 첫 번째 방어선으로 하였다.

기업지배구조의 관점에서, 한 가지 명백한 질문은 왜 은행들은 AIG와 같은 한 기업의 지급불능사태에 자신들이 운명을 종속시켰을까? 다른 말로는, 왜 은행들은 손실에 대비해 자본의 유보를 하지 않고 CDS의 보호를 받는 많은 대출을 일으켜서 높은 위험을 감수했을까이다. 한 가지 이유로 추가적인 대출은 위험을 증가시킴과 동시에 수익성을 높여 주기 때문일 것이다. 만일 유인계약(incentive contracts)이 높은 수익률에 대해 보상을 하고, 낮은 수익률에 대해서 벌을 주지 않는다면, 임원들은 CDS 계약을 이용하여 위험을 증가시키고자 하는 유혹을 받게 될 것이다. 이는 주주들과 납세자들이 은행들이나 AIG가 과도한 위험을 취한 대가를 떠 안는 현재와 같은 위기상황을 초래할 것이다. 이러한 상황이 도덕적 해이 때문인지 또는 단지 좋지 않은 지배구조 때문인지에 대해서 이 둘을 분리하기가 쉽지 않다. 앞에서 논의한 바와 같이 일방적인 유인보상계약은(당신은 딸 수는 있으나, 잃지는 않는다는) 이러한 결과를 초래할 수 있다.

26) *www.federalreserve.gov/boarddocs/srletters/1996/sr9617.htm*.

AIG와 관련하여, 이전에 언급했듯이 기업의 한 작은 부서가 CDS 계약을 발행함으로써 기업을 추락시킬 수 있었다. 이는 또한 AIG가 본질적으로는 보험회사라는 관점에서, 지배구조의 대규모 실패이다. 만일 당신이 세계에서 가장 큰 기업의 주주라면, 임원들의 유능하고 실제적인 위험관리능력을 기대할 것이다. 결국, 위험관리는 보험회사가 전통적으로 수익을 창출하는 기본적인 기능이다. 그러나 AIG 사례에서, CDS 계약으로부터의 높은 수익성에 사로잡혀 최고경영자들은 명백히 높은 위험을 우려하지 않게 되었다. 보험회사로서 더욱 놀라운 것은, AIG는 CDS 계약이 현금지급을 필요로 하는 경우를 대비해 어떠한 준비도 하지 않았다는 것이다.[27] 전통적으로, 보험회사들은 기대되는 손실에 대비한 유보를 하도록 요구된다. 그러나 CDS 계약은 기술적으로 보험으로 간주되지는 않는다. 따라서 AIG가 손실에 대한 유보를 하지 않도록 결정한 것은 규정을 위배한 것은 아니다. 이는 만일 정부가 간섭하지 않으면 모든 것을 잃게 되는 주주들에게는 달갑지 않은 일이다. 구제금융을 받고도 AIG의 주가는 금융위기 전의 가격에서 95% 이상으로 하락했다. 왜 보험회사는 한 부서가 많은 위험을 감수해서 회사가 파산되는 상황을 허용했을까? AIG는 임원들이 자신들의 이익을 위해서 주주들과 납세자들을 이용한 상징이 되었다.

사례 10.3 취약한 지배구조가 문제인가? 또 다른 구제금융으로 돌아간 미국의 자동차 기업들

구제금융에 관한 논의에서 언급했듯이, 미국의 자동차 제조업자들은 일본 자동차들에 대한 수입쿼터의 부과를 통해 구제되었다.[28] 이러한 쿼터의 부과는 1979

27) See Endnote 19.

28) See Endnote 6.

년에 휘발유값이 치솟았고, 이로 인해 소비자들은 일본에서 만든 소형차로 발길을 돌렸기 때문이었다. 미국 기업들은 일본으로부터의 경쟁을 제한하기 위해 정부의 도움을 요청했고, 미국기업들은 구조조정을 거쳐 다시 경쟁력을 회복할 수 있다.[29] 자동차 기업의 관점에서, 정부가 부과한 일본으로부터의 수입 제한은 미국기업들이 소형차들을 개발하고 수익성을 회복하여 생존할 수 있었으므로 효과가 있었다고 볼 수 있다. 그러나 이는 두 가지의 다른 효과를 초래했기 때문에 단순히 성공이라고 볼 수는 없다. 첫째, 본 장 초반에 논의했듯이 소비자들은 자동차를 사기 위해서 높은 값을 지급해야만 했으며, 둘째, 자동차기업의 임원들은 비록 잘못된 의사결정을 하더라도 정부가 자신들이 파산하도록 방치하지 않는다는 것을 알게 되어, 도덕적 해이가 산업으로 들어오게 되었다.

도덕적 해이의 효과는 2008년 가을에 미국의 3대 자동차업체인 GM, Ford, Chrysler의 CEO들이 의회에 가서 수십억 달러의 구제금융을 요청하면서, 표면화되었다. 수 년간에 걸쳐 수십억 달러의 손실을 경험한 후, 각 CEO는 디트로이트(Detroit)로부터 워싱턴(Washington D.C.)으로 자가용비행기를 타고 날라가 정부의 도움을 요청했다. 이러한 행태는 언론과 의회가 CEO들에게 그들의 회사가 파산위기에 몰려 있음에도 불구하고 어떻게 자가용비행기를 가지고 있을 수 있는가에 대해 의문을 제기함으로써 여론이 극도로 나빠졌었다.[30] 만일 그들 모두 동일한 청문회를 위해 DC로 날라온다면, 왜 한 비행기로 같이 오지 않았는지에 대한 질문이 제기되었다.

자동차기업들은 자가용비행기를 타고와서 납세자들에게 도움을 청했다는 여론의 악화와 더불어, 이전에 구제금융을 받았던 것과 유사한 이유로 재정적 어려움에 처했다. 그림 10.3은 2004년부터 2008년까지의, GM과 Ford가 제조한 픽업트럭, SUV, 밴(묶어서 경트럭으로 분류)의 백분율과 휘발유값의 추세를 보여 준다. 유가가 상승하는 이 기간 동안, 연료를 많이 소비하는 GM과 Ford의 대형 차량에 대한 매출의존도가 산업평균 이상이었다. 다른 말로는, 이 기업들은 유가가 상승하고 있는 기간 동안에 전략적으로 대형차량의 판매에 집중했다.[31] 2008년 여름, 유가가 갤론당 4달러에 육박했을 때 대형차량의 매출이 극적으로 감소했으

29) Eduardo Porter, "Detroit Can' t Count on Government Help," *International Herald Tribune*, April 15, 2006.

30) Dana Milbank, "Auto Execs Fly Corporate Jets to D.C., Tin Cups in Hand," *Washington Post*, November 20, 2008.

31) Eduardo Porter, "A Chicken in Every Garage," *New York Times*, September 12, 2008.

며, GM과 Ford는 즉시 정부보조를 요청했다. 동시에 그들은 연료효율성이 더 높은 하이브리드차나 전기자동차을 생산하도록 구조조정을 실시했다.

이번이 미국의 자동차 기업들이 갑작스런 유가상승에 의해 어려움을 겪은 두 번째 경우임에 따라, 자동차 기업의 임원들이 이런 일이 일어날 것을 모르지는 않았을 것이다.[32] 더 적절한 설명은, 그 차량들이 더 수익성이 높기 때문에 기업들이 의도적으로 대형, 고유류소비차량을 선택했다. 이러한 방법으로, 그들은 유가상승이 그들의 사업에 치명적일 수 있는 위험을 택했다. 어떻게 임원들이 이렇게 알려진 위험을 택하는가(유가의 점증적인 상승 하에서 필연적인 위험인)? 도덕적 해이가 가능한 답일 것이다. 만일 당신이 정부가 당신을 구제해 줄 것이라는 것을 알고 있으면, 당신은 기꺼이 위험한 전략을 택할 것이다. 미국기업의 원가구조가 경쟁기업보다 더 좋지 않기 때문에 임원들이 그들의 수익성을 확보하기 위한 유일한 가능성은 가장 크고 값비싼 차량을 팔고, 유가가 낮게 유지되기를 희망하는 것이다.[33] 유가의 변동에 비추어 볼 때, 이는 실행 가능한 장기적인 전략은 아니다. 그러나 이는 임원들이 주주들의 이익이 아니라, 자신들의 개인적 이익을 위해 일하는 기업이 취할 수 있는 가능한 전략이다.

자동차산업의 구제금융에 대한 필요와 실행 가능한 장기 전략의 부재 하에서, 버락 오바마(Barack Obama) 미국 대통령과 그의 조언자들은 명백히 변화를 강요할 것을 결정했고, 세 번째 구제금융은 제공되지 않을 것이다.[34] 기업을 안정시키기 위한 일시적인 대출을 받기 위해 GM과 Chrysler는 수익성을 회복하기 위한 전략을 개발하는데 동의해야만 했다. GM에 의해서 제출된 최초의 계획이 적절치 않다는 평가를 한 후에 오바마와 그의 조언자들은 2009년 3월에, GM의 CEO인 Rick Wagoner가 사임하지 않으면 추가적인 자금을 제공하지 않을 것이라고 선언했다.[35] 한편, Chrysler는 2009년 4월 말에 Chapter 11 부도를 신청했고 45억 달러의 정부대출을 받았다. GM은 2009년 6월 1일에 Chapter 11 부도를 제출했다.

32) *www.autoobserver.com/2008/06/gms-wagoner-defends-suv-reliance.html*.

33) *http://money.cnn.com/2006/01/07/news/companies/detroit_autoshow_preview/index.htm*.

34) *www.entrepreneur.com/localnews/1802990.html*.

35) "GM CEO Wagoner Forced Out as Part of Gov't Plan," *Associated Press*, March 31, 2009.

그림 10.3 매출액에서 경트럭이 차지하는 비중

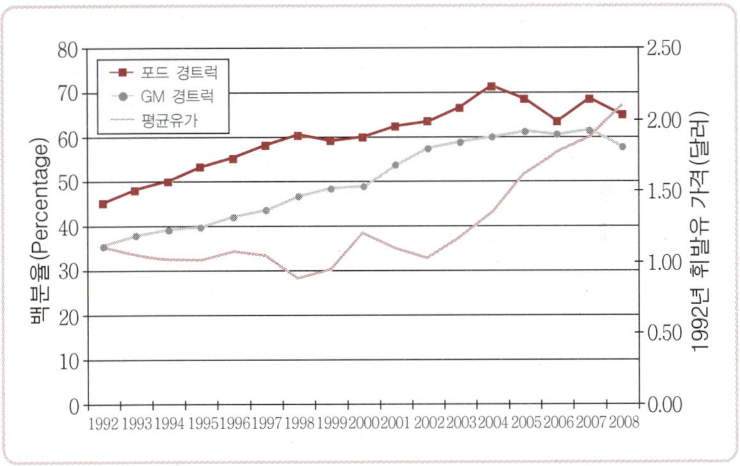

국제적 관점

미국의 금융위기는 부동산가격의 붕괴로 인해 2007년에 시작되었으며 2008년 국제적 위기로 퍼져 나갔다. 금융시스템의 상호연계성으로 인해, CDS 가격의 하락과 주택담보대출에 근거한 CDO 계약은 많은 대형외국은행에 영향을 미쳤다. 미국의 주택가격의 붕괴에 의해 시작된 세계적 체계적 위험의 예로, AIG는 580억 달러 이상의 구제금융 자금을 CDS 계약을 해결하는데 사용했다. 이 중 적어도 360억 달러는 프랑스와 독일의 은행들에게 지급됐다.[36] 금융위기의 또 다른 효과는 지급불능위험으로 인해 은행들 사이의 상호 대출의 축소를 가져왔다. 이는 2008년 9월 국제적 신용시장의 경색을 초래했으며, 이

36) *www.businessweek.com/the_thread/economicsun-bound/archives/2009/03/german_and_fren.html*.

로 인해 대부분의 국가에서 경기침체를 겪게 되었다.

금융제도의 붕괴를 피하기 위한 노력의 일환으로, 각국의 정부들은 구제금융을 실시했다. 2008년 9월, 중앙은행들은 총 2,000억 달러 이상에 달하는 추가적인 자금을 자신들의 은행시스템에 주입했다.[37] 이는 2008년 10월, 금융위기로 인해 가장 큰 충격을 받았던 영국에서의 8,500억 달러 구제금융으로 이어졌다. 중국은 2008년 11월에 5,860억 달러의 경기부양계획을 실행에 옮겼다.[38] 그러나 유럽연합(EU)은, 다른 나라들의 선례로부터의 압력에도 불구하고, 은행에 대한 금융의 집행을 거절하고 다른 방안을 택했다. EU는 예산적자를 증가시키는 것을 원치 않기 때문에, 이러한 압력에 저항했다. 많은 대형 EU 은행들이 AIG를 통해서 미국정부로부터 간접적인 보조금을 받았다면, 아마도 이러한 은행들은 구제금융이 불필요했을 것이다.[39]

금융위기에서 생존하지 못한 국가는 아이슬란드(Iceland)였다. 영국에서 시작된 예금인출 쇄도 이후에 아이슬란드의 주요 3개 은행이 모두 파산했다. 그 결과 통화제도의 붕괴와 주식시장에서 90%에 달하는 가치의 하락을 가져왔고, 심각한 경기침체로 빠져들었다.[40] 아이슬란드에서의 불행한 사건들은 한 은행에서 예금인출 쇄도가 다른 은행들의 쇄도로 이어진 직후 바로 일어났다. 아이슬란드의 예는 왜 체계적 위험이 중앙은행들의 우려인지에 대한 이유를 설명한다. 한 은행의 파산은 다른 은행들과 금융기관들로 급속히 퍼져 나가고 이로 인해 전체 경제가 붕괴될 수도 있다.

---

37) *http://en.wikipedia.org/wiki/Global_financial_crisis_of_2008%E2%80%932009.*

38) *http://en.wikipedia.org/wiki/China_Stimulus_Plan.*

39) 어떤 사람은 AIG가 프랑스와 독일의 은행에 법적으로 지급해야 할 금액을 지원해 준 것은 보조금이 아니라고 주장한다. 그러나, 미국 정부가 1,700억 달러 이상을 지원해 주지 않았다면, AIG는 부도처리됐을 것이며, 외국의 은행들은 부도법정에서 소액만을 회수할 수 있었을 것이다.

40) *http://en.wikipedia.org/wiki/2008%E2%80%932009_Icelandic_financial_crisis.*

요 약

크게 보면, 최근의 금융위기는 좋지 않은 기업지배구조에 의해서 야기되었다. 구제금융을 요청한 기업들은 미국 부동산산업의 지속적인 호황에 의존한 과도하게 위험한 포지션을 취했었다. 주주들의 관점에서, 잘 운영된 기업은 경제의 한 부분이 붕괴된다 할지라도 부도 위험에 처하지는 않을 것이다. 이러한 실패의 이유는 많은 기업들이 잘 관리되지 못했기 때문이다. 임원들은 더 많은 이익을 추구하기 위해 추가적인 위험에 대한 우려를 무시하고, 경제의 한 부분으로부터의 위험을 떠 안았다. 이러한 일이 일어난 이유는 과도한 위험에 대해 보상을 주고 실패를 처벌하지 않은 임원보상계약에 있어서의 정도를 벗어난 유인들 때문이었다. 이는 구제금융을 받은 많은 기업들이 여전히 보너스를 지급했다는 사실에서 입증된다.

문제를 더욱 악화시킨 것은, 세계의 금융제도가 상호연계되어 있을 때 나타나는 체계적인 위험이다. 유럽의 은행들은 아시아에 제공한 대출에 대한 CDS를 위해 AIG에 의존했다. 한 국가에서 은행의 파산은 즉각적으로 연속되는 일련의 국제적인 은행파산을 초래한다. 이러한 체계적 위험은 도덕적 해이를 초래하며 금융위기를 가져온다. 부적절한 유인계약에 더해진 도덕적 해이와 더불어 임원들은 개인적인 보너스를 더 많이 받기 위해 자신의 기업을 건 도박을 한다. 만일 도박의 결과가 성공적이면, 임원들은 막대한 보너스를 받게 된다. 만일 비극적으로 저조한 결과가 나타나면, 납세자들이 기업을 살릴 것이며, 아마도 임원들은 자신의 지위를 여전히 유지할 것이다. 물론, 주주들은 자신들이 임명한 임원들로 인해 원치 않았던 파산을 경험하거나 큰 손실을 보게 된다.

도덕적 해이, 체계적 위험과 구제금융에 관련된 웹 정보

Department of the Treasure: Financial Stability Plan Web pag
www.financialstability.gov

Federal Reserve Banking Information & Regulation
www.federalreserve.gov/bankinforeg/default.htm

복습문제

01 체계적 위험(systemic risk)과 체계적 위험이 얼마나 높았을 때 구제금융이 있었는지를 기술하라.

02 구제금융이 어떻게 도덕적 해이를 초래할 수 있는가?

03 도덕적 해이가 임원들의 의사결정에 어떠한 영향을 미칠 수 있을지에 대한 사례들을 제시하라.

04 2007년에서 2009년에 걸칠 금융위기의 원인이 무엇이라고 생각하는지 논의하라.

05 기업지배구조의 실패가 어떻게 금융위기에 일조했는지 설명하라.

토론문제

01 만일 미국정부가 2007년에서 2009년에 걸친 금융위기 동안에 기업에 대한 구제금융을 제공하지 않았다면 어떤 일이 있었을 것이라고 예상하는가?

02 정부는 기업들이 "너무 커서 실패할 수 없다"("too big to fail")는 논리가 성립되지 못하게 예방해야 될 것인가? 이러한 예방조치는 미래의 금융위기를 피하는데 도움이 될 것인가? 본 장에서는 너무 커서 실패할 수 없게 된 상태가 초래하는 비용에 대해서 논의했다. 그렇다면 이러한 대기업들이 사회에 주는 효익은 무엇인가? 당신은 효익이 원가를 초과한다고 생각하는가?

03 어떤 기업지배구조의 변화가 최근의 금융위기와 같은 금융붕괴(financial meltdowns)를 피하는데 도움이 될 수 있는가?

04 만일 당신이 정부의 구제금융을 책임지고 있다면, 어떤 정책을 정부의 지원에 연결시킬 것인가?

05 당신은 어떤 기업에게는 구제금융을 제공하고, 어떤 기업들은 부도처리가 되도록 방치할 것인지 어떻게 결정할 것인가? 당신은 어떤 산업에게는 구제금융을 제공하고, 어떤 산업들은 부도 처리가 되도록 방치할 것인지 어떻게 결정할 것인가? 이 두 질문에서, 당신의 답을 지지하는 일관적인 정책이 있는가? 아니면 당신은 이 문제에 국한되어(ad hoc basis) 결정했는가?

연습문제

01 본 장에서는 금융위기에서 구제금융을 받거나 부도가 난 몇 개의 기업을 언급하였다. 본 장에서 언급되지 않은 기업 중 구제금융을 받은 기업과 구제금융을 받지 못했고 부도가 난 기업을 찾아보라. 왜 정부당국이 서로 다른 결정을 했는지 분석하라.

02 금융위기 기간 전 또는 기간 동안에 기업의 임원들에 의한 선택들을 검토하여, 너무 커서 실패하지 않는다(too big to fail)에 의한 도덕

적 해이를 나타내는 두 개의 사례(본 교재 이외에서)를 찾아서 보고하라.

03 금융위기에 의해서 심각하게 영향을 받지 않은 대형 금융기관을 찾아보라. 이 기업과 구제금융을 받은 기업들과 비교할 때, 이들의 정책과 운영에 있어서의 차이는 무엇인가?

04 미래의 금융위기를 피하기 위한 금융시장의 개혁과 관련된 2가지 제안을 찾아보라. 각 제안에 대해서, 제안된 변화들이 어떻게 기업임원들에 대한 감시에 영향을 미칠 것이며, 기업지배구조를 개선할 수 있을지 논의하라.

연습문제(국제적 관점)

01 우리 나라는 미국의 부동산가격의 폭락과 주택담보대출산업(mortgage loan industry)에 기반을 둔 금융상품의 붕괴로 인해 어떤 영향을 받았는지 설명하라.

02 우리 나라에도 "너무 커서 망할 수 없는(too big to fail)" 금융기관들이 있는가? 정부는 이들 금융기관들에게 금융위기 동안에 어떤 보조를 제공했는가?

03 우리 나라는 과거 경제위기에 어떻게 대응했는가? 이러한 대응은 효과적으로 이루어 졌는가? 어떤 종류의 정부간섭이 우리 나라에서는 효과적인 것으로 보이는가?

04 우리 나라의 임원들은 미국의 금융기관만큼 쉽게 경제의 한 부문에 기업의 노출을 증가시킬 수 있는가? 기업지배구조에 있어서의 어떤 차이점과 같은 점이 이런 결과를 초래하는가?

05 우리 나라의 기업에서 있었던 “큰 기업은 망할 수 없다”는 도덕적 해이의 예들을 제시하라.

CHAPTER 11

기업시민주의 (Corporate Citizenship)

이전 장들은 기업의 지배구조를 대리인 이론(agency theory)의 관점에서 논의했다. 제1장에서 기술했듯이 대리인 이론은 주주(소유주)들의 이해를 중심에 두고, 소유와 경영의 분리에 따른 대리인비용의 문제를 해결하는데 근간을 둔다. 주주들의 이익을 보호하기 위해, 지배구조는 주로 경영자 보상제도(incentive systems)와 경영자에 대한 감시(monitors)를 포함한다. 대리인 이론의 관점에서 기업의 주요 목표는 주주들의 부를 창출하는 것이다.

그러나 이러한 것이 지배구조가 고려하는 유일한 관점은 아니다. 많은 사람들은 기업이 사회에 대하여 더 큰 책임을 부담해야만 한다고 믿고 있다. 기업의 사회적 책임에 대한 찬성론자들은 기업이 사회를 향상시킬 수 있는 고유한 기회를 가지고 있다고 주장한다. 기업의 이해관계자 관점(stakeholder view)은 기업의 활동을 다른 많은 집단들과의 관계에 연관시켜 기술한다. 지배구조는 기업이 모든 이해관계자들에 대해 공정하게 활동하도록 인도하는 체계로 정의된다. 전략경영의 관점에서 지배구조는 이해관계자들 간의 긍정적인 관계(positive relationships)를 만들어 감으로써 기업이 지속 가능한 경제적 부를 창출하도록 한다.

특히, 대리인 이론은 미국에서 지배구조와 관련된 규정과 법, 정책을 만드는데 중요한 이론적 기초를 제공했다. 하지만 일부 국가에서는 지배구조와 관련된 체계를 대기업들이 사회에 대하여 단순히 주주의 부를 극대화하는 것 이상의 더 큰 책임을 가지고 있다는 관점 하에서 설정해 왔다. 이런 나라들의 지배구조관련 규정들은 확장된 이해관계자의 관점에서, 더 광범위한 측면에서 제정되어 왔다. 만일 미국 기업들이 좋은 시민으로서의 사회적 책임을 가지고 있다고 믿었다면, 이러한 책임감은 또 다른 측면의 지배구조로 작용될 수 있었을 것이다. 하지만 기업들이 사회적 책임감이 있는가에 대해서는 논란이 있어 왔다. 본 장에서는 기업의 이해관계자 관점과 좋은 지배구조를 확보하는데 이러한 관점이 가질 수 있는 문제점들을 기술하였다.

기업의 이해관계자 관점(stakeholder view of the firm)

기업은 자신의 의사결정으로 인해 영향을 주거나 영향을 받게 되는 집단들과 관계를 유지해야 한다.[1] 이해관계자(stakeholders)는 기업활동의 다양한 측면에 궁극적인 이해(legitimate interests)를 가지고 있는 사람들이나 집단들이다. 이해관계자들이란 기업이 그들에게

1) An early organization of the stakeholder theory concepts is provided in E. R. Freeman, *Strategic Management: A Stakeholder Approach*, (Boston, MA: Pitman, 1984).

어떤 이해(interest)를 가지고 있다는 의미가 아니라, 그들이 기업에게 어떤 이해를 가지고 있는가에 의해서 정의된다. 기업은 이들 이해관계자들에게 다양한 의무를 부담하고 있다. 어떤 관계는 다른 것보다 더 중요할 수 있지만 어느 하나의 집단이 다른 모든 집단에 우위적인 관계를 가지면 안 된다. 경영자와 이해관계자들 간의 관계는 도덕적, 윤리적인 가치에 근거를 둔다.

주주, 종업원, 채권자들은 기업과 직접적이고 명백한 이해관계를 갖고 있다. 다른 어떤 집단들이 이해관계자로 고려될 수 있을까? 그림 11.1은 기업의 이해관계자로 고려될 수 있는 여러 집단들을 보여준다. 주요 이해관계자들은 기업과 직접적이고 계약에 의한 관계를 가지고 있다. 주주들은 매우 중요한 이해관계자로 간주되며, 다른 집단들 또한 중요한 이해관계자들이다. 기업과 종업원은 임금과 고용환경이라는 단기적인 이해관계와 연금과 의료보험이라는 장기적인 이

그림 11.1 기업의 이해관계자

해관계를 가지고 있다. 종업원들은 기업과의 관계를 관리하기 위해서 종종 노동조합을 구성한다. 채권자, 고객, 공급업자 또한 기업과 중대한 이해관계를 가지고 있다. 이차적인 이해관계자들은 기업의 행위로 인해 영향을 받지만 계약관계에서는 제한적인 관련성을 가지고 있다. 이차적인 이해관계자의 예로는 경쟁기업, 환경론자들을 들 수 있으며, 지역사회와 정부도 기업의 의사결정에 의해 영향을 받을 수 있다.

위 그림은 기업의 다양한 이해관계자들을 분류하는 한 가지 방법이다. 이해관계자를 분류하는 또 다른 방법은 기업의 다양한 활동이나 그 활동들이 미치는 영향에 의해 분류할 수 있다. 분류는 자원의 관점, 산업구조, 사회정치적인 소속의 관점에서 할 수도 있다. 또한 이해관계자들은 기관적(institutional), 경제적(economic) 그리고 윤리적(ethical) 이해(interests)에 따라서도 분류될 수 있다. 분류체계에 대해서는 일치된 의견이 없으며, 이러한 이해관계자들에 대한 견해들은 대리인 이론보다 더 다양한 관점에서 논의되고 있다. 이 논의의 핵심은 기업은 주주 이외의 다른 집단에 대해서도 책임이 있다고 보는 것이다.

기업의 이해관계자 관점은 각 이해관계자들이 관리하는 중심에 기업의 경영자인 임원들을 둔다. 이 견해에서 경영자들의 목표는 이러한 관계들을 최적화함으로써 모든 이해관계자들의 지속 가능한 효용을 극대화하는 것이다. 많은 기업들은 이해관계자들 간의 의사소통을 위한 부서를 가지고 있다. 이러한 부서들은 대외협력부(corporate communication department) 또는 홍보실(public affairs department) 등의 이름으로 불린다. 어떤 기업들은 지속성장위원회(sustainability group) 또는 사회책임위원회(corporate social responsibility committee) 등 좀더 직접적인 명칭을 사용한다.

사례 11.1 월마트(Wal-Mart)의 이해관계자들과의 분쟁

월마트는 미국 내에서 4,100개 이상의 점포를 운영한다. 이 기업은 연 130억 달러 이상의 이익을 올리고 있다. 월마트는 미국에서 가장 많은 직원을 가진 기업으로 140만 명의 직원을 가지고 있으며 약 200개의 새 점포를 매년 개점한다.

그러나 월마트는 그들의 사업관행(business practices)에 대해서 사회의 다른 집단들로부터 증가하는 압력을 받아 왔다. 지역사회의 여러 단체들이 월마트가 시내로 들어오는 것에 대해 반대해 왔으며, 이로 인해 월마트가 새로운 점포를 개설할 수 없었던 경우가 많았다. 최근의 월마트에 대해 여직원들이 남성직원들보다 적은 임금을 받아 온 사유로 인해 집단소송이 제기되었었다. 정치가들은 수많은 월마트의 직원들이 기업이 제공하는 의료보험혜택을 받아 왔음을 알고 있다. 그럼에도 불구하고, 월마트는 미성년자 고용과 같은 노동법위반, 불법이민자의 고용, 종업원권리의 위반에 대한 비난을 받아 왔다.

이러한 비난여론에도 불구하고, 월마트의 견해는 매우 다르다. 월마트는 낮은 가격의 물품을 소비자에게 제공함으로써 지역사회의 모든 사람들에게 도움을 주었다고 주장한다. 또한 한 해 동안 2억 9,600만 달러를 기부함으로써 미국에서 가장 큰 현금기부자였으며, 고객들과 직원이 살고, 일하는 지역사회에서 자선목적으로 기부되는 금액(charitable contributions)의 90%를 기부하는 것을 목표로 하고 있다. 월마트가 좋은 기업시민으로서 역할을 해 왔는지에 대하서는 논란의 여지가 있지만, 한 가지 명백한 점은 월마트가 여러 이해관계자 집단들과의 상호이해를 조정하여 최적의 해를 찾는 데에는 성공적이지 못했다는 것이다. 종업원들, 잠재적 고객들, 정치가들 그리고 시민운동가들과 적대적 관계를 가진다는 것은 현명한 선택이 아닐 것이다.

■ 법적 기초들(legal foundations)

기업 이해관계자 관점의 법적 근거는 재산권(property rights)에서 유래한다. 이는 주주들이 기업을 소유한다는 관점에서 보면, 아이러니해 보일 수도 있다. 만일 주주가 소유자라면 그들이 재산권을 가진 것이 아닌가? 그러나 반드시 그런 것만은 아니다. 재산의 정의는 제한된 권리를 행사할 수 있음을 의미한다.[2] 재산의 소유자들은 한정된 범위 내에서만 자신의 권리를 행사할 수 있다.

토지소유주를 생각해 보자. 집을 짓는 데는 건축허가가 필요하다. 이를 위해 허가를 취급하는 정부관청에서 먼저 건축계획을 승인받아야 하며, 건물은 적절한 안전과 외관기준들을 충족시켜야 한다. 토지의 경우 사용목적에 따라 구획화되어 있다. 이러한 법과 절차들은 해당 부동산을 사용할지도 모르는 주민들과 지역의 토지소유주들을 보호한다. 비록 토지의 소유주가 아닐지라도 시민들과 주변의 부동산 소유주들은 이 토지의 이해관계자들이며, 따라서 그들도 권리를 가지고 있다.

미국을 포함한 여러 국가들은 기업의 이해관계자들에 대한 권리를 제도화해 왔다. 여러 국가에서 이사회의 책임범위를 종업원, 채권자, 공급업자, 고객들과 지역사회 등 다른 이해관계자들에게까지 확대하는 법을 채택해 왔다. 어떤 권리를 기업 또는 주주들이 가질지와 어떤 권리를 다른 이해관계자들이 가질지에 대한 결정은 지속적으로 진화되어 왔다.

기업의 사회적 책임

이해관계자 관점에서의 현대적 진화는 경영진이 다양한 이해관계자 집단과 적절한 관계를 유지해야 함을 주창한다. 이러한 관점의 지지자들은 기업이 윤리적, 사회적, 환경적으로 책임 있는 방법으로 사업을 운영할 사회적인 책임이 있다고 주장한다. 이러한 적극적인 접근은 기업의 사회적 책임(corporate social responsibility:

2) Thomas Donaldson and Lee E. Preston, "The Stakeholder Theory of the Corporation: Concepts, Evidence, and Implications," Academy of Management Review 20, no. 1(1995): 65~91.

CSR)[3] 또는 기업시민주의(corporate citizenship)라고 불린다.

기업의 사회에 대한 책임이란 무엇일까? 아치 캐롤(Archie Carroll)은 경영자의 관점에서 기업시민주의를 구현하는 기업의 사회적 책임을 4가지로 분류했다. 즉 기업은 경제적, 법적, 윤리적, 박애적 기대들을 충족시키는 방향으로 사업을 운영해야 한다는 것이다.[4]

1단계: 경제적(economic) – 첫 번째이며 가장 중요한 기업의 사회적 책임은 경제적인 책임이다. 기업은 제품을 생산하거나 용역을 제공함으로써 이익을 창출하고 이로써 생존해야만 한다.

2단계: 법적(legal) – 기업은 법적 테두리 하에서 사업을 운영해야만 한다.

3단계: 윤리적(etical) – 기업의 책임은 법률의 조항에서 요구하는 것에 한정된 것이 아니고, 사회적 규범과 관습들을 따르는 것을 포함한다. 이러한 책임들은 비록 잘 정의되어 있지 않고 의무화되어 있지는 않지만 사회에 의해서 기대되고 있다.

4단계: 박애적(philanthropy) – 비록 기업의 기부행위가 재량적 판단에 달려 있다 할지라도 기업이 지역사회를 포함한 다양한 이해관계자들에 대해 사랑을 실천하는 박애적 사명에 대한 기대가 증가하고 있다.

---

3) Andrew Carnegie is generally credited with creating the firm corporate social responsibility in his 1889 essay entitled "The Gospel of Wealth."

4) See Archie B. Carroll, "A Three-Dimensional Conceptual Model of Corporate Performance," *Academy of Management Review* 4 (1979): 497~505 and Archie B. Carroll, "Corporate Social Responsibility: Evolution of a Definitional Construct," *Business & Society* 38, no. 3 (1999): 268~295).

1단계인 경제적 책임은 가장 높은 우선권을 가지고 있다. 기업이 사회에 유용하기 위해서는 효율적이어야만 하며 장기간에 걸쳐 생존해야만 한다. 그러나 기업은 사업 활동을 법적(2단계) 그리고 윤리적(3단계)인 방법으로 수행해야만 한다. 박애적(4단계) 책임은 가장 낮은 우선권을 가지고 있다. CSR의 관점에서 월마트의 예를 다시 생각해 보면, 기업의 사회적 책임에 대한 지지자들은 월마트의 법적, 윤리적 책임과 같이 더 높은 단계에서의 실패는 낮은 우선권을 가진 박애적 책임의 기부행위에 의해 상쇄될 수 없다는 것을 보여 준다.

기업시민주의는 박애적(4단계) 책임을 포함하면서도, 이해관계자들과 상호 연계된 책임인 2, 3단계 책임을 충족하는 것을 더 중요시 한다. CSR의 지지자들은 시민주의의 주요 동인은 다음을 포함한다고 주장한다:

- 국제화(globalization): 기업활동과 시장경제의 세계적 확장;
- 더욱 커진 힘을 가지게 된 다국적기업이 이전에는 정부에게 맡겨졌던 기능의 일정부분을 수행할 수 있는 능력을 가지게 됨;
- 주장이 강한 사회운동가들로부터의 압력;
- 증가하는 환경운동에 대한 관심;
- 윤리적 기준을 지키지 않는 기업에 대한 자본시장에서의 증가하는 처벌요구.

어떤 기업들은 이러한 추세에 대한 반응으로 기업의 가치(corporate values)와 목표(goals)에 기업의 사회적 책임(CSR)과 관련된 문구를 포함시켰다. 이러한 문구들은 CSR이 기업의 윤리규정, 지역사회에 대한 약속, 종업원의 건강과 교육에 대한 관심, 환경에 대한 인식 그리고 사회적 주제들(다양성, 사회형평성 등)에 대한 인식에 가치를 부여하고 있음을 보여 준다.

CSR 옹호자들은 기업이 시민주의 목표(citizenship goals)를 포함시킴으로써 자신들의 입장을 사회활동가들의 비판으로부터 방어할 수 있고, 경영진에 대한 이해관계자의 신뢰를 가져오고, 기업의 명성을 강화시키며, 발생된 문제에 대한 교정보다는 문제의 사전방지를 기할 수 있다고 주장한다.[5] 이러한 시각의 결과로 기업들은 새로운 고객들을 창출하고 추가적인 매출을 올릴 수 있음을 발견했다.

기업의 사회적 책임이란 역동적 과정(dynamic process)으로, 이해관계자들 간의 균형잡힌 이익을 가져오게 하는 의사결정으로부터 출발한다. 그러나 이러한 결정은 관련집단들 간의 지속적인 대화를 통해서만 이루어질 수 있다. 이러한 일이 있기 위해서는 사회적 책임에 대한 자각이 기업문화의 중요한 일부분이 되어야 한다.

엔론(Enron)의 임원들이 수익을 조작하고 과도한 위험을 감수할 때 그들은 주주들에게 손실를 입혔을 뿐 아니라 다른 이해관계자들에게도 손실을 입혔다. 엔론은 다른 공급자를 찾아야만 하는 고객들에게 손실을 입혔고, 엔론의 주문에 의존했던 공급업자들, 다른 곳에서 일자리를 찾아야 하는 종업원들, 지역경제 모두에게 손실을 입혔다. 더구나 정부는 엔론 임원들을 조사하고 기소하기 위해 사회발전에 사용될 수 있는 많은 돈을 낭비함으로써 사회에 손실을 끼쳤다. 엔론 임원들이 기업시민주의에 대한 의식을 가지고 있었을까? 기업시민주의 또는 기업의 사회적 책임에 대한 의식이 감시의 한 형태로서 고려될 수 있을까?

---

5) Paine, Lynn S., *Value Shift: Why Companies Must Merge Social and Financial Imperatives to Achieve Superior Performance* (New York: McGraw-Hill, 2003).

사례 11.2 American Express에서의 기업시민주의

American Express는 전세계에서 가장 큰 여행사(travel agency)이며 대형 신용카드회사 중 하나이다. 이 회사는 전세계 160개국에 진출해 있으며 84,000명의 직원 중 40% 이상이 미국 이외의 국가에서 근무중이다. 이 회사는 기업가치(company value)라는 용어가 유행하기 오래 전부터 이 용어를 사용해 왔다. American Express는 다음과 같은 내용을 기업가치로 열거하고 있다[6]:

- 고객의 삶을 더 좋게 개선할 수 있는 관계개발
- 탁월한 품질의 제품과 서비스의 제공
- 모든 행위에 대한 가장 높은 단계의 성실성(integrity) 유지
- 고객의 욕구를 충족시키고 기업의 성공을 위하여 다양한 영역에서의 공동협력
- 종업원을 존중하고 그들의 자기개발을 격려하며 업적에 대한 보상
- 직원들이 살아가고 일하고 있는 지역사회에서 시민으로의 역할
- 시장과 사업의 모든 영역에서 승리하기 위한 강력한 의지의 표현
- 약속의 책임감 있는 이행

위의 8가지 내용 중 3개만 기업의 순이익과 명확히 관련되어 있다. 나머지는 기업의 도덕적, 사회적 목표에 기초를 두고 있다. 이러한 가치들은 기업의 커피머그컵에 기록된 형식적인 문구 이상의 중요한 의미를 가진다. American Express는 이러한 가치들이 기업경영의 핵심흐름으로 자리를 잡고 있는지를 확인하고 실현하기 위해서 기업이 어떻게 해야 하는지를 종업원들에게 조사해 왔다. 이러한 조사의 결과는 경영자들에 대한 보상을 결정할 때 하나의 요소로 고려되고 있다. 도덕적, 사회적 목표들은 장기적으로는 이러한 목표들이 어떻게 달성되고 있는지의 성과가 측정되고 이들이 경영자의 보상과 연계될 때 비로소 효과적일 수 있다.[7]

---

6) See *www.americanexpress.com*.

7) For an example of American Express' s commitment to corporate responsibility, see "Recognizing Responsibility: American Express Company 2007/2008 Corporate Citizenship Report" at *http://home3.americanexpress.com/corp/gb/cresp/pdf/cresp.pdf*.

지배구조와 이해관계자 이론

이해관계자 이론이 기업지배구조와 어떤 관련이 있는가? 대리인이론의 관점에서 보면, 지배구조란 경영자가 주주들의 이익을 위해 일하도록 유인을 일치시키는 것과 관련된 경영자의 행태를 감시하는 것에 관련되어 있다. 기업의 이해관계자 관점은 경영진이 가지고 있는 유인을 어떻게 이해관계자들의 번영과 일치시킬 수 있는가에 달려 있다.

이를 위해 이해관계자들의 번영에 대한 측정치에 기초한 업적평가와 보상제도가 필요하다.[8] 이러한 제도는 명확한 목표설정과 정확한 업적평가를 요구한다. 수용 가능한 복수의 목표를 설정하는 것은 쉽지 않을 수 있다. 또 다른 어려운 점은 과연 이해관계자의 번영이 측정 가능한가이다. 기업의 성과를 주주들의 관점에서 평가하는 것보다 종업원, 고객 등의 관점에서 업적을 평가하는 것은 더 어려운 과제이다. 당기순이익이나 주가와 같은 측정치들이 주주 이외의 다른 이해관계자들의 번영에 어떠한 영향을 미쳤는지를 계량적으로 파악하기는 쉽지 않다. 이에 따라 경영자의 유인들을 다양한 이해관계자 집단들의 목표와 일치시키면서 전체적인 업적을 평가한다는 것은 혼란스럽고 매우 어렵다.

최근까지도 이해관계자들의 번영을 어떻게 측정할 것인가에 대한 공통된 견해가 없다. 가능한 측정치로 생각해 볼 수 있는 것으로 균형성과표(balanced scorecard)[9] 접근방법과 삼중순이익(triple bottom line) 회계[10]이다. 균형성과표는 네 가지 관점(고객, 내부절차,

8) See Jean Tirole, "Corporate Governance," *Econometrica* 69, no. 1 (2001): 1~35.

9) Robert Kaplan and David Norton, *The Balanced Scorecard: Translating Strategy into Action* (Harvard Business School Press, 1996).

10) John Elkington, *Cannibals With Forks: The Triple Bottom Line of 21st Century*

종업원학습과 성장, 재무적 성공)에서 업적을 평가한다. 삼중순이익 회계는 전통적인 기업보고서의 체계를 재무, 환경, 사회적 성과의 관점에서 보고하는 방법이다. 두 제도 모두 일부 기업에서 사용되고 있기는 하나 보편적으로 채택되고 있지는 않다.

조직이론은 다양한 방법의 성과측정과 관계없이 기업의 사회적 책임(CSR)이 실현되기 위해서는 최고경영자의 강력한 의지와 그에 따른 사회적 책임에 대한 기업문화의 정착이 있어야만 가능하다고 언급한다. 기업문화는 문제를 해결하려는 기업의 의사결정 체계에 영향을 준다.[11] 경영자들은 종업원에 대한 보상제도와 조직구조를 결정함으로써 기업에서 어떤 가치들이 중요시 되고 있는지에 대한 신호를 준다.[12] CSR의 목표들은 종업원의 채용과 승진 기준과 일치할 때 가장 잘 성취된다. 두 번째 수단은 목표와 일치하는 조직구조이다. CSR의 목표들을 실현하기 위해서는 관련된 이해관계자들과의 상호교류를 위한 조직구조가 갖추어져 있어야 한다. 기업의 상층부에서 설정된 CSR의 가치들은 리더십을 통해서 조직의 하부로 스며들게 된다.

비판들(criticisms)

이해관계자이론을 옹호하는 일부 저자, 연구자 및 기업의 실무자들은 이해관계자이론을 기술적 이론(descriptive theory)으로 규정짓

Business (New Society Publishers, Stony Creek , Connecticut, 1998).

11) Diane Swanson, "Toward an Integrative Theory of Business and Society: A Research Strategy for Corporate Social Performance," *Academy of Management Review*, 24(1999): 506~521.

12) Edgar Schein, *Organizational culture and leadership*, 2nd ed. (San Francisco, CA: Jossey-Bass, 1992).

는다. 이 이론은 기업들이 무엇을 하며, 어떻게 하고 있는가를 기술한다. 다른 사람들은 도구적 관점(instrumental perspective)에서 이해관계자이론을 접근한다. 이 접근법은 특정한 결과를 얻기 위해 또는 회피하기 위해 실행해야 할 원리들과 실행방법들을 제시해 준다. 도구적 관점은 만일 기업의 성과가 A, B, C로 나타나기를 희망할 때, 해당 기업이 실행방법 X, Y, Z를 수행해야만 한다고 본다. 마지막으로 규범적 접근(normative approach)은 기업이 윤리적, 철학적 원리에 근거해서 어떻게 행동해야 하는지를 주창한다. CSR 또는 기업시민주의의 주창자들은 바로 이 규범적 접근을 이용한다.

기업들을 이해관계자의 관점에서 보는 것이 올바른 것인가? 그렇다면, 어떻게 그것을 실행할 것인가? 이해관계자 관점은 이론적으로 아직 잘 정리되어 있지 않기 때문에 평가하기 쉽지 않다. 하나의 예로써, 중요한 이해관계자 중의 하나인 종업원을 생각해 보자. 종업원들에게 높은 질의 의료보험을 제공하는 것은 기업의 이해관계자 관점이 추구하는 바와 일치하는 것처럼 보인다. 기술적인 접근은 얼마나 많은 기업들이 높은 질의 의료보험을 제공하는지에 대해서 조사할 수도 있다. 도구적인 접근은 높은 질의 의료보험이 어떻게 기업의 주식수익률과 영업성과에 영향을 미치는가에 대해 관심을 가질 수도 있다. 규범적인 접근은 기업들이 높은 품질의 의료보험을 제공하는 것이 윤리적이라고 주장한다. 그러나 이들 중 어떠한 접근도 이해관계자 관점의 정당성에 대한 수용 또는 거부할 근거를 충분히 제공하지 못한다.

기업의 이해관계자 관점이 실증적으로 정당화되거나 거부되기 힘들다는 이유로 이 관점이 철학적으로 비판을 받아야 하는가? 기업시민주의에 대한 비판자들 조차도 기업들이 책임감 있게 행동해야 한다는데 동의하고 있으며, 이는 결국 수익사업을 위해서도 도움이 된다.

하지만 이는 최근과 같이 CSR의 원칙(doctrine)들이 공격적으로 추구되어야 한다는 입장과는 다르다. 비판가들은 기업의 역할이 영리추구로부터 지나치게 벗어나는 것은 사실상 사회를 위해서도 해롭다고 주장한다.

비판가들의 주장은 경제적 발전이 영리추구활동으로부터 나온다는 경험에 근거한다. 사회에 대한 기업의 중요한 역할은 경제발전의 도구로서 행동하는데 있다는 것이다. 시장중심 경제제도 하에서 경제적 발전은 기업가적인 기회들(entrepreneurial opportunities)과 경쟁적 압박(competitive pressures)을 통해 실현된다. 성공적으로 도입된 새로운 또는 향상된 제품들은 기업의 이익을 증가시키고, 사회에 있어서 삶의 질을 향상시킨다. 경쟁은 기업을 좋은 제품과 서비스를 더욱 효과적이고 효율적으로 제공하기 위하여 계속적으로 노력하도록 요구한다.

경영자들이 더 광범위한 목표들을 고려하고, 다양한 이해관계자와 관련된 사안들에 관여하여야 한다면, 비용의 증가와 이에 따른 영업성과의 하락을 초래할 수 있다. 많은 수의 주인(이해관계자)들을 섬긴다는 것은 기업의 운영이 종종 비효과적으로 될 수 있다.[13] 더 엄격한 환경적, 사회적 기준들은 더 많은 규제를 불러 올 것이다. 지나친 규제는 경쟁을 제한한다든지 투자기회를 줄이고 경제적 성과를 악화시키는 형태로 사회에 큰 비용을 강요하게 된다. 역사는 경제가 의도적으로 고용이나 생산 등 사회에서 추구하는 특정 목표들에 중점을 둘 때 오히려 악화된다는 것을 보여 주었다. 소련, 쿠바 및 시장중심경제제도의 도입 전 중국에서 경험한 저조한 경제적 성과가 이러한 주장을 뒷받침해 준다.

---

13) Michael Jensen, "Value Maximization, Stakeholder Theory, and the Corporate Objective Function," *Journal of Applied Corporate Finance* 14, no. 2 (2001): 8~21.

사례 11.3 다우존스(Dow Jones) STOXX 지속가능성지수(sustainability index)

기업시민주의 활동에 관련된 기업의 성공을 측정하는 한 가지 방법은 해당기업의 주가추세를 살펴보는 것이다. SAM(sustainable asset management) Group은 Dow Jones Indexes와 STOXX Limited의 도움 하에 기업의 지속가능성(sustainability)을 측정하고, 명성 있는 기업들에 대한 지속가능성지수를 개발했다. SAM Group은 기업지속가능성은 시업기회를 포착하고, 경제적, 환경적, 사회적 발전으로부터 초래되는 위험을 관리함으로써 장기적인 주주의 가치를 창출하는 사업적 접근이라고 주장했다. 지속가능성은 경영전략, 재무성과, 고객관계, 주주와의 관계, 지배구조와 관련된 내용, 종업원만족과 같은 영역에서 측정되었다.

Dow Jones STOXX 600지수는 유럽자본시장에서의 포괄적인 내용을 제공하기 위해 오스트리아, 벨기에, 덴마크, 핀란드, 프랑스, 독일, 그리스, 아일랜드, 이태리, 룩셈부르크, 네덜란드, 노르웨이, 포르투갈, 스페인, 스웨덴, 스위스, 영국으로부터의 600개 기업을 조사에 포함하여 개발되었다. Dow Jones STOXX 지속가능성지수(DJSI)는 지속가능성의 관점에서 600개 기업 중 지수가 가장 높은

그림 11.2 1999년 1월 1일 이후, DJ STOXX 600지수와 DJSI

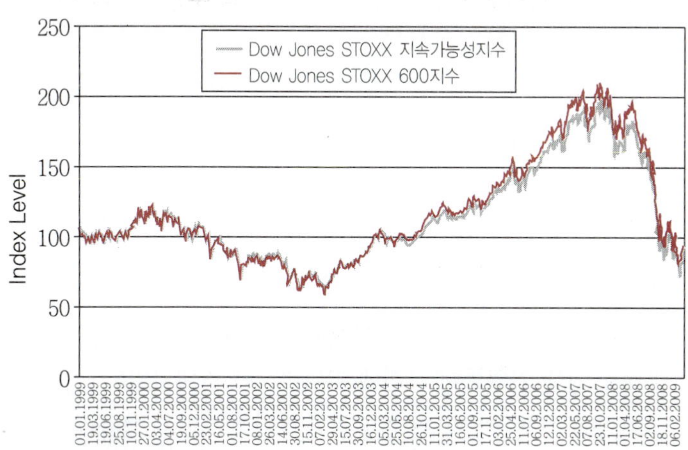

20%의 기업들에 대한 성과를 추적하였다. 이 지수는 1999년에 측정되기 시작했고, 2009년 3월 27일 현재 DJSI STOXX는 161개 기업을 포함하고 있다.

그림 11.2는 DJSI의 최초개발 이래의 DJ STOXX지수와 DJSI 추세를 보여 준다.[14] DJ STOXX지수는 1999년 1월 1일에 DJSI와 같게 함으로써 100으로 하였다. 그림 11.2는 두 지수의 성과가 거의 일치함을 보여 주고 있다. 2001년 말과 2002년에 지속가능지수(DJSI)는 DJ STOXX지수보다 높았다. 그러나 이러한 추세는 2004년에 지속가능지수가 다음 몇 년간 상대적으로 낮아지는 것으로 반전되었다. 이러한 증거는 복수의 주인을 섬김으로 인한 기업의 비효율성에 대한 기업시민주의 반대론자의 주장을 지지해 주지 않으며, 기업의 부를 극대화시킨다는 찬성론자들의 주장을 지지해 주지도 않는다. 지속가능지수가 DJ STOXX지수보다 더 우수한 것 같지는 않다.

국제적 관점(international perspective)

기업시민주의(corporate citizenship)는 국가별로 서로 다른 기원을 가지고 있으며, 이로 인해 다른 관점에서 조망될 수 있다. 예를 들면, 미국에서의 CSR은 경영자가 사회운동가들 또는 주주 중 어디에 더 중점을 두느냐는 관점의 대립에서 유래되었다. 주주에게 중점을 두는 기업들과 사회운동가들 간의 대립관계는 기업사회에서 이해관계자 이론에 대한 부정적인 태도를 가져왔다. 하지만 과거 수십 년에 걸쳐 많은 기업들은 CSR의 중요성은 서서히 인식하기 시작했다. 영국과 유럽에서는 기업시민주의가 상대적으로 덜 부정적이고, 더 포괄적인 관점으로 이해되어 왔다. 인도에서는 사회복지에 대한 정부의 역할 부재로 인해 기업들이 사회에 기여하도록 기대되었다.

기업의 이해관계자 관점은 국제적으로도 많은 법률에 반영되었다.

14) Data is from *www.sustainability-indexes.com*.

영국에서는 기업의 이사들이 의사결정시 종업원의 이해를 고려하도록 의무화되어 있으며(United Kingdom' s Companies Act of 2006), 독일에서는 두 단계 이사회(two-tier boards) 중 하나에 종업원대표가 이사로서 참여하게 되어 있다(condetermination laws). EU(European Union)는 기업이 종업원, 채권자, 고객과 잠재적 투자자들의 이해를 고려하도록 요구된다(harmonization laws). 일본에서는 2차 세계대전 후, 기업들에게 일본경제를 재구축하도록 하는 과업이 주어졌다. 한국의 경우에도 1950년대 한국전쟁 이후에, 한국의 수출기업들에게 산업을 재건하는데 필요한 자금을 확보하는 것을 돕기 위해 세금혜택이 주어졌다.

경영자들은 얼마나 적극적으로 이해관계자들과 소통하는가? 이는 측정하기 어려운 질문이다. Conference Board는 700개 이상의 기업을 대상으로 2000년과 2001년에 걸쳐서, 주로 대규모 기업들을 대상으로(95%의 기업이 연매출액 10억 달러 이상), 기업시민주의에 대해서 설문조사를 했다.[15] 응답한 기업들은 대부분 기업시민주의에 대해서 긍정적인 태도를 가지고 있었다. CSR에 가치를 부여하지 않는 경영자들은 부정적인 태도를 표명하는 대신에 설문에 응답하지 않았다. 따라서 이러한 결과는 CSR에 긍정적인 관점을 가지고 있는 기업에 대한 조사의 결과라고도 생각할 수도 있다.

이 조사에서, CEO들에게 좋은 기업과 좋은 사회를 만들기 위해 기업이 어떠한 역할을 해야 하는 것인가를 물었다. 가능한 선택항목으로 선도자(leader), 협력자(partner) 또는 지원자(supporter)가 주어졌다. 그림 11.3는 조사의 결과를 지역별로 보여 준다. 미국의 경영자들

15) Sophia A. Muirhead, Charles J. Bennett, Ronald E. Berenbeim, Amy Kao, and David J. Vidal, Corporate Citizenship in the New Century: *Accountability Transparency, and Global Stakeholder Engagement* The Conference Board, Research Report #R-1314-02-RR, July 2002.

그림 11.3 좋은 기업과 좋은 사회를 만들기 위한 기업의 역할은 무엇인가?

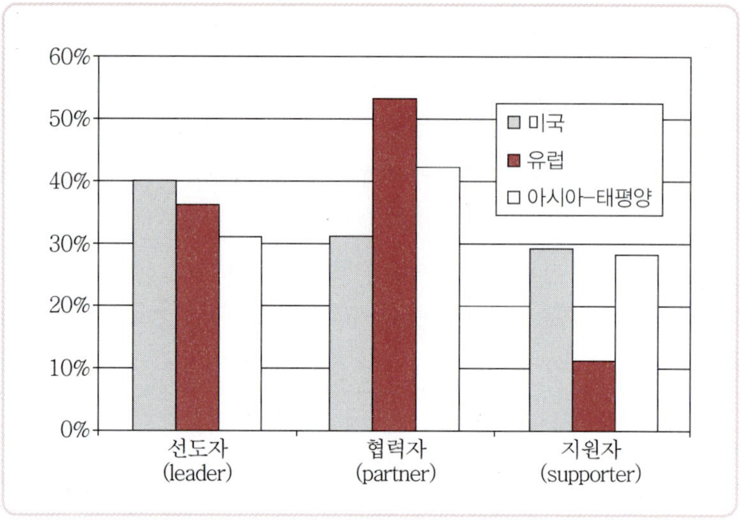

로부터 가장 일반적인 답은 선도자(leader)이었으며, 유럽과 아시아-태평양지역의 경영자들은 많은 경우 협력자(partner)를 선택했다. 일반적으로 유럽과 아시아-태평양지역의 경영자들은 정부가 좋은 기준과 지침을 입안하는데 선도자의 역할을 해야만 한다고 믿고 있다.

조사에서, 경영자들에게 기업시민주의 목표들을 달성하기 위한 기준 및 법 조항들과 프로그램들을 실행하는데 자신들이 얼마나 효과적인지를 물었다. 그림 11.4는 이들 기업들이 아직도 많은 부분에서 개선할 여지가 있다고 믿고 있음을 보여 준다. 그러나 높은 수준의 목표들은 낮은 목표들 보다 달성하기 더욱 어렵다는 것을 기억하라. 조사결과는 미국과 유럽의 기업들과 아시아-태평양지역의 기업들 사이에는 큰 차이가 있는 것처럼 보인다. 미국과 유럽의 50% 이상의 기업들은 그들의 노력에 대해서 매우 효과적이거나 다소 효과적이라고

그림 11.4 **미래의 성공을 위한 기업시민주의의 요소들에 대처하는 당신의 노력이 얼마나 효과적인가?**

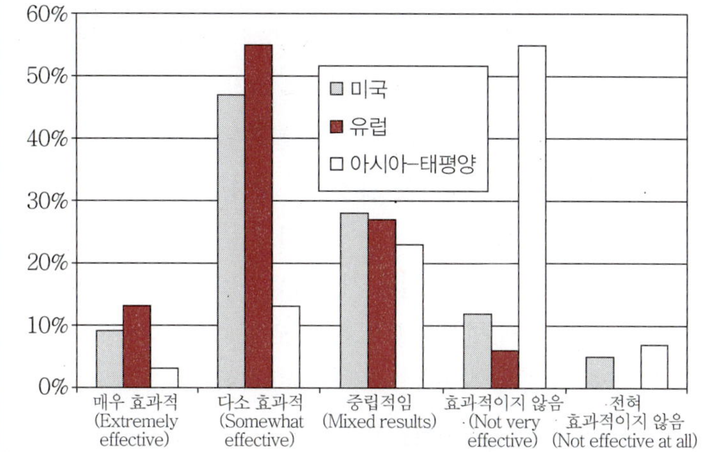

응답한 반면, 아시아-태평양지역의 기업들은 오직 20%만이 효과적이라고 응답했다. 효과성의 부족은 이해관계자들을 기업활동에 관련시키기 위한 체계적인 프로그램이 없기 때문에 발생할 수 있다. 조사대상 기업들 중 단지 60%만이 체계적인 프로그램을 가지고 있다고 응답했다. 그럼에도 불구하고 많은 기업들은 기업의 사회적 책임이라는 새로운 영역에서 어떻게 대처해야 할지를 배워가고 있다.

요 약

기업의 이해관계자관점은 주주의 부를 극대화하는데 중점을 두지는 않는다. 대신에 모든 이해관계자들의 지속 가능한 경제적 부(wealth)를 최적화(optimization)하는 데에 중점을 둔다. 주주, 종업원, 고객, 지역사회 그리고 환경은 단지 다양한 이해관계자들의 일부분일 뿐이다. 이들의 기업에 대한 정당한 이해관계는 이들이 일정부분의 재산권(property rights)을 가지고 있다는 데서 발생한다. 기업의 이해관계자들과의 관계는 국가에 따라 서로 다른 역사적 배경을 가지고 있으며, 따라서 서로 다른 관점에서 조망되어야 한다.

CSR 또는 기업시민주의라고 불리는 기업의 이해관계자 관점의 최근의 진전은, 경영자는 기업을 윤리적, 사회적 그리고 환경적으로 책임 있는 방법으로 운영해야 한다고 주장한다. 시민주의의 목표들을 포함시킴으로써, 기업은 사회활동가들의 비판으로부터 자신을 방어하고, 기업의 명성을 높이며, 새로운 사업기회와 추가적인 매출을 창출할 수 있을 것이다. 따라서 기업시민주의 의식은 잠재적으로 경영자들의 행태에 영향을 미치는 또 다른 요소이다. 그러나 CSR의 개념이 사회를 위해 항상 좋은 것인가에는 논란이 있어 왔다. 기업이 사회에 좋은 일을 하는 동안, 재무적 실적까지 좋기는 어려울 수 있다. 반면에 기업이 사업적으로는 성공했지만, 사회책임 목표들을 달성하는 데에는 실패할 수도 있다. 그러나 기업이 사회적 책임을 충실히 이행하면서 사업에 실패하지는 않을 것이다. 또한 기업시민주의 의식에 기초한 지배구조를 어떻게 만들 것인가도 의문이다.

기업시민주의 웹 정보

The Conference Board
www.conference-board.org

The Corporate Citizenship Company
www.corporate-citizenship.co.uk

CSR Europe
www.screurope.org

복습문제

01 가능한 많은 기업의 이해관계자들을 열거하라.

02 대리인이론(agency theory)과 이해관계자이론(stakeholder theory)의 차이를 기술하라.

03 CSR의 네 가지 단계를 기술하라.

04 이익의 극대화 관점에 대한 비판들은 무엇인가?

05 기업의 이해관계자 관점에 대한 비판들은 무엇인가?

토론문제

01 일반적으로 기업들이 사회적 책임을 가져야만 한다고 생각하는가? 설명하라.

02 기업들이 좋은 시민인지를 어떻게 측정할 수 있는가? 기업들이 좋은 시민이 되도록 어떻게 강제할 수 있을 것인가에 대해 논의하라.

03 이해관계자들 간의 문제들을 어떻게 해결할 수 있을까? 누가 그 관계들을 감시할 것이며, 어떤 규제들이 부과될 수 있는가?

연|습|문|제

01 Conference Board(www.conference-board.org)에서 다루고 있는 최근의 주요 주제가 무엇인지에 대해서 기술하라.

02 www.wakeupwalmart.com을 참고하여, 월마트(Wal-Mart)의 이해관계자 문제들에 대해 기술하라. 또한 www.walmart.com을 참고하여 월마트가 이해관계자와 관련하여 어떠한 활동을 하고 있는지 기술하라.

03 기업들은 환경운동가들과 생산적(productive)이고 법적(legal)인 방법으로 어떻게 소통할 수 있는가?

04 Social Venture Network(www.svn.org)이 제시한 기업의 사회적 책임에 관한 기준들을 기술하라.

연|습|문|제(국제적 관점)

01 우리 나라의 경영환경은 대리인 관점 또는 이해관계자 관점 중 어느 관점에 더 가까운가?

02 우리 나라의 경우, 기업을 보는 시각이 미국과 차이가 있는가? 기업들은 국가경제의 공헌자들로 간주되는가? 기업의 임원들은 탐욕스러운 자 또는 사회적 지도자로 간주되는가?

03 우리 나라에서 기업의 역할에 대한 일반적인 견해는 어떠한가? 이러한 역할은 장기적으로 바람직한가? 어떠한 기준(이익, 환경 등)들이 기업의 역할과 관련되어 적용되어야 할 것인가?

찾아보기(한글) INDEX

| ㄱ |

ㅂ

ㅅ

ㅇ

ㅈ

ㅎ

찾아보기(영문) INDEX

F

G

H

I

J

L

M

N

O

옮긴이

이호영(Ho-Young Lee, Ph.D.)

현재 연세대학교 경영대학의 교수로 있으며 학부와 일반대학원, MBA 과정에서 기업지배구조, 부정적발, 재무회계, 내부통제, 회계감사 등을 강의하고 있다. 이사회, 감사위원회, 경영자보상, 소유구조 등 다양한 지배구조와 관련된 연구를 수행하여 Auditing: A Journal of Practice & Theory, Journal of International Financial Management & Accounting, 경영학연구, 회계학연구 등에 발표하였다.

기업지배구조 — 이해관계의 대립과 일치 —

2011년 4월 15일 제1판 1쇄 인쇄
2011년 4월 25일 제1판 1쇄 발행

역 자 이 호 영
발행인 황 의 민

발 행 처 **도서출판 석 정**
서울특별시 마포구 동교동 203-3
TEL.332-6293 FAX.334-5367
등록 1980. 1. 24 3-78호

ISBN 978-89-88806-58-6

정가 25,000원